スタジオジブリの想像力
地平線とは何か

三浦雅士
Miura Masashi

講談社

◆目次

装丁　近藤一弥

スタジオジブリの想像力

地平線とは何か

第一章　絵より先にアニメがあった

アニメ・ルネサンス

スタジオジブリの作品が人々の心に残るのはなぜか。

もちろん第一にそれがアニメーションだからということがあります。そのアニメーションの魅力を全面的に開花させたのが、高畑勲《たかはたいさお》さん、宮崎駿《みやざきはやお》さん（以下敬称略）といった人々によって担われたスタジオジブリの作品群であったと、私は考えています。高畑や宮崎といった作り手の仕事の素晴らしさについて私はこれからお話ししたいと思っているわけですが、そのためにはまずアニメーションそのものの魅力について語る必要があります。

アニメーションとは何か。その魅力はどこにあるか。

そんなことは分かり切ったことだと、アニメーション批評の専門家たちに叱られるかもしれません。私はアニメーション批評の専門家ではありませんし、熱心なファンというわけでさえありません。高畑の作品も、宮崎の作品も、同時代的には見ていません。テレビでも映画でも見ていない。一九七〇年代、私は詩や思想の雑誌の編集に熱中していて、いまから考えるととても残念なことなのですが、美術、音楽、映画やそれらの歴史には強い関心があったにもかかわらず、アニメーションまでは視野に入っていなかったのです。

ですから、いわば、アニメーションについて語るだけの資格を持っていないのですが、それでも私なりにお話しすることがあると考えているのは、いまアニメーションの世界で起こっていることは、アニメーションの世界にとどまらない重要性を持っていると思われるからです。それは一九七〇年代当時、いやそれ以前においてさえ明らかなことだったのですが、六〇年代、七〇年代、つまり十代、二十代だった頃の私には、そういうものとして理解するだけの能力がありませんでした。「ミッキーマウス」や「鉄腕アトム」の背景を熟慮するだけの余裕がなかったのです。

「ミッキーマウス」や「鉄腕アトム」の例を引くまでもなく、二十世紀はアニメーションの世紀といっていいほど素晴らしい作品をたくさん生み出しました。いまや二十一世紀も五分の一が過ぎてしまったわけですが、二十世紀に生み出された作品が、その生命力を立証するようにさらに新しい作品を生み出すというかたちで、二十一世紀のアニメーションもまたたいへんな勢いで発展しています。いわば、アニメーションはその進化——という言葉を気楽に使ってはいけないのですが——のさなかにあって、誰もがそれを目撃しているようなものなのです。

その背後にはもちろん、コンピュータの一般的な普及にともなう情報技術革命（IT革命）があります。わずか半世紀前には思いもよらなかったかたちで、アニメを含む映像表現がほとんど全世界の人々にとってたいへん身近なものになりました。世界は広いけれども、広いままで狭くなりました。コンピュータは、ご存じのようにアニメーションの制作に大きな変化をもたらしましたが、そしてそのことについても具体的に詳しく学ぶ必要があるのですが、とはいえ、制作においてだけではなくおそらくそれ以上に、享受のかたちにおいて大きな変化をもたらしています。

二十世紀末に爆発的なかたちでおきたパーソナル・コンピュータの普及、インターネットの一般化、いわゆるソーシャル・メディアの浸透は、人類の文化、とりわけ文学や芸術などの表現活動の基盤を根底から変えました。

変えた結果がいまや少しずつ目に見えるかたちで現れていますが、とはいえ現状はせいぜい現実の変化を認めつつあるといったところで、それがどれほど深い意味を持つのか、これから人間の文化や芸術すなわち人間の表現行為がどんなふうに変わってゆくのか、いまなお本格的なかたちで論じられているとは私には思えません。

だいたい建築や絵巻物や屏風《びょうぶ》、舞踊や音楽といったものを、同じ芸術という名称のもとに論じるようになったこと自体が、つい最近のことなのです。芸術史という考え方が登場したのも、したがってつい最近のことなのです。つい最近とはいっても西洋では二、三百年は経つ、日本だって百五十年くらいは経つわけで、それなりに芸術大学も出来れば芸術研究所も出来るし、有り難がられもしている。とはいえ、もともと変化しやすいものですから、いま再び大きな変動のもとにある。そしてその変動の中心になっているのが舞踊や音楽といったパフォーミング・アーツと、ほかならぬアニメーションなのではないかと、私は考えています。対にしていえば、前者は身体を観念化し、後者は観念を身体化する芸術。

ダンスは生身の身体表現、アニメはその正反対。二つは両極端ですが、ところがＩＴ革命の恩恵をもろに受けているということでは一緒なのです。ダンスはこれからユーチューブのようなソーシャル・メディアのおかげで大きく飛躍すると思いますが、そういうことではしかし、アニメーションの飛躍にはかなわないでしょう。コンピュータはまさにアニメのために出来たようなものですから。

私は、二十一世紀のいまは、後世からはたぶん、「アニメ・ルネサンス」と呼ばれることになるのではないかと思っています。

「エイリアン」「ブレードランナー」はアニメ

現在ただいま進行中の情報技術革命によって、人類の自己認識の著しい深化が惹き起こされているのだ、と私は考えているわけです。ネットの普及にせよ、それを基盤に発生したソーシャル・メディアの驚異的な発展にせよ、ほんとうはおそらく、現生人類に内在していた可能性が外在化し、可能性のすべてが目に見えるかたちに対象化されたために、みんなで開発できるようになったということにすぎません。

このことについては先へ行ってもっと詳しくお話ししますが、とはいえいずれにせよ、少なくとも理論的には、全人類が、瞬時に、世界の全領域、世界の全歴史を見渡しうる地点に原理的に立つことができるようになったのは、現生人類が誕生して以来、いまが初めてのことであるのは間違いありません。世界の全領域と全歴史という、いま流行していて、もはや後戻りできない時空の捉え方が、じつはアニメーションという表現領域の確立と拡張に深く関わっているとも思えます。

アニメーションの領域はこの情報技術革命の中心に位置していると私は考えます。なぜなら、アニメーションは、アニメーションそのものを主題にしたアニメーションを作ることがいとも簡単にできる、つまり自己言及的な作品――言語の特徴――をいくらでも作ることができるからです。これは映画が最終的に問題にしたこと――自分を見る自分、人類を見る人類としての映画を見る映画――ですが、映画の頂点といってもいいこの段階で、じつは、映画そのものがアニメーション化している、というより映画は映画もまたアニメーションの一部分であることを認めるにいたっているのです。

個人的な体験になりますが、リドリー・スコットの「エイリアン」（一九七九）、「ブレードランナー」（一九八二）を見た段階で、私は「これは映画ではない、昔の映画はもう終わってしまったのだ」と思いました。それまではトリュフォーからゴダールへいたるフランス映画や、フェリーニ、アントニオーニ、パゾリーニといったイタリア映画が好きで、よく見ていたのですが、「エイリアン」や「ブレードランナー」はそれらとはまったく違っていました。というか、より近しい感じがしたのは、そこでは、人間って何だ？　僕は人間か？といった子供の頃にしばしば襲われた問いが真正面から問われていたからです。子供はSFが好きですが、それは、原理的な考えを無制限にいくらでも展開できるからです。

「エイリアン」や「ブレードランナー」を見て「これは映画ではない」と思ったのは、もちろん否定的な感情からではありません。そのあまりの制約のなさ、いわば自由奔放さに驚嘆したからです。キューブリックの「2001年宇宙の旅」（一九六八）はSF映画ということになっていますが、そこにはこの種の制約のなさ、自由奔放さはありません。タルコフスキーの「惑星ソラリス」（一九七二）もそうです。それらはいわゆる文芸映画であって、「エイリアン」や「ブレードランナー」とは、何か決定的に違っているのです。映画を大きく広げてしまったといえば近いかもしれません。萌芽はスピルバーグの一連の作品にあったのですが、リドリー・スコットが明確化したのだと思います。

いまやきわめて明瞭に思えるのですが、それは「エイリアン」や「ブレードランナー」は、映画ではなくアニメーションだったということです。面白さの本質がそこにあるのです。押井守《おしいまもる》の「アヴァロン」(二〇〇一)を見ると、そのことがよく分かります。実写フィルムもセル画も素材としては同じ。映画俳優の演技が重要であるとはいっても、それは二の次なのです。ある観念、ある概念を具現する存在が視覚化されていることこそ第一。そしてその視覚化にあたっては、あらゆる映像技術が可能なかぎり駆使されなければならない。

とすれば、映画という芸術のなかにアニメーションがあるのではない、逆に、アニメーションという芸術のなかに、俳優の実写を中心とする映画なるものもある、と考えたほうがいいのではないか、ということになります。いまやそう考えるべきなのだと思わせられるのは、「エイリアン」以降、よりにもよってハリウッド映画そのものがすっかり変わってしまったからです。

いまこそまさに動画の時代

映画は映像を操作しますが、はじめはトリックとしてそれを隠していました。手品がタネを隠すのと同じです。ある段階つまりいまお話ししたような段階から、トリックそのものに人間の知覚構造、精神構造の秘密が隠されていることに気づき、それそのものを題材にした映画を作りはじめるのですが、この段階で自分たちが作っているものがアニメにほかならないことに気づくのです。これはたとえば、日本アニメのパイオニアともいうべき政岡憲三《まさおかけんぞう》が、同じく特撮映画のパイオニアともいうべき円谷英二《つぶらやえいじ》も参加していた映画「かぐや姫」の人形アニメの部分を作っていた（一九三五）ということはじつに意味深長なことだった、ということです。

余談のようですが、余談ではありません。後に詳しく話したいと思いますが、トリック、つまり騙し騙されることは、人間の知覚の、ということは人間の精神の、もっとも重要な場所に位置しているといっていいからです。デカルトは近代哲学の端緒といわれますが、理由は簡単、自分がここにこのようにしていると思っているのは悪魔のトリックかもしれないと、子供なら誰でも思うようなことをそのまま述べたからにすぎません。もしも悪魔がアニメ作家で3D映画を作っているのだとしたら、と疑っているようなものです。

かつてアニメは映画そして漫画の下位概念でした。アニメを世界に認知させたディズニー映画も映画産業の外郭に形成されたのです。テレビの普及が、アニメは映画や漫画の下位概念という通説をさらに一般化しました。とりわけ日本では、テレビが普及した一九六〇年代、漫画があってその後にテレビでのアニメ化があり、やがて劇場版が制作されるというパターンが成立し、それが当然と思われていたのです。誰もが長いあいだ、映画は大人用、アニメは子供用と考えていたことは否定できません。小説は大人のためにあり、漫画は子供のためにある、と。

ところが、いまやそれが逆転しつつあります。ユーチューブをはじめとするソーシャル・メディアに登場する映像が基本的に「動画」という名称で呼ばれるようになってきたことは象徴的です。東映動画が一九九八年、東映アニメーションと名称変更するわけですが、「動画」とはアニメーションのことだったのです。ユーチューブなどにはいまやゲームを思わせるような映像すなわち動画が氾濫《はんらん》していますが、それらはすべてアニメーションであると私は思っています。いまや映像の大半が動画であって、実写のほうが実写であることをみずから告げなければならない事態になっているのです。

この変化の背景には、コンピュータの登場がアニメ制作を手仕事から機械仕事に変えたという事実があるわけですが——同じことは長く文選植字《ぶんせんしょくじ》によって支えられてきた印刷用組版製作が消えてしまった出版産業においていっそうドラスティックでした——、むしろコンピュータによる変化を典型的に示すのが「動画」すなわちアニメであるといったほうがいいほどです。いまや実写映画のかなりの部分がコンピュータによる画像処理を含んでいますが、その要素を含めば含むほどそれは現代的と思われ、そういう現代的映像は、かりに実写がもとになっているとはいえ、きわめてアニメ的なのです。「エイリアン」「ブレードランナー」「アヴァロン」などがそれを証明しています。

繰り返しますが、これは映画つまり実写の動画そのものが本来アニメ的なもの、要するにアニメにほかならなかったのだ、ということを意味していると私は思います。事実、誕生時の映画はアニメにほかならなかった。はじめはその一素材すなわち廂《ひさし》にすぎなかった実写フィルムがやがて母屋を奪って、一時はいわゆる映画として世界を席巻したが、その時代がいまや終わった。動画は実写もアニメもコンピュータ・グラフィクスも何もかも含むものとしてあるが、それは要するにアニメーションのことであるといっていい、と私は思います。

ゴンブリッチ『芸術と幻影』に潜在する主張

おそらく、いまアニメーションの世界で起こっていることは、イタリア・ルネサンスが絵画史において占めているのと同じ種類のこと、いや、それ以上のことなのだといえば、たぶんいちばん話が分かりやすいでしょう。さらにいっそう規模が大きく深いからです。先ほどアニメ・ルネサンスという言葉を用いた理由です。

イタリア・ルネサンスといえば、いまなお世界の美術史家の大半がその研究にいそしんでいる巨大なテーマです。だが、もとはといえば、十四〜十六世紀のイタリア半島を中心に当時の金持ちたちが惹き起こした地方的な一事件にすぎません。研究者がひたすら「すごいすごい」と囃《はや》し立て——実際すごいのですが——、みんながそれに賛成したから世界史上の重大事件になっているけれど、もとは美術史上の一事件にすぎない。それに引き比べるならば、二十世紀アニメ・ルネサンスは、視覚芸術史上の——人間の表現の核心に位置するのは視覚であってたとえば音楽でさえじつは視覚表現なのだと私は思っています——大事件であり、しかもはじめから世界的な規模の大事件としてあるのです。残念なことにそれがそのようなものとしてはまだ一般に広く受け入れられていないと私は思うのですが、それはしかし、ただそれだけのことで、いまは誰も論じていないけれど、これから大いに論じられることになることは間違いないと思います。

何を大げさな、といわれそうですが、ぜんぜん大げさではありません。

イタリア・ルネサンスの研究が本格化したのは二十世紀になってからですが——それ以前はコネスールとディレッタントすなわち目利《めき》きと好事家《こうずか》の領域で研究者の領域ではなかったようなものでした——、それに与《あず》かって大きな力を発揮したのがヴァールブルク学派の美術史家たちでした。彼らのことと、その前史といっていい美術史におけるウィーン学派のことについては後にも触れることになるかもしれませんが、このヴァールブルク学派——人類学的な関心の強い美術史家アビ・ヴァールブルクを始祖とするのでそう呼ばれているのです——のなかでも、二十世紀前半を代表する学者がエルヴィン・パノフスキーで、後半を代表するのがE・H・ゴンブリッチです。

パノフスキーの代表作は『〈象徴《シンボル》形式〉としての遠近法』(一九六四、表題論文の発表は一九二四)。

ゴンブリッチの代表作は『芸術と幻影』(一九六〇)。

前者は本文たるやパンフレットのようなものですが注が膨大なために一冊になったような本で、後者は図版もあってさらに分厚くなった大著。対照的すぎて異論もあるでしょうが、大局的に眺めるにはこれでいいと私は思います。

パノフスキーの『〈象徴形式〉としての遠近法』は、ルネサンス絵画における遠近法つまり透視図法が、科学史、思想史、文化史においていかに決定的な意味を持っていたかを鋭い切り口で解き明かしている本ですが——邦訳者が哲学者として著名な木田元《きだげん》であることにその性格が端的に出ています――、対するにゴンブリッチの『芸術と幻影』すなわち『アート・アンド・イリュージョン』のほうは、はっきりいって、何を隠そう、アニメーション論にほかならないのです。

もちろん、誰もそんなことはいっていません。

ゴンブリッチ自身、そんなつもりはまったくなかっただろうと思います。けれど、ゴンブリッチは、そんなつもりはまったくなかったにもかかわらず、『芸術と幻影』において人類史上アニメーションがいかに重大な意味を持っていたかを解き明かそうとしているのです。西洋絵画、とりわけイタリア・ルネサンスの絵は、すべて「アニメーションになりたがっている絵」なのだ、というのがゴンブリッチの基本的な主張なのですから。

実際、それこそ、西洋において、そしてまたゴンブリッチにおいて、イリュージョンが一貫して問題とされた理由なのです。

イリュージョンですよ。ゴンブリッチにそのつもりがあったかどうかはともかく――あったことは『芸術と幻影』の最後近く「カリカチュアの実験」という章を設けて漫画論を展開していることからも分かると私は思いますが――アニメに関係ないわけないじゃありませんか。

後でもっと詳しく紹介しますが、ルネサンスにおける最大の発明は遠近法による作図つまり透視図法と、それと密接に関係する影の描き方という問題です。この着想がヨーロッパ近代の科学的思考と密接に繋がっていることを論証したのがパノフスキーであり、そのパノフスキーに影響を与えた哲学者がエルンスト・カッシーラーです。カッシーラーの代表作が

『シンボル形式の哲学』。これもやはり木田たちが訳しています。パノフスキーの『〈象徴形式〉としての遠近法』がその美術史版にほかならないことは、端的に表題に表われています。『シンボル形式の哲学』と『〈象徴形式〉としての遠近法』ですよ。パノフスキー自身がカッシーラーにのっとっているといっています。

透視図法と影が、美術史のみならず科学史とりわけ数学史においても重要なのは、まさにその領域からデカルトの座標幾何学、デザルグの射影幾何学が登場したことからも明らかです。原理的にも実用的にも、射影幾何学はアニメの作図に必要不可欠ではありませんか。ルネサンスに確立された遠近法の作図は、しかし、人間の現実の視覚の正確な表現ではありません。人間の網膜は球面であって平面ではありません。また、一眼視ではなく二眼視です。したがって必ず歪みが生じます。けれど、人間は、遠近法という象徴的な形式を採用することによって、無限に続く均質な空間という抽象的で理想的な幻想空間を作り上げ、その空間を人類の共有財産にすることに成功したのです。劇場の座席は座標を模倣しています。国会の座席にしても同じですから、民主主義もこの座標的な空間に依拠しているといってい い。それを準備したのが遠近法だったということです。象徴、シンボルというものの力が分かるわけです。「シンボル形式としての遠近法」とは「政治学としての遠近法」にほかなりません。そう考えるとパノフスキーおよびカッシーラーの真の意図がいっそうよく分かるわけです。

遠近と影の作図がアニメーションにおいて重要なことはいうまでもありません。この半世紀、アニメーションにおいて、遠近と影がどのようなものと見なされ、たとえば射影幾何学との関連でどのように作図されてきたか、そしてそれが観客にどのような反応を惹き起こしたか克明に追究していけば、さぞ興味深い研究ができるだろうと思います。

しかし、ゴンブリッチとの関連で問題とされるべきは、とりあえずは違うことです。ゴンブリッチは、透視図法と影は「いまここにこのようにしてあるわたし」への強烈な関心の表われにほかならないと考えたのです。それは動きに収斂《しゅうれん》する、と。

透視図法と影――現在とは何か

アニメ・ルネサンスという語を用いたのは、アニメーションを考えるうえで、イタリア・ルネサンスを引き合いに出すととても分かりやすいということがあるからです。どちらにとっても視覚の問題がきわめて重要であったことは指摘するまでもありません。

先に述べたように、私はどちらについての研究書も網羅的に読んでいるわけではまったくありませんが、もしもアニメにおける風景の描かれ方の変遷を克明に追った研究書があったら、ぜひ読んでみたいと思います。高畑や宮崎の初期作品から後期作品まで、風景の描かれ方は、私の印象では、じつに興味深い変化を遂げています。そのことを論じた本があるに違いないと思いますが、まだ読んでいません。西洋や中国や日本における風景画とどんなふうに関連づけられているか、とても関心があります。

ご存じかと思いますが、西洋における風景画の発生をルネサンスの肖像画、物語画の背景に求める――役割がアニメにおける風景と同じです――研究が、ゴンブリッチのものも含めて、少なからずあります。ルネサンスにおける風景の変化とアニメにおける風景の変化は本質的なところで似ていると私は思います。たとえば高畑や宮崎のアニメにおける風景の位置づけとその変容の具体的な推移を追究するのは、彼らが用いた音楽がどんなふうに変わってきたかを追究するのと同じほどに面白いでしょう。

さて、とりあえずはゴンブリッチです。

パノフスキーの思索は垂直で深く、ゴンブリッチの思索は平板であると思われているようですが、美術をとんでもない広がりのもとに眺める点において、前者はやはり二十世紀前半、後者はさすが二十世紀後半と思わせます。パノフスキーにはカッシーラーに似て科学史家、場合によっては哲学者のような雰囲気が感じられますが、ゴンブリッチには、何というか、考古学者や人類学者のように、美術の「周縁」を考えようとするところがある。『秩序の感覚――装飾芸術心理学の一研究』、邦訳では『装飾芸術論』という大著もあります。

そういう点では、ヴァールブルクに似ているのはパノフスキーではなくゴンブリッチのほうではないかという気もします。ヴァールブルクは、ボッティチェリの『ヴィーナスの誕生』や『春』の衣裳の襞《ひだ》の描き方はどこから来たかということを、寝食を忘れて考えるような人なのですから。その答えはヘレニズム期地中海のいわゆるネオ゠アティックの彫刻から来たということですが、これも私には、漫画やアニメの顔や衣裳の描き方の伝播と原理的にはまったく違わないと思われます。

襞など、細部の描き方の変化をさかのぼるには、ルネサンス絵画よりもアニメのほうがよほど有利だろうと思いますが、ゴンブリッチはヴァールブルク誕生百年祭の講演で、ボッティチェリにそういうことをさせたのは対象を精確に写したいという思いではなく、周囲の友人たちの通念というか趣味がそうさせたのだとヴァールブルクは述べている、と強調しています。描き方にはもちろんだけれど、見方にも流行があるのだ、というのは、戦後日本の少女漫画の歴史を見れば歴然としていますが、アニメの歴史を見ればさらに歴然としている。観客の眼は肥えてゆく一方なのです。要求も強くなる。

カッシーラーもパノフスキーも素晴らしい思想家ですが、ゴンブリッチのようにアニメまでは考えていなかったと私は思います。

もちろん、ゴンブリッチにしてもアニメそのものを論じてはいません。とはいえ『芸術と幻影』の冒頭を飾るのは漫画なのです。イラストですからカリカチュア、戯画といったほうがいいかもしれません。一九五五年の『ニューヨーカー』に掲載された漫画家アラン（ダニエル・ブラストレインの筆名）の「エジプトの裸婦デッサン教室」（邦訳では「デッサン」）という絵です【図版1－1】。

エジプトの壁画から出てきたような美女をモデルに、十一人の上半身裸のエジプトの画学生たちが、さながら現代の美術学校の生徒よろしく、あるものは鉛筆でモデルの寸法を測り、あるものは画帳に熱心に描き込んでいる、そういう絵です。モデルの女性はもちろん裸体、壁画さながらに横向きであるのがミソです。エジプトであれメソポタミアであれ、中近東の古代遺跡の壁画には、ほぼ画一化され類型化された横向きの美女が描かれていますが、エジプトやメソポタミアの画学生には実際にそう見えていたのだろうか、という問いが含まれていいます。滑稽だけど、なかなか鋭い。

『芸術と幻影』冒頭にこの絵を置いたうえで、ゴンブリッチは書き出しています。「「様式の謎」とは何かについてわたくしが縷々《るる》説明するより、ここに掲げた挿絵の方が手っ取り早く語ってくれる」というのです。

……アラン描くところのこの漫画は、長年にわたって美術史家たちを悩ませてきた一つの問題を端的に要約している。それぞれの時代や民族で、なぜ視覚世界の再現方法が異なっているのか。わたくしたちが本物そっくりだと思っている絵も、未来の人びとから

1　アラン「デッサン」，ニューヨーカー誌（1955年）より

図版1-1　『芸術と幻影』24ページより。
アランの「デッサン」を引用して「様式の謎」について解説している。

見れば、エジプト絵画を前にした現代人と五十歩百歩で、説得力に欠けるのではなかろうか。芸術にかかわる問題は所詮主観的なものなのか、それとも客観的な基準といったものがあるのだろうか。もしもそのような基準が存在し、今日の人体デッサン教室で教えられている方法が、エジプト人たちがかたくなに用いていた手法よりも、忠実な自然の模倣だとするならば、一体なぜエジプト人たちはその方法をとらなかったのだろう。現代の漫画家がここで示唆しているように、エジプト人は自然をわたくしたちとは違ったふうに知覚していたと考えるべきなのだろうか。（瀬戸《せと》慶久《よしひさ》訳）

以下、ゴンブリッチは十九世紀の美術史家たちの考え方の変遷をほとんど網羅的に、しかしもちろん簡便に取り上げてゆくのですが、ここではそれを詳しく紹介することなどできませんし、必要もありません。なぜ時代によって、あるいは地域によってこれほど違ってくるのだろうか。考察の対象になっているのはせいぜい三千年くらいの時間なのですから、その三千年のあいだに人類の視覚そのものが進化したなんてことは絶対にありえません。生理的には、三千年前にも、人は同じように物を見ていたし、物が見えていたに違いない。けれど、文化的には見どころも違えば、その見え方も違っていたのだろう。それを表現するとき、あるいは再現するとき、その見どころの違い、見え方の違いが出てくるわけです。

とすれば、人間には「生理的な視覚」と、それを「文化的な領域へと移してゆく視覚」の二つがあることになります。ゴンブリッチは「網膜上のイメージ」と「精神のイメージ」という言葉を用いたりしていますが、大差ありません。

じつはこれはまったく簡単な話で、人は誰でも良い写真と悪い写真を選ぶことができるという事実を考えるだけでいい。

写真は光学的な意味で事実を写しています。原理的に、嘘を吐《つ》くことはできません。事実に違いがあるはずがない。でも、事実であるはずのその写真のなかから、人は、自分であれ恋人であれ、いかにも自分らしい写真、恋人らしい写真を選ぶ。考えてみれば奇怪な話ですが、このことは、人には写真よりも先に、それを選ぶための規準になるイメージができているということを意味しています。

新聞社の記者にしても同じです。記事に合わせて写真を選ぶわけです。悲しい記事には悲しい写真、嬉しい記事には嬉しい写真。さらに、善人らしく見える写真、悪人らしく見える写真、要するに記事にふさわしい写真を選んでいる。また、ふさわしい写真を撮るのが名カメラマンなのです。「写真は嘘を吐く」とよくいわれますが、もちろん人間が自分のイメージにもとづいて写真に嘘を吐かせているわけです。

しかも、大急ぎで付け加えなければならないのは、同時に人間は、選びながら、自分に潜在するそのイメージを変えてゆきもするということです。ああ、彼女にはこういう面もあったんだ、これからはこういう面を強調したほうが良い、なんてことをやる。これこそ芸術家がやっていることなんだと、ゴンブリッチは示唆するのです。事態は込み入っていますから、こんなに簡単な説明をしているわけではありませんが、同じことです。それこそが創造なのだというのです。

人は見方を発明し流行させるが、流行はやがて変わり新たな見方が発明される。

なんだ、漫画やアニメでキャラを決めるときと同じじゃないか、と思うでしょう。そうです。そんなに簡単に説明していいのだろうかと疑ってはいけない。むしろ逆に、漫画やアニメも難解に説明することができる、場合によってはしなければならないのだと考えたほうがいい。キャラだけではない。アニメの制作にあたって制作者は、ほんとうはものすごく込み入ったことをしているのです。

人は世界を概念や言葉で見ている

じつはアランの絵に対するゴンブリッチの説明については、『イコノロジー』などで知られるW・J・T・ミッチェルの異論——漫画の可笑《おか》しさの意味を取り違えているのではないかという異論——があるのですが、この文脈では問題にする必要はありません。ゴンブリッチとしては、世界の見え方は時代や民族によって違うのではないか、ということを示唆すれば足りるわけですから。

それに、ゴンブリッチには冒頭をエジプトではじめる必要性があったのです。

それは、エジプトに典型的に見られる不動の図像の画一性は原始や古代には普遍的、少なくとも一般的なものだが、それがギリシアで大きく変化した、ギリシアが人類の美術に動きのさなかの一瞬、つまり「いまここにこのようにしてあるわたし」を意識させる一瞬の感覚、いまを生きている「私だけのこの一瞬」という感覚をもたらしたのだ、ということを、ちょっと先へ行ってから説明するつもりだったからです。

つまり、ギリシアが人間に「この一瞬を模写する」という感覚をもたらしたのだというのです。ギリシアの彫刻家たちがその「一瞬の模写」を『ラオコーン』とか『ミロのヴィーナス』といったあの見事な大理石像において成し遂げたことはいうまでもありません【図版1－2、1－3】。

（上）図版1-2
『ラオコーン』
［バチカン、ピオ・クレメンティーノ美術館蔵］

（下）図版1-3
『ミロのヴィーナス』
［パリ、ルーヴル美術館蔵］

模写すなわちギリシア語でいえばミメーシスです。英語でいえばイミテーション。

ゴンブリッチは自分の考えを説明するのに、ベンジャミン・リー・ウォーフの死後出版の本で、たまたま『芸術と幻影』の少し前に刊行された『言語・思考・現実』を引き合いに出していますが、ゴンブリッチの考え方はいわゆる「サピア＝ウォーフの仮説」にかなり近いものといっていいと思います。エドワード・サピアもベンジャミン・リー・ウォーフもアメリカ・インディアンの言語と習俗を研究した学者ですが、簡単にいえば、人間は言語をはじめとする文化によって世界を眺めているという説です。たとえば家族関係、親族関係のありようはその呼び名から窺うことができますし、天文気象の語彙《ごい》から社会生活のありようを窺うことができます。

半世紀以上の昔、中学生だった私は、なぜ英語を学ばなければならないのか考えて、言語のありようの違いで彼我の文化の違いを知るためであると思いついて、自分なりに得心した経験があります。当時は近所の八百屋の子が英語を話すようになることはまずないだろうという時代でした。教科書を疑うこともなく教える教師の偽善に、ものすごく腹を立てていたのです。考えるべきこと——たとえばなぜ生きているのかなぜ学ぶのか——を考えさせない教育制度の全体が間違っていると思っていたのですが、ここでそんな中学生のことを話しても意味がありません。ただ、英語では稲も米も飯もライスで——田にいたってはライス・フィールド——、日本語ではカウもブルもビーフも牛（牝牛、牡牛、牛肉）であることを思えば、日本人は農耕民、英国人は遊牧民の出自であることは歴然としている、とすれば、天然自然もまた民族で違って見えてくるはずだと考えたのです。

教師に話してもまったく相手にされませんでしたが、原理的にはサピア＝ウォーフの仮説と同じことを考えていたわけです。人間は言語によって世界を分節化して――たとえば木を幹と枝と葉に分けて――見ているという考え方にゴンブリッチが惹かれたのは、まったく同じ規制が絵を描くときにも働いていると考えていたからです。ゴンブリッチはそれを言語ではなく、スキーマ・システム（図式体系）とかイニシャル・スキーマ（主要図式）とかと呼んでいます。このスキーマは、先に述べた写真を選ぶときなどに端的に示されるわけですが――首相や大統領の写真は記事のスキーマに合致させるべく何千枚も用意されている――、このスキーマは固定されたものではなく不断に動くもの、生成するものと考えられていますす。それがつまり創造ということである。ということは、人間誰しも創造的であるということです。

これは美術史や文化史よりも、人類学や言語学に近い考え方ですが、事実、ゴンブリッチは、注のなかで、サピア＝ウォーフの仮説など人類学者の研究を取り上げたアメリカ言語学会の記録、レヴィ＝ストロースやロマン・ヤコブソン、シービオクらも参加した学会の記録論文集を参考文献として挙げています。ゴンブリッチの『芸術と幻影』は、ですから、美術史において以上に、構造主義や構造主義以後の思想の流れのなかで論じたほうがいいという側面を持っている。ということは、アニメーションもまたそういう文脈で論じられたほうがいいということです。

とはいえ、『芸術と幻影』のなかでアニメーションとの関連で注目すべきは、その考え方がサピア＝ウォーフの考え方に近いということだけではありません。もう少し直接的に関係してくることがあるのです。

「いまここにこのようにしてあるわたし」への執着

ゴンブリッチが冒頭にエジプト人の絵の描き方の話を持って来たのは、たんにたまたま都合の良い漫画が見つかったからだけではありません。先ほどもちょっと触れましたが、エジプト美術からルネサンス美術、近代美術へと展開してくるなかで、じつはギリシア美術が決定的な役割を果たしたということを印象づけるためでもあったのです。

『眠れる森の美女』というバレエがあります。同じチャイコフスキー作曲、プティパ振付コンビの『くるみ割り人形』『白鳥の湖』と並ぶ三大バレエのひとつで、その第一作です。ロシア・クラシック・バレエの白眉《はくび》。王女の誕生祝いに招かれなかったカラボスという魔女が、怒りのあまり、王と王妃をはじめ王宮のすべてを眠らせてしまうのですが、百年後、異国の王子が登場、善の妖精の導きのもと、王女に口づけし、王宮のすべてを目覚めさせるという物語。バレエはもちろんペローの童話に取材しているわけです。

ゴンブリッチは、わざわざこのバレエ『眠れる森の美女』を取り上げて——邦訳ではバレエのことなど念頭になかったのでしょう、残念ながら『眠れる王妃』になっているのですが——、人類をエジプト美術の眠りから眼を覚まさせたこの王子の接吻こそギリシア美術であったというのです。「静止した概念的画像」から、「動きを思わせる自然的再現」への移行というギリシア美術史の要点は、はるか昔の一九〇〇年に刊行されたエマヌエル・レーヴィの『初期ギリシア芸術における自然再現』ですでに語られていることなのですが、エジプト美術からギリシア美術の開花まで、なぜそれほどの時間がかかったのか説明がない。

その説明を与えるのが一九一九年刊のハインリヒ・シェーファー『エジプト芸術の原理』であり、一九五一年刊のヘンリエッテ・フルーネヴェーヘン＝フランクフォート『制止と運動』である、とゴンブリッチはいいます。二人ともにもちろんエジプト学者。

フルーネヴェーヘン＝フランクフォートの『制止と運動』は「アレスト・アンド・ムーヴメント」の訳です——アレストには逮捕拘束の意があります——が、「古代近東の具象芸術における時空」という副題が付いていて、エジプト、メソポタミア、クレタの古代美術——この言い方そのものが近代西洋のものですが——を扱ったたいへん興味深い本です。

が、ゴンブリッチにとってのこの本のポイントはただひとつ、エジプト古王国の墓室画を、被葬者生前の人生を物語るものと受け取ってはならないということなのです。「場面の連続は純粋に概念的なものであって、物語的なものではない」、それこそ「コミック・ストリップ」すなわちコマ割り漫画のようなものではまったくない。そうではなく、被葬者とはおよそ無関係な、たんに典型的かつ概念的な情景にすぎないのだ。死者は死してなお、それら典型的かつ概念的な生の事象をその所有者として見守り続けるよう祈願されているだけのことだというのです。ゴンブリッチは、フルーネヴェーヘン＝フランクフォートのこの墓室画の見方を、古代美術の全体に当てはめることができると考えたのです。

古代近東の絵画にはまさに無時間すなわち永遠の生活が描かれていたわけですが、そしてそれが古代一般のありようだと思われるわけですが、そこに時間を導入した——個人の物語を導入した——のが古代ギリシア美術であり、その復興がイタリア・ルネサンスであった、と、簡単にいえば、ゴンブリッチは考えたわけです。エマヌエル・レーヴィの『初期ギリシア芸術における自然再現』が捉えたのはその革命的な飛躍の具体的な過程だったわけですが、その飛躍を理解するにはフルーネヴェーヘン＝フランクフォートの『制止と運動』が参照されなければならない、と考えた。無時間のなかに突然、時間が登場した、そこにはそれこそ『眠れる森の美女』の王子の接吻のような革命があったのだ、と。そういう眼で眺めたとき、古代ギリシアの彫刻が、あたかも生きているさなかの生の一瞬を捉え、イタリア・ルネサンスの絵画が、吹き寄せる風を肌に感じるその一瞬を捉えた、その奇跡の迫力がはじめて納得されるというのです。

どういうことか。

ルネサンス絵画の本質はアニメだということです。

ボッティチェリの『春』でも『ヴィーナスの誕生』でもいい。たくさんあるラファエロの聖母子像でも『アテネの学堂』でもいい。登場人物はすべて動き出そうとしている。静止画でさえ、いまにも瞬《まばた》きしようとしている。これはもう、ルネサンス絵画の本質というよりは西洋絵画の本質で、ボッティチェリだろうがラファエロだろうが、レオナルドだろうがミケランジェロだろうが、さらには時代下ってカラヴァッジョだろうが、あるいはレンブラントだろうがフェルメールだろうが、すべてそうです。

ということは、彼らの絵をもとにしてアニメが作れるようにできているということです。原画もキャラクターも台本も全部そろっている。ボッティチェリ作画、高畑勲監督『春』なんてことがありえたということです。それこそが、イタリア・ルネサンスの魅力の核心であると考えたほうが、よほど分かりが早い。実際、コマーシャル・フィルムなどで、そういうことを試みている例——たとえば優しくウィンクする『モナ・リザ』——が少なくないわけですが、コンピュータ・グラフィクスの驚異的な発展がこれからどんなことを可能にするか、空恐ろしいほどです。ルネサンス絵画のすべてが動き出すことになるかもしれないわけですから。

アニメは視覚芸術史上の大事件

ゴンブリッチは、「いまここのこの瞬間」を捉えるというような考え方が発生したのはギリシアにおいてであって——メソポタミアやエジプトにはなかったという考え方——、ルネサンスがそれを復興したのだと述べています。ギリシアにそういう新しい考え方——ミメーシスすなわち模倣に意味を認める考え方——が発生したからこそ、プラトンという保守的な頑固親爺が、本物らしさというイリュージョンをあくまでも偽物として否定したのだと説明しています。永遠のイデアというプラトンの考え方は、当時の流行思想であるミメーシスに対するひとつの防衛だったというのです。

ゴンブリッチが示唆しているのはルネサンス期に流行したネオプラトニズムが一種の逆説としてあったということである、とも受け取れます。プラトンのイデア論に、有名な洞窟の比喩があります。この世はイデアの影にすぎないという考え方が影絵すなわちアニメーションを思わせ、それがまた後世の芸術家を興奮させるわけですが、話が込み入ってくるのでここではそこまで話を広げません。それだけで一冊の本ができてしまいます。

重要なことは、「いまここにこのようにしてあるわたし」——デカルトからパスカルへと展開する「私という現象」への固執——という実感的な自己意識が、いまにも動き出しそうなルネサンス絵画の中心を形成しているということであり、それはつまりアニメーションと切り離しえないということです。だからこそその後に風景画の伝統もまた形成されえた。『芸術と幻影』の巻頭に、コンスタブルの『エセックス州のワイヴェンホー・パーク』【図版1－4】が置かれていますが、永遠の現在のような光景であるにもかかわらず、雲の動きも風のそよぎも、それを描いている「いまここにこのようにしてあるわたし」である画家の捉えたその歴史的瞬間において記録されているからこそ、重要なのです。

すると、アニメーションを構想したうえで、その一コマを切り取ってみせたのが西洋絵画だったのではないか、と、逆に考えることができます。しかもそれは「いまここにこのようにしてあるわたし」という自己意識と緊密に結びついているのです。

私は、ゴンブリッチはそう考えていたのではないかと思っています。フルーネヴェーヘン＝フランクフォートの本に手を出したのもじつは「アレスト・アンド・ムーヴメント」という表題に惹かれたのであって、ゴンブリッチにはそれが「古代（制止）と近代（運動）」と読めたのではないかとさえ思います。しかも、パノフスキーの『〈象徴形式〉としての遠近法』という超有名な西洋精神史の試みを、「運動」という一点において抜くことができる。パノフスキーの本は空間論ですが、ゴンブリッチの本は時間論であって、時間とはじつは自己の別名——自己に気づく自己という時間の遅れ——のようなものなのですから。

ギリシアに時間と自己の発生を見て、その再生拡大をルネサンスに見るというゴンブリッチの着想は、このような文脈におくと、さらにいっそう魅力的です。

西欧絵画は、以後、マニエリスムあるいはバロック、ロココ、ロマン主義、写実主義、印象派というように展開しますが、すべて、アニメーションつまり「いまにも動き出しそうな」ということが基本で、それはそのまま、画家なり鑑賞家なりの「いまここにこのようにしてあるわたし」という自己意識と対応しているわけです。

図版1-4　コンスタブル『エセックス州のワイヴェンホー・パーク』［1816年、ワシントン・ナショナル・ギャラリー蔵］

文字通り現在の一瞬を切り取って描いてみせた印象派絵画と相前後して写真が登場し、さらに映画が登場することになるわけですが、アニメーションという考え方を中心に据えると、絵画、写真、映画という、いまでは切り離して考えることが常識になった表現領域が、動きへ向かって連続する一本の線になることにはよくよく注意すべきだと、私は思います。ゴンブリッチが結果的に証明していることは、絵の背後に潜むのはアニメーションへの欲望であり、その欲望は「いまここにこのようにしてあるわたし」を確証しようとする欲望と重なっているということなのです。

ルネサンスは絵画史における大事件だったが、アニメーションは視覚芸術史における大事件なのだと先ほど述べたのは、そういう理由からです。

これを仮説と見てももちろんかまいません。しかし、将来を見通すのに役立てば、仮説はもはや仮説ではありません。アニメーションの現在を眺め、考えてゆくためには、一八六〇年に刊行されたブルクハルトの『イタリア・ルネサンスの文化』以降、一世紀半以上の歴史をもつ西洋美術史の研究成果を参照するのがたいへん役に立つというのが、結果的にゴンブリッチが主張し、証明しようとしたことなのです。

その眼で眺め直してみると、ゴンブリッチが援用したジェームズ・J・ギブソンの知覚論や、ルドルフ・アルンハイムの視覚論、エルンスト・クリスのカリカチュア論を含む精神分析的美術論などが、アニメーション探究に役立たないはずがありません。漫画論——とりわけ少女漫画論、劇画論——についてはもちろんのことです。

西洋ルネサンスとアニメ・ルネサンスを雁行《がんこう》する視覚芸術史上の事件として眺めるというこの考え方は、さらにいろいろ興味深い示唆を含みます。たとえば前者においてはキリスト教が占めた位置を後者においてはエコロジー（生態学）信仰が占めています。終末論として似ているのです。

高畑の作品も宮崎の作品も、大略、このような視点から眺められなければならないと私は思っていますが、しかしそれだけではもちろんありません。

次章では「オープニングで空を飛ぶのはなぜか」ということからお話しします。

第二章

なぜ宮崎アニメでは空を飛ぶのか

「赤毛のアン」オープニング・シーンの衝撃

繰り返しますが、私は高畑勲や宮崎駿の良い観客ではありません。同時代的には見ていないのです。テレビアニメにしても見ていませんでした。一九七九年から連続放映された「赤毛のアン」も見ていません。

ですから、つい最近になって、片山杜秀《かたやまもりひで》の現代日本音楽をめぐる評論集『鬼子の歌』（二〇一九）を読んで、作曲家・三善晃《みよしあきら》がテレビの連続アニメ「赤毛のアン」の主題歌を作曲していることを知り、三善の音楽を確認すべくユーチューブで件《くだん》のアニメの冒頭映像を見ることになったときの驚きは、まさに筆舌に尽くしがたいものでした。呆気《あっけ》にとられ茫然としました。何よりも映像に驚嘆したのです。

なんだこれは、まるでガストン・バシュラールの想像力論の映像化そのものではないか。いや、それ以上だ。哲学者たちのさまざまな想像力論を、一片のアニメーションが凌駕《りょうが》してしまっているじゃないか。

そう思ったのです。

片山杜秀は私の敬愛する音楽評論家ですが、彼にしても驚きは同じだったのでしょう。現代日本音楽を語り始めるにあたって、開巻劈頭《かいかんへきとう》にまず、一九七九年放映の高畑勲脚本監督のテレビアニメ「赤毛のアン」のオープニング・シーンの主題歌を引いているのです。

片山は一九六三年生まれですから、当時はまだ高校生でした。ですが、小学校時代から音楽好きで、音楽好きを貫徹するためには受験勉強などという呑気《のんき》なことはしていられないと、暁星《ぎょうせい》小学校から中学、高校とエスカレーター式に進み、大学にしてもその延長上で慶應《けいおう》を選んだというツワモノです。現代音楽については、世界はもとより日本についても熟知している。実際に演奏を、それもレコードやCDではなく演奏会で、よく聴いているのです。いわゆるクラシック音楽から実験音楽まで、当時の片山の知識が並の学者や批評家を凌《しの》ぐほどのものであったことは、中学高校時代に通っていたコンサート一覧に歴然としています。

その高校生の片山が「赤毛のアン」のオープニングを聴いて——ほんとうは全身で体験してということでしょうが——度肝を抜かれたというのです。

「まるでオーケストラ歌曲ではありませんか。ベルリオーズとかリヒャルト・シュトラウスとかマーラーとかショスタコーヴィチとか。ヨーロッパのクラシック音楽には、歌手と大管弦楽が渡り合う歌曲の伝統がある。『きこえるかしら』はその流れを立派に汲んでいる」と、これは片山のオープニング評ですが、さすが音楽に集中している。

とはいえ私は、片山が音楽以上にまず映像つまり動画に感心したのは間違いないと確信しています。私はその後、何度かこのオープニングの映像を——そして第一話、第二話、第三話と——見ていますが、飽きるどころか、感動はかえって深まるばかりです。音楽と映像がピタリと合っていて、揺るぎもしないのです。高校生だった片山が何よりもそのことに感動したことは疑いありません。

片山はおそらく、音楽批評家の現代音楽論として、三善の音楽を中心に扱う必要があったのだろうと思います。もちろん、私は三善を低く評価しているのではありません。逆です。音楽と動画が、信じられないほど合致している。互いに高め合っている。舞踊と同じです。すぐれた舞踊は音楽を視覚化する。音楽が眼に見えるのです。まったく同じことが動画のなかで起こっているといっていい。動画によって音楽が生きている。動画に重きを置くか、音楽に重きを置くかは、論じ方の違いにすぎない。両者は渾然一体《こんぜんいったい》として分かちがたいのです。

『きこえるかしら』を見る

綿密な分析など山ほどあるでしょうが、かりに重複するにしても、ここではどうしても簡単にではあれ「赤毛のアン」のオープニング・シーンを描写する必要があります。

片山は「ベルリオーズとかリヒャルト・シュトラウスとかマーラーとかショスタコーヴィチとか」と具体的な作曲家名を並べていますが、冒頭はむしろ軽快なスウィング・ジャズのノリで、管が中心で後に弦が入ってくる——ように聞こえる——のが気品を感じさせるという雰囲気の音楽。クラシックではない、あくまでも軽音楽。高畑が作曲家の三善晃や詩人の岸田衿子《きしだえりこ》にどんなふうに頼んだのかは知りませんが——高畑は「太陽の王子 ホルスの大冒険」の音楽も現代音楽の作曲家・間宮芳生《まみやみちお》に委ねています——、いわゆるポップスではあっても、クラシックな歌曲なんてものではまったくありません。

さてそのオープニング・シーンです。

薄緑の草原を走る一人乗りの馬車の影とそれをあやつる少女の影が回転する大きな車輪の影とともに映し出され、画面下方に「主題歌『きこえるかしら』／作詞　岸田衿子・作曲　三善晃」という文字が入って、歌手・大和《おおわ》田《だ》りつこの「〽きこえるかしら　ひずめ《ママ》のおと」という、これも軽快な歌声が流れ始めます【図版２－１】。高畑も宮崎も音楽には鋭敏な感覚

図版2-1　シルエットを背景に、タイトルや歌詞などが入るオープニング。

図版2-2　森のトンネルを抜けた瞬間にアンと馬車が飛翔する。

を持っていて、それについては改めて触れることになると思いますが、いずれにせよそういうこだわりが十分に感じられます。三善や間宮に作曲を依頼すること自体が、そのこだわりを示しています。

草原を走る影はそれだけでまさに音楽的です。あえて注意を促しますが、ここでは影はすなわち音楽の影——つまり音だって眼に見えるんだという密かなしかし確固とした主張——にほかなりません。影のリズミカルな動きがそう感じさせるのです。

歌声が流れるとともに「赤毛のアン」というタイトル、そして歌詞が入る。走る馬の影が大きくなり、馬のたてがみもまた大きくなるといつしか影が色つきの実物——といってもたてがみはローズ色で馬は黒ですからまさに図案風な実物——になって、それが同じく図案風の薄緑の丘のローズ色の道をそのうねりにそって駆けてゆくという光景になります。続く「〽ゆるやかなおかをぬって　かけてくるばしゃ」で、黒い森のなかに入ってゆき、黒い森のトンネルを抜けた瞬間に、「〽むかえにくるの　むかえにくるのね」と高揚する歌声とともに、何ということか、少女と馬車が空を飛んでいる【図版2-2】。それもここからは図案風ではなく総天然色、描写風といった絵に変わるのです。はるか上空から農村の光景が映し出され、その上を飛んで、少女と馬車が、見ているもののほうに向かって飛んでくる。

この、はるか上空から農村の光景が映し出されるという印象は、指摘するまでもないでしょうが、遠く見える地平線がゆるやかな弧を描いているところから来ています。地上何千メートルから見える弧であると計算できるほどくっきりとした弧なのです。

そうしてカメラを横に見るようにして少女と馬車が通り過ぎてゆくわけですが、そのとき少女の顔がはっきりと分かります。真っ青な大空を背景に、それを横切ってゆく光景とともに、「〽だれかがわたしを　つれてゆくのね」と歌いつがれ、満開の桜——としかいいようがない——の森のなかに入ってゆきます【図版２－３】。「〽しろいはなのみちへ」という歌詞から「〽かぜのふるさとへ」と変わったときには、花の色が濃くなってほとんどオレンジ

図版2-3　満開の桜吹雪の森の中へと入っていくアンの横顔。
©NIPPON ANIMATION CO., LTD. “Anne of Green Gables” TM AGGLA

図版2-4　冬の衣装になったアンの表情がアップで映し出される。
©NIPPON ANIMATION CO., LTD. “Anne of Green Gables” TM AGGLA

に転じ、「〽つれてゆくのね」と絶唱する瞬間に、なんと、その光景の全体が冬景色になっている。

繰り返しの「〽つれてゆくのね」では、「花吹雪」転じて文字通り「吹雪」になってしまった白樺林《しらかばばやし》のなかを走っていて、いつのまにか冬装束になった少女が大写しになって【図版2-4】振り返る。これが典型的なアニメ風可愛い少女つまり「赤毛のアン」であると思わせるわけですが、さらに繰り返されるエンディングの「〽つれてゆくのね」が歌われる瞬間には、場面は冒頭の少女と馬車の影——音楽の影！——に戻っている。

冒頭では影から実物へ移行するとき、図案風な処理がほどこされていたのですが、テーマソングの終わりに近づいたいまは、図案風ではもはやない。これから連続アニメの主人公・赤毛のアンを演じるであろう少女が、一人乗りの馬車に乗って丘の向こうへと走り去ってゆくわけですが、これがほんとにすごいというか、まさに見どころなのですが、馬車はなんと、地面の上を走ってゆくのではなく、地上一メートルほど上の空間を、その下を流れる道を縫うように、あるいはその道と戯れるように、飛んでゆくのです。この空飛ぶ馬車の、ほぼ地上一メートルほどの絶妙な高さは、道に描かれた影との距離ではっきりと分かります。

念のため歌詞を並べます。

〽きこえるかしら　ひずめ《ママ》のおと
ゆるやかなおかをぬって　かけてくるばしゃ
むかえにくるの　むかえにくるのね

だれかがわたしを　つれてゆくのね
しろいはなのみちへ　かぜのふるさとへ
つれてゆくのね　つれてゆくのね

わずか一分二十秒。

これはもう、何度見ても見飽きない素晴らしい動画です。

何がすごいかといえば、人間にとって飛翔するとはどういうことかを、ものの見事に描き切っているからです。「スタジオジブリの想像力」とはどのようなものであるか、わずか一分余の映像のなかに凝縮している。

繰り返しますが、想像力とは飛翔のことであり、飛翔とは想像力のことなのです。

「歓びの白い路」のシーンの示すもの

もちろん、アニメ「赤毛のアン」はルーシー・モード・モンゴメリーの原作をほぼ忠実になぞった作品です。いま紹介した冒頭のシーンにしても、第一話の、これもファンを魅了してやまない「歓びの白い路」のシーンがあったからこそ生まれたことは疑いありません。

オープニング・シーンでも、「歓びの白い路」のシーンでも、同じコンセプト、同じ手法——飛翔の想像力——が用いられているといっていいからです。

「歓びの白い路」のシーンというのは、孤児院からマシューとマリラのカスバート兄妹の家に引き取られることになるアンが、最寄り駅まで迎えに来たマシューの馬車に乗ってその家まで行く道すがら通ることになる花盛りの林檎《りんご》並木のシーンのことです。この林檎並木を通るその場面が、先に紹介した「花吹雪」転じて文字通りの「吹雪」になった白樺林のなかを走ってゆくオープニング・シーンの元型になっていると、誰でも思うに違いない場面なのです。音楽も素晴らしいと私は思います。馬車の音、犬の吠え声までいい。

『赤毛のアン』の舞台はカナダ東海岸のプリンスエドワード島に実在するキャベンディッシュをモデルにしたアヴォンリーという村。マシューとマリラのカスバート兄妹というのは婚期を逸していまや老境に入りつつある兄妹で、孤児を引き取るというのもゆくゆくは自分たちの老後を助けてもらうつもりだったのですから、孤児院に頼んだのもじつは男の子であって女の子ではなかったのです。

内気で無口なマシューは、間違って送られてきた女の子を、とりあえずは家に泊めるほかあるまいと思って連れては帰るのですが、この子は孤児院に返されるほかないだろうと思っている。けれど、そのことを自分でじかに女の子に話すほどの勇気はない。女の子がすっかりその気になって喜んでいるのを感じとっているからです。むしろ、そんな残酷なことを話すのが妹の役であることに、内心ほっとしている。というのも、おしゃべりな女の子のおしゃべりを、まるで鳥の囀《さえず》りを聴くように聴いている、つまりいつのまにか楽しんでいる自分に気づき始めているからです。帰すには忍びないと思い始めている。そういう成り行きで林檎並木の下を通っているわけです。

この場面はモンゴメリーの原作では次のようになっています。少し長いのですが、重要ですので引用します。

「……とにかく私は、天使みたいに善良にはなれないわ。だってスペンサーのおばさんが言うには、まあ、カスバートさん！　まあ、カスバートさん!!　まあ、カスバートさん!!!」

スペンサー夫人がこう言ったのではなく、女の子が馬車から転がり落ちたのでもなく、マシューが何かびっくりするようなことをしでかしたのでもなかった。ただ馬車が道を曲がり、「並木道」にさしかかったのだった。

「並木道」とは、この近隣のニューブリッジの人々が名づけた通りで、四、五百ヤードにわたって、道の両側に大きな林檎の木が並んでいた。その昔、ある変わり者の年老いた農夫が植えた木が今や両側から技を広げ、見事なアーチを作っていた。仰ぎ見ると、二人の上には、雪のように白く、いい香りのする花が、空をおおう天蓋となって、遠くまで伸びていた。梢の下には、薄紫の夕もやが立ちこめている。そして枝のアーチのむこうには、さまざまな色に染まった夕焼け空が見えていた。それはまるで、大聖堂の通路のつきあたりに掲げられた、ステンドグラスの薔薇窓のように輝いていた。

美しさに胸をうたれて、女の子は口をきくのを忘れてしまったようだった。馬車に背をもたれ、小さな手を胸で握りあわせ、輝くような白い花をうっとりと見上げていた。並木道をすぎ、ニューブリッジへとなだらかに下っていっても、女の子は身じろぎもせず黙っていた。今もなお夢みるような顔をして日が沈んでいく西の空を遠く見つめている。女の子の目には、燦然《さんぜん》と輝く夕空を背景にして、すばらしい夢想の数々が流れるようによぎっていたのだ。

馬車はニューブリッジに入った。ここは騒がしい小さな村で、犬が吠えかかったり、男の子たちが囃《はや》し立てたり、物見高い人が窓から顔を出したりしたが、それでも女の子は黙っていた。さらにもう三マイル進んでも、まだ口を閉じていた。この子は、元気一杯の話しぶりと同じように、ただひたすらに黙っていることもできるらしい。実際そうしているのだから間違いない。（松本侑子《まつもとゆうこ》訳）

マシューは黙り込んでしまったアンに「どうやら、くたびれてお腹が空いたんだね」と尋ねるのですが、もちろんアンは感動のあまり口がきけなくなっていたのです。ようやく口がきけるようになったアンは、これは「きれい」なんて言葉でも「美しい」なんて言葉でも十分ではない。「並木道」なんて月並みな名前ではいけない。「歓びの白い路」という名前こそふさわしい、とマシューに向かって断言します。

小さいのに何とおしゃまな、あるいは生意気な女の子でしょう、もういっぱしの文学少女ではありませんか。でもそのことに、マシューはどうも心の底から愛情を感じ始めているらしい、つまり女の子が世界に対して向き合うその向き合い方に、マシューもまた感動し始めているらしい。

動画でも「カスバートさん」を三度繰り返す場面から、無言の場面、その後の「歓びの白い路」と命名する場面まで、ほぼ同様の会話がなされます。しかし決定的に違う点がひとつあります。

それは、動画では、アンとその馬車がマシューともども宙に舞い上がってしまうという点です。

花盛りの並木道を真正面から映し出す場面、花の並木の向こうを通ってゆく馬車を横から眺める場面、アンの視点から折りかさなる花の枝を見上げる場面、逆にそのアンを花の枝々を通して上から見下ろす場面。そして斜め後ろからアンを映し出して、そのアンが振り向いた瞬間、何千何万の花びらがアンを目がけて流れてきて、その花の潮がまるで噴水のようにアンを噴き上げるという場面へと展開するのです。

暴力的なまでの美しさ、と、あえて言いたい。押し寄せる花の洪水、花の潮流がうねりながら渦となって噴き上がり、アンをその頂きに押し上げる。アンは抗いようもなく、押し上げられてしまう。

想像に身を委ねるという言葉がそのまま動画になったようなものです。

花の噴水の頂きに横たわったアンはやがて立った姿勢になって空中をくるくる回り、その回るアンの傍らを馬車が走り続ける、もちろん空中を、です。素晴らしい場面です。舞い踊る花の潮がしずまってもとの並木道に戻るその様子を、アンは振り返りながら茫然と眺めている。並木道から遠ざかってもアンは口をきくことができません。

この場面が素晴らしいのは、想像力とは本質的に飛翔のことなのだとほとんど断言しているところにあります。その断言がいかにも自然であって、見る側も深く納得できる、それが素晴らしさの理由なのだと、私は思います。

これは、モンゴメリーの思想ではありません。「女の子の目には、燦然と輝く夕空を背景にして、すばらしい夢想の数々が流れるようによぎっていた」というその「夢想の数々」を動画にしてみせた、高畑や宮崎たちの手腕であり、そういう手腕を発揮させるように強いた彼らの、まさに想像力、想像力という思想なのです。

夢想すなわち想像力とは飛翔のことなのだ、と、高畑や宮崎たちは考えた。その考えを明瞭に打ち出したのが連続アニメ「赤毛のアン」のオープニング・シーンにほかなりません。私の考えでは、夢想すなわち想像力とは飛翔のことなのだ、というこの思想は、以後、高畑以上に宮崎をいっそう強く捉えたように思われます。

夢想すなわち想像力こそがアニメーションの最大の特徴であり出発点であるとすれば、アニメーションとはすなわち飛翔のことなのだということになります。同時期の「ルパン三世 カリオストロの城」や、一九八四年の「風の谷のナウシカ」から、二〇一三年の「風立ちぬ」にいたるまでの軌跡を考えれば、これが真実であることが分かります。「となりのトトロ」の「ネコバス」などまさにその具体化であって、それが果たす役割は「赤毛のアン」オープニング・シーンの「馬車」に等しい。それは「飛翔」です。

他方、高畑の場合は飛翔とは雲であり、それが影を落とす地上こそが夢想の場であると考えられていたような気がします。「雲」は高畑のみならず宮崎にとっても重要な形象ですが、そこにはしかし、たとえば見上げるものと見下ろすものの違いのようなものがあるように感じられるのです。風景を見る眼の違いと言ってもいい。

飛翔の夢とは何か

誰でも空を飛ぶ夢を見ます。

私も何度も見ていますが、翼があるわけでも気球に乗っているわけでも飛行機に乗っているわけでもないのに、いつのまにか地上を離れて飛んでいる。というより、空のなかを自由に泳いでいる。足で空気を押すと身体が自然にスーッと前に進む。泳ぐコツをいつのまにか会得《えとく》しているというか、それはとても易しいことなのです。泳ぎの達人が海のなかを泳ぐのとまったく同じように空を飛んでいる。海と違うのは、普通に呼吸ができるということで、これはもう自在感の極致というか、広大な光景を眺めながら飛行するというのは、それこそ快楽です。

私はここ数年、月に一度、歌人の岡野弘彦《おかのひろひこ》、俳人の長谷川櫂《はせがわかい》とともに歌仙を巻く会、要するに駄弁する会を持っています。岡野は折口信夫《おりくちしのぶ》の最後の弟子で、晩年の数年をともに過ごして折口の最期を看取った人ですが、その岡野もまた幼い頃から頻繁に空飛ぶ夢を見ていたようです。ある時、折口にそのことを告げると、折口は笑って、それには性的な意味があるんだよ、と言われ、だいぶからかわれたといいます。もちろん折口はフロイトの説にのっとっているのです。

私はここでフロイトの飛行夢に関する所説を細かく説明しようとは思いません。錯雑《さくざつ》していて門外漢の出る幕はありません。フロイトの『夢判断』は先人の業績研究から自身の夢分析へと進み、その勢いで「夢は願望充足である」という根本思想を提示し、夢の具体例とその解釈を「夢の歪曲」、「夢の材料と夢の源泉」、「夢の作業」というかたちで提示し、最後に「夢事象の心理学」の表題の下に、人間の心を、意識、前意識、無意識などによって構成されるひとつの構造として示すものですが、第一版、第二版、第三版と増補されてゆくのみならず、その他の著作でも自身の構想を発展させてゆくわけですから、素人には簡単に解説することなど無理です。ここで明言できるのはただ、フロイトが基本的に、飛行夢もまた願望充足のひとつであり、それは性的な意味を持つと考えていたということだけです。要するにそれは性行為の代替物なのです。

折口もまたその程度の理解で弟子の岡野をからかったのだと私は思います。とはいえ、この事実は折口のフロイト理解が浅かったことを意味しません。折口がフロイトやフレイザーを深く読んでいたことは間違いありませんし、自身の国文学理解、民俗学理解に役立てていたことも疑いありません。ただ、性に関する理論としては深入りしなかったと、私は考えています。岡野をからかったのは、逆に、飛行夢がそのまま性的願望の表われなのだとまでは考えていなかったからだと思います。

古代人のなかに現代人を見、現代人のなかに古代人を見る折口には、フロイトは近代人、現代人であり過ぎたのではないかと思います。古代人もまた空を飛ぶ夢を見ていたことは疑いありません。そこでは飛翔は、いっそう深く広い意味を持っていた可能性があります。というより、現に持っていたのであり、それは現代においてもほとんど変わることがない。あえていえば、性が飛翔のもとなのではない、飛翔が性のもとなのだと、視点を変える必要があるほどなのです。折口はそう考えていたと私は思います。

そういう折口の考え方に私は賛成します。

飛行夢すなわち空を飛ぶ夢は必ずしも性的な意味にのみ還元されるものではない。いや、まったくそうではない。それはむしろ、見る欲望、俯瞰する欲望、世界を把握しようとする欲望を表わしているのだと、私は思います。あるいはそれもまた性的欲望の変容だと考えることができるかもしれませんが、私はそうは思わない。後に詳しく説明しますが、むしろ言語の欲望であって、ほんとうは性の欲望もまた言語の欲望のひとつだと思っているのです。性の欲望は、人間と動物では、言語が介在することによって、かすかにしかし決定的に違ってくるのです。

むろん、ここでそのことに強くこだわるのは、それが、「赤毛のアン」冒頭のシーンに端的に示された高畑や宮崎の思想、夢想すなわち想像力とは飛翔のことであり、飛翔とは想像力のことなのだ、そしてそれこそアニメーションの核心に潜むものなのだという思想の根幹にかかわるからです。それは性的な欲望に解消されるようなものではない。むしろ飛翔、飛行、すなわち空を泳ぐことは、人間が自由であることの表出であり、表象であると私は思っているのです。性の歓びもそのひとつにすぎない。

同じようなことを述べているのが、先に触れたガストン・バシュラールです。フランス二十世紀の哲学者で、科学史家であると同時に独特な文芸批評家というか詩論家です。科学史家として以上にむしろ批評家として、画家や建築家、詩人に影響を与え、文芸批評においては、ユングとともに、テーマ批評という一領域を形成するにあたって大きな影響を及ぼした存在です。

テーマ批評というのは、たとえば火や水や大気や大地といったテーマが芸術表現のなかでどのような意味を持って変容してゆくかといったことを、基本的に作品だけを取り上げて分析してゆくという批評です。たとえば宮崎駿における飛翔の意味、天空の意味とその変容を、「太陽の王子　ホルスの大冒険」から「風立ちぬ」まで、一貫して探究するというような流儀です。あるいはアニメ批評にもすでにその例があるかもしれませんが、私は残念ながらまだ読んでいません。

いずれにせよこのテーマ批評は、作者の人と思想など伝記的な事実に基づいて論を展開する従来の批評とは一線を画して、日本でも一九六〇年代から七〇年代にかけて流行しました。入沢康夫《いりさわやすお》と天沢退二郎《あまざわたいじろう》の宮沢賢治《みやざわけんじ》論など、その最たるものです。賢治の詩や童話は賢治の人生に還元されるものではない。作品自体が内的構造を持ったひとつの宇宙なのだ。蓮實《はすみ》重彦《しげひこ》の映画論や文学論もそういうものとして見ることができます。

先にユングの名を出しましたが、テーマ批評のこの流儀は精神分析の影響を受けています。バシュラールもまたフロイトやユングの影響を受けています。違うのは、これがじつは重要なのですが、精神分析におけるテーマ、たとえば棒のようなものは男性器、穴のようなものは女性器といったテーマの設定というのは、十九世紀までの科学に特徴的な実体論的な考え方を引きずっている、とバシュラールは考えたということです。

夢は性的欲望に還元されるというのは、性もまたひとつの関係にすぎないにもかかわらず、性欲が十分に実体論的に考えられているということです。あなたのその夢のテーマはかくかくしかじかの性的欲望を表わしている、そのことに気づけば、あなたの症状は解消されるというのでは、性的欲望を細菌つまり実体として扱っているに等しい。アインシュタインの相対性理論、ハイゼンベルクの不確定性原理によって「新しい科学的精神」が誕生した以上は——これがバシュラールの科学論、科学史論の要諦《ようてい》です——、それでは立ち行かないとバシュラールは考えた。そしてフロイトやユングの考え方からその実体論的な考え方を拭い去り、精神分析という手法だけを残そうとした。そう思えば分かりやすいでしょう。

これをさらに過激にすれば——かつての流行語を用いればすなわち脱構築すればということですが——蓮實重彥風のテーマ批評が生まれます。蓮實の批評はいかなるものも実体に還元しません。ただ戯れの軌跡だけを残すというものです。そこでは文体が思想の役割を担っているのです。いわば大人のニヒリズムです。

バシュラールはしかしそこまで過激ではありません。そのことは、批評活動のテーマとして、古代から連綿と続く火、水、空、土という四大元素を手がかりにしているところに歴然としています。この四大元素は実体に限りなく近く、しかしいまでは誰もそうは思っていません。古代の思想家は、にもかかわらず、あるものは火を、あるものは水を、存在の究極と考えた。それはなぜかとバシュラールは考えたのです。そしてその思想の場所を、夢に、夢想に、想像力に限定したのです——とはいえそれこそが人間の世界であることは国家や社会が夢や夢想の現実化にすぎないことに明らかなのですが——。そしてその場所——人間の宇宙——においては、四大元素は実体とはまた違った大きな力を発揮すると考えた。後に触れますが、私はこの背後に価値（ヴァリュー）から妥当性（ヴァリディティ）へと、つまり実体論的な考え方から関係論的な考え方へと重心を移した新カント派と同質のものがあると感じています。

ジブリの想像力を考える上で、バシュラールが大きな手がかりになるのは、思考の場所のこの限定――にもかかわらず限りなく深く広い世界――の仕方です。バシュラールがどこまで探究したかはおいて、その場所こそアニメーションの生きる場所であることは疑いありません。

夢は性欲に還元されない

バシュラールの経歴は一風変わっていて、一九〇三年、十九歳のときに復習教師、それから郵便局員、二年間の兵役を務めた後、パリでふたたび郵便局員として働き、第一次大戦に徴兵され、復員後、物理と化学の教師となり、独学で哲学の学士号、教授資格などを取得して四十六歳で大学教授になるという、いわば庶民出の学者です。知識人二代目、三代目という人間ばかりのフランスにあっては――フランスだけではないでしょうが――かなり珍しい。

バシュラールを有名にしたのは、一九三八年刊行の『火の精神分析』です。これは文学論ですが、同じ年に『科学的精神の形成――客観的認識の精神分析のために』という科学史論も出している。もちろん、どちらも精神分析を方法として採用している――科学を精神分析する！――わけですが、バシュラールの精神分析は、すでに概略を述べましたが、かなり独特です。フロイトよりユングに近い——元型論——といっていいのですが、ただしユングの神秘主義的な部分——基本的に実体論——にはいっさいかかわっていません。ベルクソンにさえ神秘主義的な部分があるのは小林秀雄《こばやしひでお》がそうであるのと変わりませんが——小林は超能力者ユリ・ゲラーに強い関心を持っていました——、バシュラールはそういうオカルト的なものいっさいを峻拒《しゅんきょ》しています。

私にはじつは、二十歳前後に詩人・哲学者の宇佐見英治《うさみえいじ》と出会っていわば精神的危機を救われたという経験があります。宇佐見には後にまた触れますが、その宇佐見がバシュラールの『空と夢——運動の想像力にかんする試論』を訳して、一九六八年に刊行しています。もちろん当時、私も読んで魅了されました。『火の精神分析』が訳されたのはその翌年でそれも貪り読みました。影響を受けたのはむしろこの『火の精神分析』のほうかもしれません。そのなかにこういう一節があって驚いたのです。

すなわち、人間が火を作ることができるようになったのは、森の火事が枝と枝の摩擦によって生じるのを見た人間がそれを真似たからなどではない、だいたいそんな現場を目撃することなどできはしない、そうではなく、人間の男と女が身体を擦り合わせると熱くなる、それと同じことを二つの木片に応用することによって木を熱くさせ発火させたからなのだ、というのです。多くの神話において火が木の息子であることのこれが理由だ、と。

この記述はほとんど事件といっていいほどの衝撃を私に与えました。精神分析はこういうかたちでこそ生かされるべきだと思いました。

バシュラールのこの考え方がきわめて刺激的なのは、少なくとも人間においては、想像力は性欲に還元されるものではない、逆に、性欲こそ想像力に還元されるものであることを端的に示しているからです。先に述べた「性が飛翔のもとなのではない、飛翔が性のもとなのだと、視点を変える必要がある」という考え方と密接に関連しています。言い換えれば、想像力のほうが性よりも大きい、むしろ性を包含するということです。次のような個所はほとんど甘美なかたちで、その事実を告げています。

……おそらくわれわれの祖先は己れの蒙《こうむ》っているものに鋭敏ではなかっただけに、いっそう歓びに対する感受性が強く、己れのしあわせをより意識していたことだろう。肉体的な愛より生ずる熱い快い存在が様々な原初的な経験を価値づけてきたにちがいない。乾いた木のへこみに棒をすべり込ませながら、それを燃えあがらせるためには時間と忍耐とが必要である。しかしこの労働は、その夢想が全く性的なものであるひとりの存在者にとってはきわめて甘美なものであったにちがいない。人間が歌うことを学んだのもおそらくこの優雅な労働の中でであろう。いずれにせよ、それは明らかに律動的な労働であり、働き手の律動《リズム》に「答え」、彼に心地よい多くの反響《こだま》をもたらす労働である。擦る腕、相打ち合う木と木、歌う声、いっさいが同じ諧調、同じ律動的な機能亢進《ディナモジェニー》の中で統一され、いっさいが唯ひとつの希望、その「価値」が知られているひとつの目的に集中する。（前田《まえだ》耕作《こうさく》訳）

これは、性が想像力の管轄下に移ってはじめて、人は火を自在に扱うようになったと述べているに等しいと思います。そしてまた音楽をはじめとする芸術が誕生したと述べているに等しい。要するに、人間は想像力によって性を支配し、同時に火を支配することに成功した、同時にそれは芸術の起源でもあった、バシュラールはそう述べているのです。

重要なことは、動物の多くは想像力を持つが——持たなければ捕食活動もできず捕食しようとするものから逃れることもできません——、何かを別のものと見なすというかたちの想像力は持っていないように思えるということです。動物は、追い求めるというかたちでそれがいま現在は手許にないということを意識する——つまり想像する——ことはあっても、その不在を代替物で埋めるというようなことはしないのではないか。不在を絵や記号や形見で埋めるようなことはしない——できない——のではないか。性が想像力の管轄下に移るということは、じつは言語の管轄下に移るということだったのではないか。

私はかなりの確率で火の誕生はバシュラールの記述の通りではないかと思いますが、同時に、その想像力は言語に負っていると考えています。というよりも、想像力と言語はじつは同じものなのではないかと思う。そして、飛翔の夢もまた、言語とまったく同じものなのではないかと思っているわけです。

あるいは奇矯《ききょう》に響くかもしれませんが、私は、言語は空を飛ぶことと切り離しえないと考えています。人間が空を飛べなければ言語なんて存在しなかっただろう、と。

だからこそ、高畑や宮崎を含むアニメーション作家の仕事に強い関心を持っている。私の見聞の範囲では、優れたアニメーションは何らかのかたちで飛行の要素を含みます。空を飛ばないアニメーションを探すほうが難しい。

バシュラールのフロイト批判

バシュラールは、『火の精神分析』を刊行した四年後の一九四二年に『水と夢――物質的想像力試論』、四三年に『空と夢――運動の想像力にかんする試論』、四八年に『大地と意志の夢想』と『大地と休息の夢想』の二巻本を、というように、火、水、空、土の四大元素に基づいて自らの詩論を展開してゆきます。

表題に明らかですが、『空と夢』は、飛翔の夢を扱っています。序論が「想像力と動性」で、第一章が「飛行の夢」。以下、章題だけを挙げてゆくと、「翼の詩学」、「想像的墜落」、「ロベール・ドズワィユの業績」、「ニーチェと昇行の心象」、「青空」、「星座」、「雲」、「星雲」、「大気の樹木」、「風」、「声なき朗誦」、そして結語としての二章、「文学的イメージ」と「運動学的哲学と力動的哲学」。

目次をすべて掲げたのは、この字面からだけでも、バシュラールの世界が宮崎駿の世界にいかに近いか、直観的に分かると思えたからです。『空と夢』の序論「想像力と動性」の序論の冒頭を読むと、バシュラールと宮崎駿の思想的な近さがいっそうよく分かります。

多くの心理学的問題と同様、想像力の探究は語源学の誤った知識によって、混乱させられている。いまでも人々は想像力とはイメージを形成する能力だとしている。ところが想像力とはむしろ知覚によって提供されたイメージを歪形する能力であり、それはわけても基本的イメージからわれわれを解放し、イメージを変える能力なのだ。イメージの変化、イメージの思いがけない結合がなければ、想像力はなく、想像するという行動はない。もしも眼前にある或るイメージがそこにないイメージを考えさせなければ、もしもきっかけとなる或るイメージが逃れてゆく夥しいイメージを、イメージの爆発を決定しなければ、想像力はない。(宇佐見英治訳)

どうでしょうか。

テレビの連続アニメ「赤毛のアン」オープニング・シーンを見て、「なんだこれは、まるでガストン・バシュラールの想像力論の映像化そのものではないか」と思ってしまったと章の冒頭でいいましたが、少しは納得していただけたでしょうか。

バシュラールはまるで、イメージはアニメーション――歪形する能力――でなければならない、いや、アニメーションなのだと述べているようなものです。序論の表題を「想像力と動画」に変えたくなるほどです。動性、すなわち刻々と変化してゆくもののなかにしか想像力はないというのですから。

とりわけ「もしも眼前にある或るイメージがそこにないイメージを考えさせなければ、もしもきっかけとなる或るイメージが逃れてゆく夥しいイメージを、イメージの爆発を決定しなければ、想像力はない」という個所《かしょ》など、「赤毛のアン」オープニング『きこえるかしら』の場面、すなわち先に、「〽しろいはなのみちへ」という歌詞から「〽かぜのふるさとへ」と変わったときには、花の色が濃くなってほとんどオレンジに転じ、「〜つれてゆくのね」と絶唱する瞬間に、なんと、その光景の全体が冬景色になっている。／繰り返しの「〜つれてゆくのね」では、「花吹雪」転じて文字通り「吹雪」になってしまった白樺林《しらかばばやし》のなかを走っていて、いつのまにか冬装束になった少女が大写しになって振り返る」というふうに描写した場面の、解説そのものに思えます。

先に引用した『赤毛のアン』日本語訳の個所に続いて、じつは、モンゴメリー自身、アンの夢想を「女の子は、深々と息をついて、夢想から醒《さ》めた。そして、魂が星に導かれてはるかかなたをさすらってきたかのような夢見心地の眼差しで、マシューを見上げた」と説明しているのですが、「魂が星に導かれて」「さすらってきた」「はるかかなた」が、林檎並木転じて吹雪舞う白樺林の冬景色として現象するとは、モンゴメリーもバシュラールもおそらく考えもしないでしょう。だからこそ跳び上がって喜ぶに違いない。それこそ動性を持った想像力にほかならないからです。

また、バシュラールのいう「或るイメージが逃れてゆく夥しいイメージ」すなわち「イメージの爆発」という表現は、「赤毛のアン」第一話の「歓びの白い路」の、花吹雪が噴水となってアンを噴き上げ天空に舞わせる場面の描写、それそのものに思えるほどです。ここには異質なものの出会い――新しい結合――が現前しています。バシュラールとシュルレアリスムの親近性が現前している。

さてそこで、いよいよバシュラール自身のフロイト批判を引用しなければなりません。『空と夢』の第一章「飛行の夢」の冒頭です。

古典的精神分析学は多くの場合、象徴《シンボル》の認識をあたかも象徴が概念であるかのごとくに扱ってきた。精神分析学的な意味での象徴は精神分析学的な調査の根本概念であるといってもよいほどである。或る象徴がいったん解釈されると、その《無意識の》意味がそれにいったん見出されると、それは分析の単なる道具のひとつとして扱われ、それを前後の文脈において、その変幻において研究する必要があるとはもはやだれも思わない。かくして古典的な精神分析学にとって、飛行の夢はもっとも明瞭な象徴のひとつ、もっとも月並な《説明概念》の一つとなった。つまりそれは官能的欲望を象徴するというのである。（宇佐見英治訳）

これが先ほど説明した「フロイトが基本的に、飛行夢もまた願望充足のひとつであり、それは性的な意味を持つと考えていたということ」に対応することはいうまでもありません。精神分析は象徴を概念化し、概念を実体化してしまった、それを科学的であると考えてしまった、だが、象徴には象徴の力があるのであって、そこにこそ想像力の秘密が潜んでいるのだというのですから、ほんとうはカッシーラーの『シンボル形式の哲学』の考え方にきわめて近いところにいるのです。

この一節にバシュラールのフロイトに対する、批判のみならず、ある種の皮肉を感じるのは、おそらく私だけではないでしょう。『夢判断』などを読むと、フロイトは必ずしも断定的ではないという印象を受けもするのですが、しかし、国際精神分析学会が一九一〇年に成立し、ユングの処遇などをめぐって派閥化するようになると、事態はやはり違ってきます。『夢判断』が一九〇〇年、『精神分析入門』が一七年。フロイトのロンドン亡命が三八年で、翌年死去。『空と夢』が刊行されるのはわずかその四年後ですから、精神分析に「古典的」という冠をつけるのは皮肉以外の何ものでもないと思います。事実、いわば精神分析学会には見えざる掟ができてしまい、保守化してしまっていたのです。共産主義が、マルクス、レーニン、スターリン、毛沢東《もうたくとう》、習近平《しゅうきんぺい》と堕落の一途をたどったのと似ています。

しかし、その保守化した精神分析学会を批判したとはいえ、残念なことにバシュラールはここからさらに遠くまで行くわけでは必ずしもありません。

バシュラールは、飛行の夢は性的願望の充足であるという「この陰《いん》にこもった混乱した冥《くら》い印象が、どのようにして飛行という優美なイメージを受けいれるのか」と問い、「本質的に単調な性格をもつそれ」すなわち願望充足が、「翼ある旅行の果てしない物語をうむほどに絵画的なものによって塗りつぶされるのか」と問い、それに対して精神分析的な答えを自ら用意しながらも、それもまた十分ではありえないと述べた上で、「精神分析が夢の飛行の逸楽的性質を主張するとはいえ、必ずしもそれですべてがいい尽されぬことが感じられ」てしまうとし、「夢の飛行はあらゆる心理的象徴と同様、多面的な解釈、すなわち情熱からの解釈、唯美的にみた解釈、合理的で客観的な解釈を必要とする」と、ほぼ結論づけています。

空を飛ぶ夢は性的願望の充足などではない、と、言ってはいるのですが、同時に、少なくともそれに尽きるものではないと言い添えているようなものです。どこか口ごもっている。おそらく、物質的想像力と力動的想像力を標榜しながらも、基本的には精神分析的な方法に依拠せざるをえないという自覚がそうさせるのだと思います。

しかし、繰り返しますが、飛行の夢はそんなものではない。「赤毛のアン」オープニング・シーン『きこえるかしら』の迫力を見、第一話の「歓びの白い路」の、見るものを巻き込まずにはおかない場面に感嘆したものとしては、バシュラールのその程度の考察では満足できません。それが性の代替物であるとはまったく思えません。その要素を含みはしても、それに尽きるものではない。それよりはるかに大きい何かが、そこにはあります。それは想像力の力、言語の力です。

夢想とは飛翔でありそれこそ人間の能力の核心をなすものであるのは、それが人間を人間たらしめている言語の働きそのものだからだ、と私は考えているのです。高畑や宮崎の作品が人を魅了するのは、まさにそのためなのだ、と。

バシュラールの位置

言語と飛行の密接な関係について私なりにさらに説明してゆく前に、バシュラールの位置づけをしておかなければなりません。

前章でゴンブリッチに触れて、カッシーラーとパノフスキーを引き合いに出しました。一年齢順に言えば、一八七四年生まれのカッシーラー、一八九二年生まれのパノフスキー、一九〇九年生まれのゴンブリッチと続くのですが、その間に一八八四年生まれのバシュラールを入れることができます。どうして入れることができるかといえば、カッシーラーとバシュラールは十歳違いですが、同じように科学哲学、科学史を問題にしているからです。同じように、アインシュタインの相対性理論、ハイゼンベルクの不確定性原理を問題にし、それが、実体論から関係論へと移行する十九世紀から二十世紀への思想的潮流を象徴する事件であると考えているからです。ともに、哲学はもちろん、文学、社会学、人類学についても、ほとんど専門家の域に達する見識を備えている。

カッシーラーとバシュラールの二人を並べて論じる研究はきわめて少ない——ルーマニアのトゥパンという学者が「バシュラール、カッシーラーと初期脱領域的人文科学」という論文を書いています——のですが、これからは増えるだろうと私は考えています。バシュラールには新カント派のようなところがあると先に述べましたが、カッシーラーはその新カント派のなかでもマールブルク学派の大立者にほかなりません。

大雑把な物言いになりますが、新カント派には十九世紀を席巻したヘーゲル主義、マルクス主義に対する反動のようなところがあります。実際、カントからヘーゲルへの科学的移行——簡単にいえば歴史を科学的に考えるということ、それもマルクス風つまり史的唯物論的にではなく——あるいはその総合を画策したようなところがあるのです。

いまマールブルク学派の名を挙げましたが、新カント派には、マールブルク学派に対するに西南ドイツ学派というのがあって、その大立者がリッケルトであり、それに連なるのがマックス・ヴェーバーです。このヴェーバーが創始した知識社会学の価値自由という考え方、すなわち科学は価値を論じないという考え方が、価値（ヴァリュー）から妥当性（ヴァリディティ）へと比重を移す新カント派の流儀の応用であることは広く知られています。こういう背景があったからこそ、二十世紀中葉、マルクスに飽き足らなかった人々の多くがヴェーバーへと走ったのだと考えることができます。

価値は原理的には歴史を超越して絶対ですが、妥当性はそうではなく文脈すなわち歴史に依存します。妥当性に重きをおく新カント派のそういう特徴は、科学史という領域に新生面を切り拓いたところに端的に出ていて、歴史を哲学の対象にした嚆矢《こうし》がヘーゲルであることを考えれば、結果的にカントとヘーゲルを総合する趣を呈するようになるのは必然です。カッシーラーの『シンボル形式の哲学』にヘーゲルの影が濃い理由といっていい。同じことはバシュラールの科学史と詩論についてもいえると私は思います。

カッシーラーとバシュラールの親近性について触れた以上、ここで、同じ科学哲学、科学史という領域において強烈な衝撃をもたらしたカール・ポパーに関して触れないわけにはいきません。

ポパーは反マルクス主義、反全体主義の旗手でしたし、いまでもそうです。したがって、一九六〇年代、七〇年代の学生、知識人には蛇蝎《だかつ》のように忌み嫌われた哲学者ですが、冷静に考えてみると、ポパーの代表作『開かれた社会とその敵』のほうが二十世紀社会論としては他の左翼同伴知識人の著作よりはよほどしっかりしていたということになって、一九八〇年代以降、とりわけソビエト連邦の崩壊以降は、古典中の古典として祀り上げられることになったわけです。『歴史主義の貧困――社会科学の方法と実践』の邦訳刊行こそ一九六一年ですが、『開かれた社会とその敵』の邦訳は一九八〇年。象徴的というほかありません。

私は一九四六年生まれですから、いわゆる青春時代は一九六〇年代ということになります。当時の思想界の英雄は、これはもう実存主義者ジャン＝ポール・サルトルであって、文学だろうが哲学だろうが、サルトルがそのシリーズ評論集『シチュアシオン』で言及した作家や哲学者がいちばん偉いのだということになっていました。それに続くのがアルベール・カミュで、『異邦人』や『シジフォスの神話』（後に『シーシュポスの神話』と邦訳改題）がよく読まれていました。そして当然のことながら、サルトルもカミュも左翼、いわゆる共産主義の同伴者だったのですから、ポパーのような存在は右翼反動として罵られていたわけです。

もちろんハンガリー動乱以降スターリニズムはナチズムと同じですから、反スターリニズムの論理としてポパーが援用されることもなくはなかった。とりわけその反証可能性という考え方が注目されたわけですが、それは学生運動たけなわの頃ではありません。それをかなり過ぎてからです。

科学の仮説は、その仮説に反証を突きつける条件が可能性として含まれていなければ科学とは言えない——つまり反論を封じる宗教のようなものにすぎない——というのが反証可能性という考え方ですが、これによって宗教の烙印を押された代表がマルクス主義と精神分析の二つだったわけですから、その破壊力たるや恐るべきものだったのです。確かにマルクス主義もフロイト主義も反論を許しません。マルクスとフロイトの総合を標榜して、六〇年代、七〇年代には花形だったフランクフルト学派の面々が、八〇年代以降、徐々に話題にされることが少なくなったのには理由があるといわざるをえません。私はベンヤミンでさえ例外ではないと思っています。

ポパーは一九〇二年生まれですが、ここでカッシーラー、バシュラールの名と並べるのは、彼もまた科学哲学、科学史の重要な論じ手だったからというだけではありません。ゴンブリッチの年来の親友であり、彼にきわめて強い影響を与えたからです。

パノフスキーにはカッシーラーの褌《ふんどし》で相撲を取ったようなところがありますが、ゴンブリッチにはポパーの褌で相撲を取ったようなところがある。ゴンブリッチ自身、その事実を繰り返し語っています。ポパーは、ゴンブリッチがウィーン大学の学生だった頃からの友人で、ゴンブリッチには他に精神分析家のエルンスト・クリス、経済学者のフリードリヒ・ハイエクといった友人もいました。彼らについても後に触れることになるでしょう。世紀転換期のウィーンというのは、いまから考えれば、じつに驚くべき都市だったのです。

いずれにせよ、こうして、カッシーラー、バシュラール、パノフスキー、ポパー、ゴンブリッチという布置が出来上がって、これらの人々が大なり小なりアニメーション論、アニメーション史にかかわってくるわけです。

飛行と遠近法

紙幅の都合もあります。言語と飛行の問題については次章でお話しすることにしますが、前章で話題にした遠近法の問題と今回話題にした飛行の問題の密接な関連について、やはりここで一言しておくべきでしょう。

私が宇佐見英治の謦咳《けいがい》に接したのは一九六六年ですが、当時、宇佐見と話題にしていたことのひとつに人類はなぜ直立したのかということがありました。

答えはもちろん、大空を飛びたかった、飛行したかったからです。

人間は眼の位置を少しでも上に持っていきたかったのであり、だからこそ木に登り、梯子《はしご》を発明し、櫓《やぐら》を築き、塔を建てた。さらにその上を狙って、馬を友とすることによって騎乗するようになり、かくして人類史を画する騎馬民族が登場することになった。そしてこの騎兵なるものの延長上に偵察機が発明され、やがて飛行機が一般化するわけですが、これらはすべて、いわば瞬く間に起こったことなのです。億年単位の地球史、生命史のなかでいえば、百万年単位など短時間にすぎません。騎乗から飛行機までは、驚くまいことか、わずか一万年のことにすぎないのです。

『空と夢』の訳者と語り合ったのは、人類にとっての飛翔の必然です。最終的には飛翔するためにこそ人は直立したのだという この考え方は、当時の私を魅了しました。

透視図法の発明もまたこの直立と無縁ではない。俯瞰したいという人間の欲望は、世界を一望のもとに眺めたい、掌握したいという欲望と違ったものではないからです。地図が生まれ、俯瞰図が生まれる。飛行機はもちろん、気球もなかった頃に、洋の東西を問わず、なぜこれほど斜め上から眺める都市図が多いのか。むろん俯瞰の欲望がそれほどにも強かったからです。そう考えるほかない。その延長上に、線遠近法、透視図法が生まれるわけですが、それは欲望の対象化です。つまり人間は自分の欲望を自覚した。

遠近法の利点は何か。

それは世界のどこにでも消失点を自由に設定できるということです。つまり、任意の点から世界を眺めることができる。なぜそれが利点なのか。当然のことですが、人間は原理的に世界のどこへでも飛来することができるという事実を、それが意味しているからです。つまり、遠近法がすごいのは、それが自由な飛翔を意味するからなのです。

私は、遠近法は自由な飛翔以外を意味しないと考えています。

しかしそれでは、中国の水墨画にせよ、日本の絵巻物にせよ、同じように俯瞰しながらも、そういう空間的な自由を感じさせないのはなぜか。

むろん、基本的な目的が違うからです。イタリア・ルネサンスと結びつけて考えられる線遠近法の世界とは、ヴェネチア、ジェノヴァ、フィレンツェといった都市国家が求めてやまなかった通商が自由な世界のことです。

日本や中国は違う。それは記憶である。とりわけ前世の記憶である。あるいは来たるべき来世の記憶である。中国の水墨画――雪舟《せっしゅう》をはじめとする日本の水墨画にしても同じです――、それは自在に飛翔する魂の眼が捉える世界である。只今現在を構想したものであっても、過去と未来、すなわち時空を超えるようにそれは描かれています。

むろん、線遠近法によってもできないことではない。いや、宗教画の多く、あるいは古典古代を描いた画の多くはまさにそれを実現しているではないか。方向は違っていても、描き出された世界は、飛翔する魂の眼を暗示する点では同じではないか。

詩人の大岡信《おおおかまこと》が、小学館版の大冊『世界美術大全集』東洋編第六巻「南宋・金」の月報に、「『観画談《かんがだん》』に始まる妄想的空想」という短文を寄せています。

『観画談』というのは幸田露伴《こうだろはん》の有名な短篇小説。貧しい学生が奥州の旅先で、山奥の古寺に宿泊し、深夜、その壁に掛けられているかなり大きな絵をランプの灯で眺めるというお話で、要は「美《うる》はしい大江に臨んだ富麗の都の一部を描いた」その絵のこまやかな細部を逐一描写するという趣向にある。

大岡はその絵を、描写から推じて張択端《ちょうたくたん》の傑作画巻『清明上河図《せいめいじょうがず》』ではないかと空想していて、その空想そのものが愉快なのですが、さらに興味深いのは露伴がその絵をまるで動画を見ているような筆致で紹介しているということ。画巻つまり絵巻物とはアニメーションのことなのではないかと断定したくもなりますが、それが可能になったのは、『清明上河図』が、空を飛んでいるものの眼から眺められている図巻だからにほかなりません。線遠近法なしに、です【図版2－5】。

大岡は最後に、中国宋代は、『清明上河図』のような風俗画巻のみならず、范寛《はんかん》『谿山行旅図《けいざんこうりょず》』、郭熙《かくき》『早春図』、李唐《りとう》『万壑松風図《ばんがくしょうふうず》』など「神品《しんぴん》」としか言いようのない水墨山水」をも生み出したと述べて文を閉じていますが、これらの水墨山水画もまた、浮遊する魂の眼から眺められたものであることに変わりはありません。線遠近法なしに。

じつは大岡信もまた飛翔の詩人なのですが、そのことについては後に触れます。

こうして、魂の問題が登場してきます。問題が魂であったことが分かる。夢も遠近法も、飛来する魂という現象を、その段階、その時点で捉えようとしたものであることに違いはない。事実、空を飛ぶ夢は、古くから、人間の魂の振る舞いとして受け取られてきていたのです。

遠近法の問題も飛行の問題も、最後には魂の問題になってしまう。

図版2-5 『清明上河図』［部分、北京・故宮博物院蔵］

私は、たとえばバシュラールが峻拒した神秘主義の世界、オカルトの世界に足を踏み入れているのでしょうか。いや、まったくそうではありません。「赤毛のアン」のオープニング・シーンの魅惑がそういう神秘主義に結びついているなどということはおよそありえない。世界中の子供、世界中の大人を魅了している動画なのです。そういうことはありえない。ありえるのは、直立し、言語を持ち、火をあやつるようになり、つねにより高い地点から世界を眺めつづけようとするこの人間という種に固有の秘密に、それが関連しているということだけです。

一九六六年、私は十九歳でした。思い返すと懐かしさで胸が潰れそうになりますが、宇佐見とこういう夢想めいたことを話しながら、私は精神的危機を脱していたのだと思います。なぜ当時、宇佐見とこんなことを話題にしていたかといえば、宇佐見と私が出会ったのが、宇佐見英治と矢《や》内原《ないはら》伊《い》作《さく》がパリでジャコメッティ体験をしたほぼ直後だったからです。五〇年代末、ジャコメッティは、当時パリに滞在していた矢内原の肖像デッサンを飽くことなく描いて話題になっていたのですが——サルトルがその様子を『シチュアシオンⅠ』に書いています——、宇佐見は自宅書斎に架していたジャコメッティの一枚のデッサンを示して、「影も遠近法も用いていないのになぜ浮き上がって見えるのだろうか」

と呟くように私に言ったのです。

この一言がその後の私を呪縛したのでした。

これがつまり、飛翔と遠近法の問題に私がなぜこだわるようになったのか、その発端ですが、その答えが半世紀を経てアニメーションの問題として蘇ってくるとは、思いもしませんでした。

言語と飛行の問題に移らなければなりません。

第三章　飛翔する力がジブリを創った

飛翔する力と想像する力

前章では、スタジオジブリの想像力とは空を飛ぶ力のことなんだということを、「赤毛のアン」のオープニング・シーンを素材に、お話ししました。少なくとも人間にとって空を飛ぶことは、上空から見ること、広い世界を眺めわたすこと、そして好きな所に着地してそこからじっくり眺め回すこと、としてあっただろうことを、たとえばガストン・バシュラールの思想を引き合いに出しながらお話ししてきました。

この空を飛ぶ能力こそが、じつは言語にそのまま受け継がれたのではないか、と、私は考えているわけです。この能力がなければ言語なんて意味がなかっただろうと私は思います。言語は眼の神秘をそっくりそのまま受け継いでいるのであり、むしろ逆に、眼の必然として生み出されることになったといったほうがいい。

この事実に着眼したのがスタジオジブリを設立した人々だったのだと、私は確信しています。この事実がいかに重大なのか、その事実への着眼がいかに劇的であったかを、これから私は語ってゆくつもりですが、これはほんとうに画期的なことであったと思います。結果的にそうなっただけで、意図的にそうしたわけではない、と、あるいは宮崎駿や鈴木敏夫たちはいうかもしれませんが、そんなことはない。

たとえば宮崎駿の作品を眺め返せば、一目瞭然、主人公は必ず飛ぶ。何らかのかたちで、必ず飛ぶ。走っていても、それは限りなく飛翔に近い走りなのです。落下でさえも、それは限りなく飛翔に近い落下なのだ。そしてその飛翔は、疑いなく、自由のイメージと切り離しえません。

魔法の絨毯《じゅうたん》からピーター・パンにいたるまで、想像力とは飛翔の別名なのだと思わせるような話が、人間の歴史のいたるところにはめ込まれています。遊園地にも、メリー・ゴーラウンドから観覧車まで、飛翔の変容と思わせる遊具が少なくありません。いや、ほとんどがそうだといっていい。写真や映画といった新しいメディアはほとんど必ずといっていいほど飛ぶことに憧れました。そして飛ぶ眼を実現しようとした。アニメーションがその典型であることはいうまでもありません。

けれど、見ることが飛ぶことであり、飛ぶことこそ自由であることの内実なのだということを、宮崎駿ほど直接的に実現している作家は稀ではないかと思います。手塚治虫《てづかおさむ》も松本零士《まつもとれいじ》も飛びます。飛翔が自由の表象なのだということを感じさせないわけではない。けれど、飛ぶこと、上空から眺めること、首を回して眺めわたし、好きな場所に着地してそこから眺め返すことが、何かを達成する手段というよりは、それ自体が目的なのだと感じさせる作家ということでは、宮崎の右に出るものはいないと思います。飛翔する眼こそ人間の本質なのだと肌で感じさせる作家はいない。

たぶんこの人は、考えるよりも先に手が動き、体が動いてしまうタイプの人、自分がやったことの意味が後になってはじめて分かるタイプの人なのでしょう。とにかくまず飛翔してしまうのだと思います。風の名であり飛行機の名であるジブリという呼称を、自分たちのカンパニーの名称にそのまま用いてしまおうとする人なのですから。

もちろん、この飛翔はときには泳ぐというかたちを取ることもあります。だけど、空を泳ぐのも海を泳ぐのも、泳ぐことでは似たようなもの。「未来少年コナン」がそうですが、この未来少年にとっては空も海も自由な空間そのものなのです。けれど鉄腕アトムのようにではない。異常な力を持ってはいるけれど、コナンはどこにでもいる少年のように描かれています。つまり、誰でも飛翔できる、と思わせます。

ちなみに、「未来少年コナン」の冒頭は「太陽の王子　ホルスの大冒険」の冒頭とそっくり同じです。父——庇護者——の死と出発という主題が同じですが、それよりも空を駆けるその呼吸が同じなのです。その呼吸はまた「赤毛のアン」の冒頭シーンともまったく同じ。後に説明しますが、そこにははっきりと自由の息吹がみなぎっています。制作現場の役割分担のようなことは知りませんが、この同じ呼吸をもたらしているのが宮崎であることは私には間違いないと思えます。自由の息吹は初期作品の「赤胴鈴之《あかどうすずの》助《すけ》」にいたるまで同じようにみなぎっているからです。「赤銅鈴之助」には凧が出てくるだけではない、なんと、飛行機まで出てくるのです。

「太陽の王子　ホルスの大冒険」の冒頭は少年ホルスが銀色のオオカミの群に追われる場面ですが、追われるホルスも追うオオカミも空を飛んでいます。地に足なんかついていない。そして、それこそ高所恐怖症の正反対で、高所愛好症とでもいうほかない筆致で高いところ、よりいっそう高いところへと向かうのです。

その極みが巨大な岩男・モーグの出現にほかならない。ホルスに、より高いところから世界を眺めさせるためだけに登場したようなものです。

しかも、この高さは空間だけではなく、時間をも、つまり歴史をも見わたす高さなのです。人間の百年は、岩男にとっては昼寝のようなもの。それこそが飛翔することの意味にほかならない。岩男の存在はそう示唆している。ホルスはその後に父の死に立ち会い、岩男の暗示した歴史を知って、意を決し、海を越えるわけですが、この帆掛け船で海をわたるシーンは空を飛ぶシーンそのものです。小山のように高い荒波の頂を走るのですから。その飛行を確認するように、高い崖からシラサギたちが見下ろす場面が描かれ、疾走する船と並行してトビウオたちが飛翔する場面が描かれている。ホルスよ、生きることは飛ぶことなのだよ、とでもいうように。

宮崎駿にあっては、飛ぶことは必ず自由であることの表現なのであって、そしてそれはこれも必ず、視点を変えて世界を眺め返すことと表裏なのであって、ぜったいに切り離せない。その飛翔が、失敗に終わるにしても、自分の自由を賭けた失敗なのです。だからこそ、見ているものは手に汗握るのであり、同じ自由を味わうことによって、生きているということを実感する。

これを魅了されるというのですが、断っておきますが、魅了されるにも力が必要なのです。人と才能に魅了されるというのは、能動的に全力を出し切って魅了されるということであって、そうでなければ、魅了されるなんて言葉は無意味です。画面だって同じ。人を魅了する画面はそのなかに入ってくるように人を誘い込みます。その誘いに乗るにも力が必要なのです。

この章では眼と言語について具体的にお話しする予定なのですが、その前に、二つのことをぜひ確認しておかなければなりません。

ひとつは、眼と言語の結びつきについて、私がどういう意味で密接に関連していると考えているのか、もう少し具体的にお話ししておきたいということです。

というのも、眼と言語について話したいとはいっても、抽象的なことではない、とても具体的なことなんだ、ということを分かっておいてほしいからです。だいたい、具体化も抽象化も、眼があってはじめて成立した能力です。飛翔する能力というのは、具体化することも抽象化することも自在にできる能力、のことにほかなりません。それは距離の問題に密接にかかわっているからです。眼が距離を測ることを可能にした、いや、眼が距離を作ったといっていいほどなのです。

いまひとつは、まさにこの問題においてこそ決定的に重要な、高畑勲と宮崎駿の関係についてです。具体的にいえば、高畑勲と宮崎駿の資質の違いと、その関係のあり方の推移の、考えてみれば溜息が出そうなほどに劇的な物語について、お話ししておかなければならないと思っているのです。

高畑勲についても宮崎駿についても、私は個人的にはまったく知りません。話したことはもちろん、会ったこともなければ見たこともない。何も知らないといっていい。知っているのは彼らが作ったアニメーションのことだけで、したがってお話しできるのも彼らの作品についてだけです。けれど、その作品からだけでも、ものすごく興味深い物語が浮かび上がってくる。そしてその物語はまさに眼と言語をめぐるものなのです。

あるいはすでにそういうことは語り尽くされているのかもしれませんが、私なりに語っておかなければならない。私にはその必要があるのです。

言語と眼の不思議な関係

はじめに言語と眼の不思議な関係について少しだけお話しします。

福沢諭吉《ふくざわゆきち》だったと思いますが何かに、欧米を回って統計という学問を知って、いたく感心したという話を書いています。以前から、どこであれ門前町の繁華街の、たとえば団子屋であれ餅屋であれ、その日売れるだろう数を、ほぼ誤りなく作っては売り切っているのが不思議だったというのです。店先を通る参詣人は日々違うにもかかわらず、どうしてそういうことになるのかほんとに不思議でならなかったのだが、統計学というものに接してその謎が分かった、店屋を出す者は、数学など知らないにもかかわらず、彼らなりに統計をとっていたのだと腑に落ちたというのです。

諭吉という人がどういう人であったのか物語っていて忘れられないのですが、私にはこれが眼の神秘にかかわりがあるように思えたのです。対象をどのくらい離れた距離から見るか、その距離の遠近によって世界が違って見えてくるということです。

近くから見れば人は一人ひとりまるっきり違っています。でも、離れて見ると、似たようなものです。せいぜい老若男女の差が分かる程度です。大人と子供の違いが分かる距離、ですね。店先を通る参詣人は日々違うけれども、それは友人知人を見分ける距離においての話であって、距離をおけば大人何人、子供何人という次元の話、数の次元の話になってしまう。つまり、具体的な人間が抽象的な人間、数として数えられるだけの人間になってしまうわけです。

ところがそれをさらに離れると、老若男女さえもみな同じようなものに見えてしまう。さらに離れると、それこそ飛行機ではありませんが、彼らは点になり、その点も見えなくなって都市や農村が見えてくる。人間ということでは、電車や自動車だけが辛うじて見える程度。そしてその密度によって、またその活気によって、人口がどのくらいか、繁栄しているか疲弊しているか、がおおよそ見えてくる。飛翔する高度によって世界が違うように見えてくるのです。夜の地球を眺めると、電力で輝いている都市とそうでないところ、つまり裕福と貧困が一目で分かります。そういう眼で眺めることもできる。

つまり、はじめは精神分析とか心理学とかの対象だった人間（個人的人間）が、社会学や人類学の対象になるような人間（共同体的人間）に見えてくるし、政治学や歴史学の対象になるような人間（国家的人間）に見えてくる。眼に見えている以上、光景はすべて具体的な（絵にも描ければ写真にも撮れる）のですが、それによって強いられる思考は、とても抽象的な（数えられ数式にできる）ものになっていくわけです。

これが距離をもって眺めるということの内実です。

具体と抽象の違いにしてもそうですが、いっそう端的なのは、主観と客観の違いです。簡単にいえば、主観とは近くで見ること、客観とは遠くから見ることです。哲学的には内的観察と外的観察ということになって、小難しい話になる。とはいえ、ほんとうは内と外など絶対的なものではなく関係的なものにすぎませんから、話はいくらでも込み入らせることができるにしても、要は、主観と客観の違いなど、どれだけ離れて対象を見るかということに尽きるということです。伊達に「観」という字が入っているわけではない。

人は世界をさまざまな次元で眺めることができます。それは人間が鳥の眼で世界を眺めることができる、つまり空を飛べるようになったことから必然的に導き出されることであって、それがあってはじめてさまざまな次元で眺めるというその次元という発想もまた生まれたのだ。私はそう思います。逆ではない。次元という発想が出てきたから空を飛ぶようになった、のではない。

まったく同じような眼の働きによって、人種や民族の分類も出てくる。さらに視野を広く取って、哺乳類という概念が登場し、鳥類、爬虫類、両生類、魚類と、進化を遡《さかのぼ》って分類されるようにもなる。とはいえ分類の最初が、似ているものを見つけて一括りにすることから始まったことは疑いありません。後になって、発生の違い、機能の違いといったことが事細かに問題になるにせよ、基本的に眼の働き、距離をもって眺めるという働きから生まれていることは明らかです。そういう空間的な分類を説明しようとして進化という時間的な把握が生まれたのであって、逆ではありません。

分かるということは、頭のなかでそれを図にできるかどうかということです。そして図はただ視覚の力によって生み出されるものです。私は、眼が見えなくとも視覚は働いていると考えています。言語化できるということは図式化できるということと同じだ、と思っているからです。

言語能力の多くは視覚というもののありように直接的に負っていると私は思います。それは、視覚という知覚（能動）――感覚（受動）ではない――が行為の端緒である、つまり外界との関係の始まりであるところからも、そうであると思います。見ることは必ず行為を伴う。いわば、主語と述語の関係が、視覚においてすでに予告されているのです。たとえば、眼をつけること――つまり焦点――が、主語あるいは目的語――両者はつねに入れ替え可能でそれを能動と受動というのです――の機能なのであり、手を伸ばして食べることが述語であるというように、文法は視覚によって切り拓かれた世界をなぞっているのです。「太陽の王子　ホルスの大冒険」で、ホルスの眼から見た岩男が映された後に、岩男の眼から見たホルスが眺められる転換がきわめて言語的であることが、これで分かります。

飛行機がなかったらこういう発想は生まれなかった、ということはありません。大昔から人は空を飛ぶ夢を見ていたのですから。空から下界を眺めたらどう見えるだろうかということで、つまり夢で見たその下界を確かめるために、人は木に登り、山に登ったのです。そうしてそういう視点に立って、地図を描き、図面を引いたのです。違ったふうに見えるかもしれないという誘惑が、人を空高く飛ばせた。俯瞰が力を持つことが――とりわけ戦闘において――自覚されたので、大所高所から見るという語も生まれたのです。

宮崎駿のあの胸の透くような飛翔のシーンは、人間のこういう能力を具体的に眼に見せてくれます。だからこそ見ていて胸が透くのです。

もちろん空だけではない。先に触れたように、人間は空を飛ぶのと同じように海にも潜れる。飛翔の能力は潜水の能力でもある。「未来少年コナン」だけではない。「パンダコパンダ雨ふりサーカス」やその発展型の一面をもつ「崖の上のポニョ」にも歴然としています。飛翔することによって思考の高度を上げ次元を昇っていくように、人間は微小な世界へも潜っていく、いわば次元を下ることもできるのです。

深海だけではない。人間は、虫メガネの世界、顕微鏡の世界のさらにそのまた先の極微の世界をまで訪ねるようになった。分子の世界、原子の世界、素粒子の世界をも、具体的に想像できるようになった。もちろんそれは、飛行機がロケットになり、天体望遠鏡が電波望遠鏡になって、地球から月へ、月から太陽へ、太陽系へ、銀河系へと上ってゆく思考と対応しています。

これらのすべてが、私には、飛翔する力、俯瞰する眼の力がもたらしたものであると思えるのです。そういう能力のすべてを背負って、たとえば太陽の王子ホルスは冒険に出かけるのであり、未来少年コナンも海に潜り、空を飛ぶ。

けれどさらに重大なことは、眼は人を騙すということ、欺くということです。眼と言語の関係では、このほうがむしろ決定的だったと思われます。

騙すこと、欺くことが豊かさを生んだ

視覚は人を騙す。

アニメーションそのものが、本来は動くはずのないものが動いて見えるという、それこそ

人の眼を騙すこと、欺くことから始まったのですから、アニメーションと騙し騙されることの関係については、おそらく図書館いっぱいの研究書があるに違いありません。たとえば高畑、宮崎の背景画へのこだわりだけでも、印象派からハイパー・リアリズムへいたる現代美術――いわば人の眼を騙す術――に関するのと同じほどの量の研究書があってもおかしくはない。高畑、宮崎に続くアニメーターも数多く登場しているわけですから、実際にそうだろうと思います。

ところが残念なことに、私は同時代的にはアニメーションをまったく見ていません。そういうこともあって、それらに関する批評や感想、研究にかんしてもほとんど知りません。ですから、同じようなことはすでに指摘されているのではないかと恐れますが、眼と言語の問題ということになると、騙し騙されるというこの主題は外すことができないのです。『孤独の発明――または言語の政治学』という拙著でも少しく触れているのですが――読んでいただければ嬉しいのはもちろんですが――、文脈が違うので、改めて書いておきます。

約五億万年前のカンブリア紀に生命の大爆発があったということについては、スティーヴン・J・グールドの『ワンダフル・ライフ――バージェス頁岩と生物進化の物語』や、アンドリュー・パーカーの『眼の誕生――カンブリア紀大進化の謎を解く』といった、読みやすく中身の濃い本がたくさん邦訳されてもいるので詳しく述べることもないでしょう。自身の発見にかかわることでもあって、パーカーがより端的に述べているのですが、この生命の大爆発は、眼の誕生すなわち視覚の発生によって起こったのではないかと、いまではいわれています。

なぜこの時期に生命の種が爆発的に増えた、つまり多様化したかといえば、生命体に視覚が発生したからだというのです。光を感知する器官ができたことによって、捕食するものと捕食されるものが明確化したのだ、と。

イメージすればすぐに分かりますが、触覚による捕食活動はいわば自他の融合のようなもの。視覚ができてはじめて、追うものと追われるものが明確になる。距離を測って狙い定めることができる。あるいは捕食者を発見したなら、いちはやく逃げるなり隠れるなりすることができる。簡単にいえば、眼の誕生によって自他の違い——それこそ主体と客体——が明確になった。性別を伴う繁殖もまた明確になったわけです。

そのうえ、さまざまな形や色によって捕食者を脅かしもすれば、異性の気を惹きもするようになったわけですから、地球上の世界がモノクロームの世界から、突然、フル・カラーの、それこそ総天然色の世界に一挙に変貌したようなものです。人民服姿ばかりの共産主義社会で突然ファッション・ショーが解禁されたようなもので、その服装の自由がすなわち生命の多様化として現われたということです。

色素は化石としては残りません。地中で簡単に分解されてしまうからです。それが長くカンブリア紀の生命の大爆発が眼の誕生とかかわるのではないかという推測を推測のまま止め置いていたのですが、アンドリュー・パーカーが化石の中に構造色をもつものを発見して突破口を開いたのです。まさに画期的、すごいことです。

自転車に付いているテール・ライトを思い出してください。あるいは、ＣＤやＤＶＤの盤面の虹色の輝きを思い出してください。あれと同じ原理のものが化石のなかに発見されたと思えばいい。これは色素ではなく形状ですから、地中で分解されることなく現代において復元されたわけです。

光の反射によって色を放つ構造色が生命の世界において効果をもったということは、生命が色彩を識別する器官つまり眼をもったということです。構造色がある以上は、当然のことながら、多様な色素によるその他の色彩もまた用いられたであろうことは疑いを入れません。カンブリア紀の海が、突然、総天然色の世界に変わったのです。パーカーがその発見にしばし茫然とし、次には小躍りしたであろうことはたやすく想像できます。この総天然色の世界をもっと見たいという誘惑が、魚類を陸に上げることになったのではないか。海よりも陸のほうが、つまり媒体が水であるよりも空気であるほうが、いっそうよく見えるからです。こうして両生類が生まれ、爬虫類が生まれたと考えることもできます。視覚が動物を肺呼吸へと導いた、と。

問題はその後です。

総天然色のその色彩の世界は、捕食者を脅かしもすれば、異性の気を惹きもする生命を生んだだけではない。いま現在の陸の世界、海の世界を見てもすぐに分かりますが、保護色もあれば擬態もある。生命の世界は惑わしに満ちているのです。カンブリア紀もまた同じであったに違いない。いや、おそらくもっと激しかったに違いない。

つまり、世界が総天然色になった瞬間、生命は騙し騙される世界へと突入することになったと想像することができます。とはいえ、これを善の世界から悪の世界への転落などと考える必要はない。嘘に満ちた世界が出現したといって嘆くことはないのです。なぜなら、騙し騙される世界というのは、そのまま、他者の身になれるかなれないかが生死を分かつ世界であるといっていいからです。他者の身になることはふつうは良いことですから、悪の世界ができると同時に善の世界もまた到来したようなものです。

騙し騙される世界になったからこそ、他者の身になることが意味をもつ世界になった、とはどういうことか。

たとえば、ウサギを追うタカのことを考えればいい。ウサギがどう逃げるか、それを予測することなくタカはウサギを追うことはできない。逆に、タカがどう追ってくるか予測することなく、ウサギは逃げ切ることはできない。ウサギが逃げ切るにはどこかに隠れるに越したことはない。木立であれ岩陰であれ隠れてはじめて、ウサギはホッと息をつくことができるわけですが、これはタカの眼からはどう見えるかが予測できてはじめて、もっとも効果的に行いうることです。相手の眼に自分がどう映っているか想像できることが、生命を維持することにおいて決定的に重大になったからこそ、動物たちは知恵を発達させることに血眼になった、と考えることができます。

タカはウサギの身になって、ウサギはタカの身になって、つまりともに他人の身になることができるようになってはじめて、いわゆる生命のドラマが成立することになった、とでもいえばいいでしょうか。

他人の身になることは人間の美徳にほかなりませんが、それがカンブリア紀の眼の誕生にまでさかのぼるとは驚きです。眼が誕生したために、生命はすべて、自分を見ている相手の眼に自分がどう映っているか、考えなければならなくなったのだと思えばいい。やみくもに逃げればいいだけの話ですが、効率よく逃げたもののほうが生き延びる確率が高いのは当然です。それこそ進化論における選択圧の問題ですが、突然変異がどう働いたにせよ、知恵を働かせるのがより得意な動物のほうがより多く生き残ることになった。その知恵の核心が、じつはどれだけ他者の身になることができるか、ということであったというのが、とても面白い。

他人の身になることは人間の美徳といいましたが、とんでもない、これはそれ以上のものであって、むしろ人間の本質というべきものです。というか、ほんとうは動物の本質、生物の、生命の本質といったほうがいいのかもしれないのですが、とりわけ人間において決定的に重要だったというのは、人間たち、つまり人類は、ほとんど意図的にこれを自分たちの本質にしてしまったからなのです。

言語がそれです。

「太陽の王子　ホルスの大冒険」の冒頭シーンに戻ります。

銀のオオカミたちがホルスを追い詰めるシーンの深い意味がいまや鮮明に浮かび上がってくるからです。追い詰める銀のオオカミたちはホルスがどう逃げるか計算しています。ホルスももちろんです。だからこそ高いところに逃げる。一望するほうが有利だからです。つまり、追い追われるあのシーンで行われていたのは、ほんとうは眼のドラマにほかならなかったのです。しかもそれをさらなる高所から眺める岩男までもが登場する。

追い追われるということの戦いの原理が鬼ごっこと同じであることはいうまでもありません。そして鬼ごっこというのは、あらゆるゲームの原型です。碁、将棋から野球、サッカーまで原理は変わらない。その変わらない原理というのは、勝ち負けなんてものではない。そんなものは手段にすぎない。もっとも重要なのは相手の立場に立つという原理です。相手の身になれなければ、ゲームなんてものは面白くも何でもない。碁、将棋が典型的ですが、ゲーム途中で盤を反対にして楽しむことさえできるのです。

そしてそれを眺めて勝敗を決するのが審判です。碁、将棋の場合は、当事者が審判の眼をも持っている。集団競技になって審判が登場しますが、その審判の次元は競技参加者の全員も含み持っているのです。つまり、そもそもプレイヤーは審判の眼も観客の眼も持っていなければ——上位の次元に立つという次元感覚を持っていなければ——プレイそのものができないともいえます。

「太陽の王子　ホルスの大冒険」では、岩男・モーグが審判の次元で登場しています。勝ち負けを判定する立場ではない、たんに闘いを超越する立場にあるだけですが、審判というのはむしろ闘いを超越する立場のことだといったほうがいい。それに身を重ねることができるのは、観客です。観客はまずホルスの身になって物語に入り込みます。その身になるからこそ銀のオオカミたちが自分をも襲っているとさえ思うのですが、その我が身となったホルスを、逆に銀のオオカミの側からも眺めているのです。それはシーンの描き方からも見て取れます。視覚の本質をよく示していると思います。そしてその後に、岩男が登場してホッとする。そう、物語は悠久の時の流れをも持っていなければならない。それが言語の次元、全世界を俯瞰する眼の次元です。

「太陽の王子　ホルスの大冒険」の冒頭シーンはアニメーションの醍醐味、いわば眼の弁証法とでもいうべきものをそっくりそのまま示しているといっていい、と私は思います。これはホルスがたどりついた部落においてやがて展開される善と悪の葛藤などよりはるかに本質的です。考えるためには次元という階梯が必要とされるということを示し、その次元という考え方は入れ子型という考え方、つまりメタという考え方を伴い、そしてまたそれはつねに悪循環いわゆるヴィシャス・サークルを伴う、つまり自己言及の魔、真偽の宙吊りを伴うという事実を示しているからです。上位の次元は無限に続くわけですから。

他人の身になるというこの原理を、人間はおそらく、いわゆる未熟出産といわれる乳幼児の段階で、主に母との関係において、言語というかたちで身に沁み込ませるのだと私は考えていますが、そのことはもう少し先に行ってからお話しできればと思います。

高畑勲と宮崎駿の関係についてざっとお話しします。

高畑勲の同時代者たち

アニメーションという表現領域において、高畑勲という作家はずば抜けた才能を持っていますが、私には、稀な資質を持った秀才、というふうに思えます。アニメーションに何ができるかということを徹底的に試した、まさに逸材です。物語の選定、作画の決定、背景画の指定、作曲家への委嘱など、明晰な頭脳を感じさせます。

高畑は一九三五年生まれで、東京大学文学部フランス文学科卒です。同期に小説家の大江《おおえ》健三郎《けんざぶろう》がいます。ドキュメンタリーなどで見る二人には、語り口など、どこか似た趣があります。成長した時代背景が似ているからだろうと思います。大江は一月生まれ、高畑は十月生まれですから、大江のほうが学年は一年上ですが一年浪人していますから、たぶん同期でしょう。二人に面識があったかどうかなど個人的なことは知りませんが、時代の雰囲気に同じように浸されていたことは疑いありません。

ちなみに、東大のドイツ文学科にはやはり同年生まれの小説家でドイツ文学者の柴田翔《しばたしよう》がいました。高畑、大江、柴田の三人、つまりたとえば「太陽の王子　ホルスの大冒険」を、『死者の奢り』、『されど われらが日々――』などと並べて考えることによって、時代の雰囲気がさらによくわかると、私は思います。

前章でも述べましたが、一九五〇年代から六〇年代にかけて、世界はサルトル、カミュの実存主義の時代でした。日本も同じです。大江健三郎には、日本におけるサルトル、カミュの代弁者という趣がありました。知識人たるもの、デモに参加するかどうかはともかく、政治活動に関心をもつのが当たり前だったのです。

とりわけサルトルが重要だったのは、六〇年代になって実存主義的マルクス主義を明瞭に打ち出したからです。これが学生知識人のあいだに力を持ったのは、いかに生きるべきかという問いと、社会的に何をなすべきかという問いを統一したように見えたからです。ここで詳しく説明するわけにはいきませんが、思春期の人間――哲学者というのは万年思春期人間のことであってじつはそれが人間本来のあり方なのです――がまず考えるのは、自分とはいったい何かということであり、世界も人生もじつはまったく無意味なのではないかという疑い、つまりニヒリズムの問題です。次に考えるのは、人々すなわち社会のなかにあって自分は何をなすべきか、という問題です。実存主義的マルクス主義はまさにこの二つの問題に焦点を当てて、それを一つの問題にしてみせたのです。投企《とうき》いわゆるプロジェという概念――賭けのようなもの――がそれです。

収容所群島を作り上げたスターリンに対する批判は――とくに一九五六年のハンガリー動乱以後――すでに常識になっていましたが、いっそう重大なのは反帝国主義すなわち反米であって、アメリカのほうがいっそう悪いのは知識人には自明でした。なぜなら金持中心主義以外の何ものでもないからです。欧米でも知識人とは一般に左翼であって保守ではない。第二次大戦後、米ソ対立が鮮明になった段階で、アメリカにマッカーシズムいわゆる赤狩り旋風が巻き起こったのは、戦前から大学教授、官僚、芸術家など、いわゆる良心的知識人の多くが左翼に共鳴していたからです。現在の日本国憲法を作ったのはそのアメリカ知識人の左翼的伝統といっていい面があります。マッカーシズムはその否定だったのです。

現在の中国共産党はマルクスの理念などそっちのけで権力独占と金儲けにしか関心がない――独裁資本主義とでもいうべきものです――ので、他国の政治家や学者に対してもひたすら買収するだけで清々しい印象など皆無ですが、ソビエト連邦がなお華やかだった昔は貧しい労働者を助けなければならないという良心の問題がまだまだ健在だったのです。世界中の左翼が、金持には人間的良心がないと思っていた、と思えばいい。

一九六〇年代、学生知識人の焦点は、反スターリニズムは前提ですから、むしろ共産党と新左翼、すなわちオールドレフト（穏健派）とニューレフト（過激派）との関係にあったといっていいでしょう。事実、「太陽の王子　ホルスの大冒険」の背景には平和な原始共産主義とそれを破壊する資本主義的なものという図式的な対立があります。共産主義についても資本主義についても徹底的には考えられていないこと――思想的問題としていまなお未解決なのですから当然のことです――が作品の欠陥にもなっていますが、これは高畑の問題というよりも時代の問題といっていいものです。音楽を担当した間宮芳生は一九二九年生まれで、高畑の六歳年上。れっきとした共産党員で、民族音楽を階級闘争の観点から復興しようとする熱意に燃えていました。

同じように鮮明な左翼思想をもつ作曲家に一九三二年生まれの林《はやし》 光《ひかる》がいます。初期にはソ連音楽を代表するショスタコーヴィチの影響を強く受けていました。私は小学校時代に林の作曲した音楽劇「森は生きている」を見て衝撃を受けた体験があります。いまでも歌えるほどです。後年、やはり音楽劇「セロ弾きのゴーシュ」を見てこれにも感動しました。が、感動は政治思想から発したものではありませんでした。

余計なことを述べているようですが、そうではありません。高畑勲という知識人について考えるためには、同時代の雰囲気を知っておくことが重要なのです。

「赤毛のアン」の作曲家である三善晃は一九三三年生まれ、東大仏文で高畑の先輩になりますが、在学中にフランスに音楽留学していますから、教室での面識はなかったでしょう。三善が、戦時中に敵機の機銃掃射を受けて、眼前で人が亡くなるのを目撃したという話は有名です。高畑も戦時中、岡山で空襲を体験しています。東大仏文ということでは、三二年生まれの詩人・吉原幸子《よしはらさちこ》、三三年生まれの映画監督・吉田喜重《よしだきじゅう》もそうです。吉田の「水で書かれた物語」の封切りが一九六五年。これは音楽が一柳慧《いちやなぎとし》。早くに渡米してジョン・ケージに師事した一柳は、三善、吉田と同学年です。

同じく映画監督の大島渚《おおしまなぎさ》は一歳年長の三二年生まれですが、出身は京都大学法学部。大島はそこで学生運動の指導者をしています。大島は一九六七年、白土三平《しらとさんぺい》の劇画をそのまま使用した動画「忍者武芸帳《にんじゃぶげいちょう》」を発表して話題になります。百姓一揆が革命と重ね合わせられ裏切られるという設定です。音楽は林光。高畑の「太陽の王子　ホルスの大冒険」が封切られるのはその翌年。さらにそのまた翌年の一九六九年には篠田正浩《しのだまさひろ》監督の「心中　天網島《しんじゅうてんのあみじま》」が封切られます。音楽は武満徹《たけみつとおる》。武満は三〇年生まれで、一九六七年ニューヨーク初演の『ノヴェンバー・ステップス』が当時国際的な話題になっていました。これはバーンスタインの委嘱によるものですが、先例としてはバランシンが黛敏郎《まゆずみとしろう》に委嘱したバレエ音楽『舞楽』があり、そのニューヨーク初演が六三年です。黛は後に右翼的な活動で知られるようになりますが、政治的には正反対の間宮と同年の二九年生まれです。

以上、簡単なスケッチからだけでも、一九六〇年代の日本文化の先端が、二十代、三十代の若者たちによって作られていたことが非常によく分かります。

合言葉は革命です。賛否はともかく、革命が座標軸を形成していたのです。

吉田、大島、篠田は一九六〇年早々から松竹ヌーヴェル・ヴァーグの担い手として社会的にも話題になっていましたから、同じ映画人として高畑が関心を持っていなかったはずはありません。まして吉田は東大仏文の三年先輩なのですから気にしないはずがない。

アニメということでは、とりわけ大島の「忍者武芸帳」に強い印象を受けていたと思います。おそらく、白土三平の劇画の筆致を最大限に生かすその手法に自身の好敵手を見る思いだったでしょう。あくまでも原画を生かし、その原画を見事に動かしてみせた「じゃりン子チエ」や「ホーホケキョ となりの山田くん」に、そのはるかな反響を見ることができるとさえいいたくなります。

優等生の秀才と劣等生の天才

高畑の主要な演出監督作品を並べます。

一九六八「太陽の王子 ホルスの大冒険」
一九七二「パンダコパンダ」
一九七九「赤毛のアン」（連続テレビアニメ）
一九八一「じゃりン子チエ」
一九八二「セロ弾きのゴーシュ」
一九八七「柳川堀割物語」
一九八八「火垂《ほた》るの墓」
一九九一「おもひでぽろぽろ」
一九九四「平成狸合戦ぽんぽこ」
一九九九「ホーホケキョ となりの山田くん」
二〇一三「かぐや姫の物語」

この一覧を見ていても、高畑勲には一九六〇年代知識人の色合いが強くあることが感じられます。典型といっていいほどです。

それは主題の選び方、制作の仕方、演出の仕方に、「当為《とうい》」と形容するのがもっともふさわしい姿勢が感じられるところに端的に示されています。一九六〇年代、七〇年代、八〇年代と数多くのアニメーション作品が生まれましたが、高畑の作品群は、それらのアニメーション作品と並べるよりも、たとえば先ほど紹介した松竹ヌーヴェル・ヴァーグの映画監督らの作品群、あるいは同時代文学の作品群と並べるほうが、はるかにその意図、その価値が感じられるように仕上がっています。

当為とは、『新明解国語辞典』によれば、ドイツ語のゾルレンという語の日本語訳で、「そうあるべき事、また、そうすべき事（として要求されること）」です。存在は現にあること、必然は必ず起こることですが、それに対して当為は、そうしなければならないことで、倫理的かつ道徳的な意味を持ちます。『大辞泉』はカントを引き合いに出していますが、白川静《しらかわしずか》の『字通』は典拠として『剪灯余話《せんとうよわ》』の「泰山御史伝《たいざんぎょしでん》」を挙げています。明治大正の日本人が、ドイツ古典哲学の用語ゾルレンを訳すにあたって、中国明代短篇集『剪灯余話』を参照したとはとても思えませんが、あるいは明白な根拠があるのかもしれません。

いずれにせよ、六〇年代の学生運動では当為はよく用いられていた語でした。「何をなすべきか」あるいは「ねばならぬ」の漢字熟語といっていい。高畑にはその当為を感じさせるところがあるのです。

人生の優等生たらんとした秀才といった趣です。

それが動画を見ていて、何かしら説教臭さを感じさせてしまう理由です。「じゃりン子チエ」や「セロ弾きのゴーシュ」にはあまり感じられませんが、「柳川堀割物語」、「火垂るの墓」、「おもひでぽろぽろ」、「平成狸合戦ぽんぽこ」、「ホーホケキョ となりの山田くん」には強く感じられます。たとえば生態系という軸、庶民性という軸、反戦という軸。

私は、戦後日本における文章の名人を挙げるとすれば、まず開高健《かいこうたけし》と野坂昭如《のさかあきゆき》に指を屈しますが、しかし野坂の「火垂るの墓」を優れた作品と思ったことは一度もありません。読後感がよくないのです。自身を露悪的に描くことに熱中しすぎていて、逆に自己執着の強さを感じさせてしまう。高畑は戦争の現実を描きたかったのかもしれませんが、私が感じた後味の悪さが動画にもそのまま転写されています。世界的に名画の誉れ高いようですから、私の印象は少数派のものかもしれません。でも、どこかしら文部科学省特選といった趣が漂っているのは、これは作られ「ねばならぬ」作品だという正義感のほうが強く感じられてしまうからです。

「おもひでぽろぽろ」にも「平成狸合戦ぽんぽこ」にも同じことが感じられます。

ここには、レイチェル・カーソンの『沈黙の春』以降の、生態学や環境問題への関心が横溢していると感じられます。左翼活動家の多くは、レーニン、スターリン、毛沢東、鄧小平《とうしょうへい》と、共産主義が一貫して悪を実現してしまったことから、生態学をそれに代わりうる正義であるとして環境保護活動家に衣替えしていきますが、高畑にはその典型のようなところがあります。目くじら立ててというところは皆無なので目立ちはしませんが、それがかえって、これは常識でしょ、という強引さを漂わせてしまう。失敗の原因は「太陽の王子　ホルスの大冒険」と同じところにある。

が、もっと問題なのは、絵です。絵が良すぎるのです。「おもひでぽろぽろ」が与えるはずの感動は、あの絵の巧さ、鮮烈さを必要としていません。不釣り合いです。もっとあっさり描かれていたほうが良かった。あすこまですごくするのなら、「柳川堀割物語」のほうを、あの絵で実現すべきだったと、私は痛切に思います。男鹿和雄《おがかずお》はもちろんのこと、近藤喜文《こんどうよしふみ》にも百瀬義行《ももせよしゆき》にも、柳川を描いてもらったほうが良かったと私は思う。

しかも、「おもひでぽろぽろ」の絵は、「線画」の人物と「面画」の風景が一致していない、ちぐはぐな印象を与えます。思い出の部分は画面の縁は余白にし、克明には描かないなど万全の配慮がなされていますが、なされすぎていて、何か、家族内輪の夕食に老舗の割烹の板前がわざわざ出向いてきたような感じがしてしまう。

「おもひでぽろぽろ」は高畑監督のもと、俳優を起用して実写で勝負したほうがはるかに良かったと思います。そして、思い出を主題にする「柳川堀割物語」こそ、アニメーションにすべきだったのだ。柳川出身の北原白秋《きたはらはくしゅう》もそのほうをはるかに喜んだに違いないと私は思います。

高畑は、アニメーションでも小津安二郎《おづやすじろう》と同じことができるのだ、と宣言するために「おもひでぽろぽろ」を作ったのではないか。しばしば低い位置に据え置かれるカメラ・アングルがそう思わせます。「じゃりン子チエ」や「セロ弾きのゴーシュ」にさえそう思わせるところがある。けれど、アニメーションだってこれもできればあれもできる、なんてことは、やってもらわなくても良かったのだ。

そのことは、宮崎と対比すればよくわかる。宮崎は、アニメーションでもできることには目もくれない。アニメーションにしかできないことをひたすら追究する。

高畑には秀才、それも優等生の秀才といったところがある、といいましたが、宮崎は天才です。あえて高畑に対比させていえば、劣等生の天才とでもなるでしょうか。無邪気としかいいようがないところがある。「赤銅鈴之助」を見ればわかる。宮崎は、主人公を絶対に飛ばせたいのだ。江戸時代に飛行機を持ってきてでも赤銅鈴之助を飛翔させたいのだ。そういうシーンのないアニメーションなんて、アニメーションの名に値しない。言葉にしているかどうか知りませんが、宮崎はそう思っていたに違いないと思います。

「かぐや姫の物語」はなぜ傑作か?

私は一九八〇年代半ばにニューヨークに二年近く滞在して画家の荒川修作《あらかわしゅうさく》と夫人で詩人のマドリン・ギンズととても親しくなりました。その荒川が晩年、最近はよく宮崎駿と話すんだといって、私を驚かせたことがあります。

荒川はただの画家ではありません。私は、ニューヨークから帰って間もなく、香川の善通寺《ぜんつうじ》に行って、何の予備知識もなく胎内くぐり（戒壇めぐり）に入って仰天しました。いきなり真っ暗闇になって手探りで前進するほかない。足を踏み出すことができず、全身冷や汗をかきました。予告なしに感覚遮断の実験を受けたようなものです。胎内くぐりを創ったのは空海《くうかい》とされているようですが、出てから荒川修作のことをつくづく考えていました。

荒川は絵によってそういう体験をさせようとした画家なのです。「養老天命反転地《ようろうてんめいはんてんち》」も「三鷹天命反転住宅」もそういうものだと思えばいい。タブローから不思議な遊園地や住宅の設計に進まざるを得なくなった。いわば、空海が画家になり建築家になったようなものです。宮崎のアニメーションも基本的に同じです。観客を日常とは異質な浮遊感、飛翔感に持ち込むこと、その自由、つまり人間の始原、生命の起源を体験させることです。その点で二人は確かに似ています。絵とはもともとアニメーションのことなんだよ、と荒川ならいいそうです。荒川にとって画家の個展とは劇場のようなものだったのです。

けれどふつうの人から見れば、アニメ作家の宮崎と前衛画家の荒川が結びつくのは奇想天外だったでしょう。宮崎は無意識のうちに荒川のそういう資質に気づいたのだと思います。そして本質的なところで通い合うと思った。宮崎の無邪気は人を驚かせます。

宮崎が高畑に惹かれたのは、秀才の眼の見通しの良さでしょう。マルクス主義から生態学までの広い知識、そしてとくに音楽の知識とその感覚の良さです。多くの作曲家を遍歴したうえで、久石譲《ひさいしじょう》に的を絞ってその才能を開花させた、その感覚の良さ。「おもひでぽろぽろ」の音楽――アマンダ・マクブルームの『ローズ』を都はるみに歌わせる――を聴けば、「風の谷のナウシカ」から始まる久石の起用において、高畑が何を狙っていたのかがわかります。ユーラシア音楽の創出、すなわちヨーロッパ音楽とアジア音楽の融合です。

間宮芳生が狙っていたのも同じものだったはずです。晩年のショスタコーヴィチがユダヤ音楽すなわちクレズマーにこだわったのも同じ狙いだと私は思います。久石の「ハウルの動く城」のワルツ『人生のメリーゴーランド』は、ショスタコーヴィチの『ジャズ組曲第二番』の「ワルツ第二番」に匹敵します。似ている。私はそこにアジアの風を感じます。

他方、高畑が宮崎に惹かれたのは、そこに天才の無邪気さを見たからだと、私は思います。飛翔こそがアニメーションの特質であり、それが重大なのはたんに空を飛ぶことが楽しいからなどではない。人類が文化を作り、文明を築いた秘密、要するに言語の秘密がまるまるそこに潜んでいるからだ。宮崎は全身でそう考えているのだとしか、私には思えません。おそらくそれを言葉にしようなどとは思ってもいないでしょう。現にアニメでそれを実行しているのですから。高畑が宮崎に惹かれたのは、まさにそこだったのではないか。

高畑には戦後文学の優等生に通じ合うところがあります。「当為」が限界になってアニメーション本来のあるべき破天荒さにブレーキをかけている。「ホーホケキョ となりの山田くん」の後に長く作品を発表しなかった理由のひとつではないかと思います。

ところが、です。

「かぐや姫の物語」を見て、私は驚嘆しました。

この作品において高畑は宮崎の天才をほとんど完璧に吸収しつくしていたからです。そこにはものすごい飛躍があります。

もちろん、あの最後の場面、というか、月世界からかぐや姫を迎えに来る場面の一つ前の、かぐや姫が幼馴染の捨丸《すてまる》と会ってともに大空を飛翔するシーン。ああ、この場面に向かって、竹取の翁《おきな》が姫を発見する場面から始まるすべての場面が並んでいたのだ、と思わせるあの場面です【図版3－1、3－2】。それまでのすべての場面が生き返る。素晴らしい。

それだけではない。

「太陽の王子　ホルスの大冒険」から「ホーホケキョ　となりの山田くん」にいたる石段を上るような膨大な実験の数々がほとんどすべて生かされている。それらをあの飛翔がまとめているのです。わあ、こういうふうに総合されるということがあるのだ、と思わせます。しかも高畑によるこの高畑自身と宮崎のいわば総合は、気品があります。端正なのです。

端正だけれど、ここでは絵の力、絵そのものがものすごい力で作品を牽引している。動く絵が作品全体を走らせている。これこそアニメーションの力なのだと私は思います。最後にはかぐや姫自身が全力疾走するのですから。

かぐや姫は走る。

宮崎の作品がすべてそうであるように、走るのです。裳裾《もすそ》を翻《ひるがえ》してほとんど飛ぶように走る、そしてそのまま大空へと飛び上がる。捨丸とともに。しかも、「パンダコパンダ」のミミ子よろしく、逆立ちさえするのです。

高畑はかぐや姫を逆立ちさせた。

つまり世界をさかさまに見ることだってできる、と、かぐや姫に断言させたのだ。それが、直前の捨丸の言葉、月世界からの使いなんて関係ない、ぼくはお前を連れて逃げる、という断言に対応していることは疑いありません。

これこそ革命というべきものです。

いまここにこうしている私の自由、私の幸福を、私は守る。私の愛する人の自由と幸福を、私は守る。アニメーションそのものが革命を意味しているのです。

私は快哉《かいさい》を叫び、ほんとうに感動していました。この作品に辿り着いた高畑という作家の才能に驚嘆しました。

しかも、絵が素晴らしい。「おもひでぽろぽろ」で片鱗を見せた余白の技法が完璧に生か

図版3-1　かぐや姫と捨丸、雲と花。

図版3-2　幼馴染の捨丸とともに大空を飛翔するかぐや姫。

されている。水彩の淡さを生かしたこの余白の技法は、ディズニー動画から最近のディーン・デュボアとクリス・サンダースの「ヒックとドラゴン」、原題を直訳すれば「翼竜飼育法」にいたるまでの、欧米アニメ特有の、あの息苦しいまでに画面の全体を描きつくし塗りつぶす手法の正反対で、いかにも絵巻物などに見られる日本の伝統にのっとっているように思われるものですが、そうではない。そうではまったくないのです。

それは、人間の視覚の必然に根差しているのだ。

だからこそ人は首をめぐらして百八十度見渡そうとするのだ。いや、振り返って三百六十度見渡そうとする。そして前進する。「かぐや姫の物語」がアニメーションの作画の歴史においてひとつの美的完成をもたらしたといっていいあの余白もまた、人間の視覚の自由を意味しているのです。余白へ向かって人は首をめぐらす。余白は情報で埋められ、さらに別な余白を生み出す。空を飛ぶのと同じことです。

息苦しいまでに画面の全体を描き尽くすのは、西洋という一地方の絵画の伝統にすぎない。ルネサンスまでさかのぼるべきか、さらにその先までさかのぼるべきかはともかく、それは眼に見える世界のすべてが一様に描かれていなければならないという強迫的思想にもとづくものにほかなりません。唯一の原理が世界に浸透していなければならないというのは、しかし、ほんとうは時間とは何かという問いひとつで崩れ去るべきものです。生とは余白が生じ続けるということなのですから。

高畑の「かぐや姫の物語」と対比して、いまや宮崎の「風立ちぬ」を語らなければならないところにまで来ているのですが、高畑がアニメでも小津安二郎ができるということにこだわったとすれば、宮崎は、走ることにおいて、黒澤明《くろさわあきら》こそアニメの先駆者だと考えていた節があることを、ここで記しておいたほうがいいでしょう。高畑が小津なら宮崎は黒澤という図式は、すでに多くの人が指摘していることかもしれませんが、私も記しておきます。その必然性があるのです。

指摘するまでもなく、「七人の侍」、「隠し砦の三悪人」、「用心棒」、「椿三十郎」など、黒澤の代表作とされるものはすべて、人であれ馬であれ、じつによく走る。まさに疾走するのです。「影武者」「乱」においてさえそうです。この走りが、宮崎の走りを予告するものであることは、私には疑いないものに思えます。本質的に似ているのです。

人は走る。大地の上を走る。大地の稜線を走る。見るものは地平線を見ています。黒澤は人を走らせ、馬を走らせることで、地平線を感じさせるのです。宮崎もまたまったく同じ。「太陽の王子　ホルスの大冒険」のオープニング・シーンを見てください。ホルスはひたすら走っています。まるで、地平線そして水平線こそが、この映画の主人公なのだと宣言するかのように。この宮崎の手法は以後も一貫してぶれることがありません。

地平線とは何か。

視覚を獲得した動物にとっての「世界」を意味する。

視覚における「地平線」の重大性、さらに地平線から眼下の足許にまでいたる「大地の肌《き》理《め》の勾配《こうばい》」の重大性を発見し強調したのは、アフォーダンスの理論を提起したことで有名な心理学者ジェームズ・J・ギブソンにほかなりません。

大地の肌理の勾配というのは、ギブソンの『視覚ワールドの知覚』のたとえば「三種類の

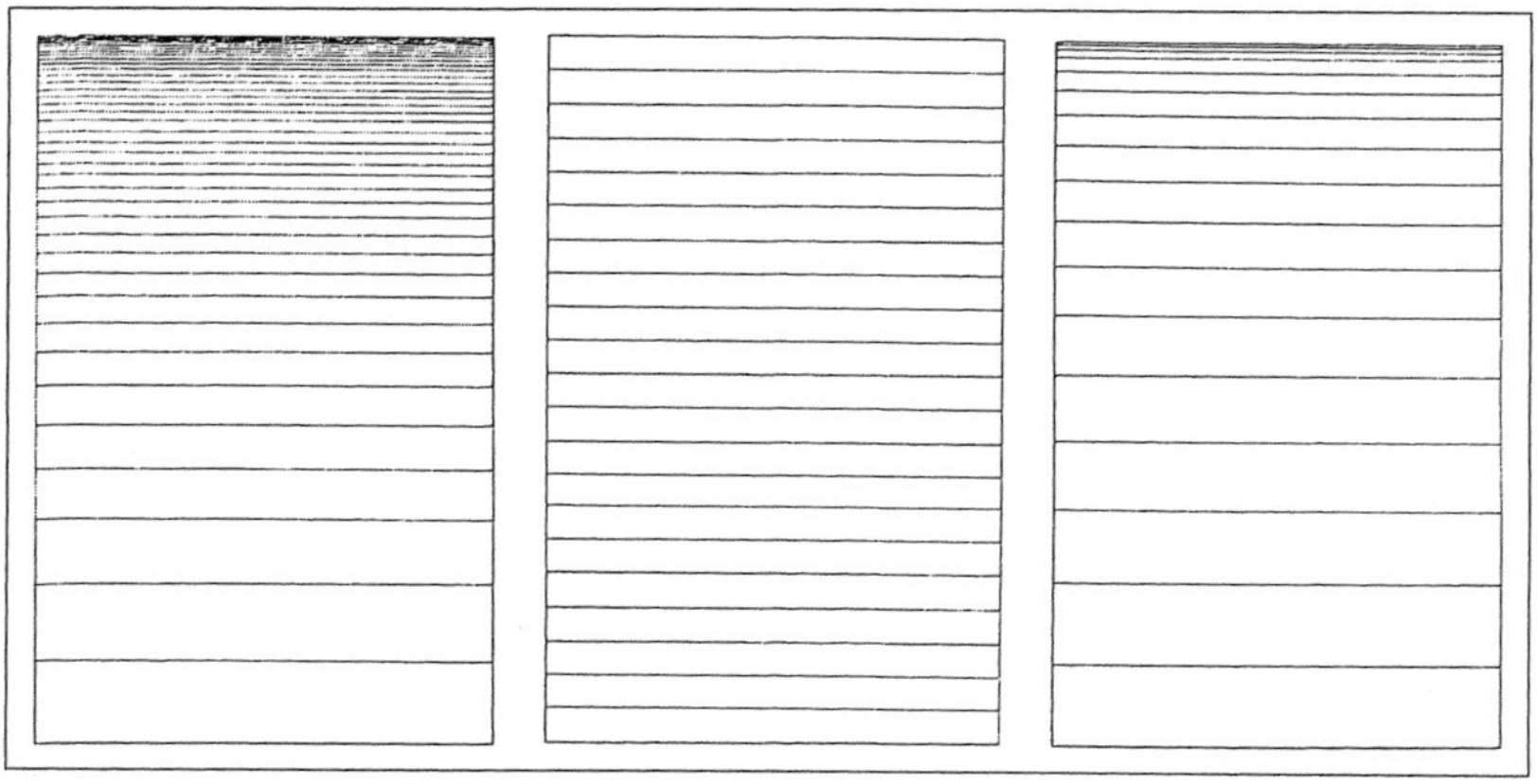

図版3-3　「三種類の面に対応する垂直方向の隔たりの勾配」（『視覚ワールドの知覚』新曜社より）

面に対応する垂直方向の隔たりの勾配」と説明づけられた図【図版３－３】がそうですが、足許の肌理は粗いが、地平線に近づくほど肌理が細かくなるというものです。ギブソンは、人間の視覚の距離感は、遠近法によってのみ決まるものではないということを証明したわけです。

ギブソンは、感覚、知覚のこれまでの研究――実験室で覗き穴から図がどう見えるかテストするような研究――を根底から覆し、環境世界のなかで動き回る生命行為としての視覚の研究を前面に打ち出すことによって、ゲシュタルト心理学以後の知覚の研究を切り拓きました。それができたのは、じつはこの心理学者が、第二次大戦中、ほかならぬ飛行士の視覚の研究を主導していたからなのです。

つまり、空飛ぶ人間の視覚に注目したのがギブソンなのです。

宮崎駿が登場する前に、宮崎の研究をしていたようなものです。

空飛ぶ視覚の研究者、ギブソンの登場

第一章でゴンブリッチの『芸術と幻影』に触れました。そこで私は、聖書や神話に取材したルネサンス絵画を見る秘訣は、それをアニメーションの一コマだと見なすことだ、じつはゴンブリッチはそう語っているに等しいのだ、といいました。

バレエ『眠れる森の美女』で王子の接吻が王女の眠りを覚まさせたように、エジプト、メソポタミアの不動の絵や彫像の眠りを覚まさせて、人々の姿を動きの一瞬として捉えたのがギリシアの接吻、すなわちギリシアの絵や彫像であり、それをさらに反復したのが西欧ルネサンスなのだ、ということはそういうことなのです。

そのゴンブリッチがもっとも頼もしいと考えていた視覚心理学者がギブソンにほかなりませんでした。『芸術と幻影』の「序」において『視覚ワールドの知覚』に言及し、「畏怖の念を起こさせるほどの視覚の複雑さ」を見くびらずにすんだのはこの書物のおかげだと書いています。いずれ説明しますが、ギブソンへのこの注目は、ゴンブリッチが、ギブソンを梃子《てこ》にして、ハイエク、ポパーの側からカッシーラー、パノフスキーの側を批判することができると確信していたことを示しています。シンボル形式としての遠近法という考え方に対する批判です。

ギブソンがどのような仕事をしていたのか、エドワード・リードの『伝記 ジェームズ・ギブソン――知覚理論の革命』から引きます。

第二次世界大戦中、ギブソンは、アメリカ空軍の心理テストフィルム部隊の責任者として従軍した。彼の任務は、飛行機の操縦、飛行のシミュレーション、飛行機の識別、そして操縦適性のための個人テストに関係する視知覚の研究だった。そこでの数年間に及ぶ視覚に導かれた移動についての研究経験はギブソンに大きな衝撃を与え、彼は、視知覚の理論を再考し、初期の方法を見直さざるを得なくなった。加えて、フィルムでのシミュレーション（この時期の映画制作技術では先駆的な試みであった）の使用は、被験者がどのように視覚的に「自分自身を環境や状況に位置づけるのか」という問題についてのギブソンの理解に深い影響を及ぼした。（佐々木《ささき》正人《まさと》監訳）

ギブソンは一九〇四年生まれですから、第二次世界大戦当時は四十歳前後。この間の研究が以後のギブソン心理学の基礎になっていることは疑いありません。主要著書は、一九五〇年の『視覚ワールドの知覚』、六六年の『生態学的知覚システム』、七九年の『生態学的視覚論――ヒトの知覚世界を探る』の三冊。七九年が没年ですが、八二年にリード他編『直接知覚論の根拠――ギブソン心理学論集』が出ています。以上すべて邦訳されています。

伝記を書いたリードは、自身、将来を嘱望された生態心理学者でしたが一九九七年、四十三歳の若さで急逝しています。伝記は優れたもので、ギブソン以前と以後の心理学また哲学を的確に紹介し、ギブソンの三冊の著書のそれぞれが階段を上るように変わってゆくさまを見事に説明しています。この伝記についてはゴンブリッチが、ギブソンとの私的な交友関係をも織り込んだ長文の書評を書いています。また、ギブソンの伝記とは別に、リード自身の著書、『アフォーダンスの心理学——生態心理学への道』など三冊が邦訳されています。リードについてはこれ以上触れませんが、以上のことからだけでもギブソンが創始したアフォーダンスの心理学が世界的に広く注目されていることがわかります。

引用からも明らかなように、ギブソンは飛行士の視覚を中心とする知覚のありようを研究するのみならず、シミュレーション・フィルムを作成し、それによって知覚を試験しています。さらにはそのフィルムをもって初心者に飛行の擬似体験をもさせている。つまり動画を作っているわけです。視覚の研究は静止画ではだめだ、動画つまりアニメーションでなければ意味がないといっているようなものです。

ギブソンが関心をもった世界は、いくつもの次元で宮崎の世界と近接しています。アニメーション論は膨大ですから、すでに両者の関係を論じた著作があるかもしれませんが、いずれにせよ両者は驚くほど近い。飛行機、操縦、設計、動画、若き心理学者・ギブソンの夢はそれらにかかっていたわけです。

「風立ちぬ」冒頭に、少年・堀越二郎《ほりこしじろう》の夢の場面があります。イタリアの飛行機設計家ジャンニ・カプローニと出会う場面です。カプローニの夢と二郎の夢とが合体して、その合体した夢のなかで二人が語り合うという設定で、まったく奇想天外としかいいようがありません。これはアニメーションにしかできないことだと思います。夢は限りない飛翔感とともにありますが、それは空飛ぶ飛行機の翼の上だからこそ可能になったのです。

カプローニが二郎を翼の上へと案内するわけですが、そのときカプローニは二郎に「夢は便利だ。どこにでもゆける」といいます。飛行機は夢であり、夢はアニメーションなのです【図版3－4】。二郎は、近眼でも設計家になれるだろうかと問います。カプローニは「飛行機は美しい夢だ。設計家は夢に形を与えるのだ」と答えます。深く印象に残る会話ですが、これにギブソンが加わってもおかしくないと思わせます。アニメーションがどのように機能するのか、知覚の側から探究したのがギブソンにほかならないのですから。

ギブソンは飛行機の前に、列車、自動車を操縦する際の知覚にも強い関心をもっていました。そして行為と連動しない知覚は存在しないことを確信してゆきます。この段階で、静止画像がどう見えるかといった実験を主とした心理学とは決別しているわけですが、さらに、感覚と知覚を強引に区別するという考え方が、いわば西洋近代哲学の宿痾《しゅくあ》から発生したものであることを、結果的にですが、暴いていきます。

主観と客観の区分そのものが視覚から発生しているにもかかわらず、その主観と客観、自己と環境の区分を動かぬ前提として視覚なるものを改めて研究しようというのでは、哲学者の仕事なんてものは、まさに本末転倒というほかありません。感覚は外側、知覚は内側、さてこの二つは脳のなかでどんなふうに繋がっているのかな、と長年考えてきたというのは、つまり噴飯ものです。この噴飯ものだということを、ギブソンは空を飛ぶ人間の視覚体験を研究したことではっきりさせたのです。

飛行機は大きく揺れます。ときには上下が逆転する。にもかかわらず飛行士の世界は安定している。それは地平線を安定したものとする視覚フィールドならぬ視覚ワールドが確立されているからなのだと、ギブソンはいうのです。視覚フィールドというのは眼前するものを画家のタブローのように受け取っている、要するにひとつの静止画面にすぎない。対するに、視覚ワールドは視覚者の全身を取り巻いていま動いているこの世界の全体のこと。『視覚ワールドの知覚』が面白くなるのは第五章からですが、その冒頭近くの一節を引きます。

図版3-4　ジャンニ・カプローニと少年・堀越二郎。
©2013 Studio Ghibli・NDHDMTK

……飛行士は、視覚フィールドの中にある色点を見ているのではない。彼は、いくつかの計器はもちろんとして、だいたいは大地、地平線、着陸場、滑空の方向を見ながら、たいへん素早く、しかもたぶん冷や汗をかきながら、自分自身が移動している大気と地勢からなる空間を心に描いているのである。（中略）

……飛行士の世界は、おもに、ひとつの基本的な対象、すなわち根本的に重要な連続した面である、大地から成り立っている。大地や海を見ることができない飛行士は、飛行中に現実との接点を失いがちである。（東山篤《ひがしやまあつ》規《き》他訳）

感覚で感じたことが脳を刺激し、その刺激を知覚が脳のなかで概念化して、理性が最終的な判断を下すといった考え方では、現実はまったく捉えきれません。刻一刻、行為へと移るべく知覚を働かせているものには、こんな実験室のなかでの考察は無意味であるに決まっています。そこでは大地の不変性こそ決定的に重要なのだ。

ギブソンのこの考え方が、宮崎のアニメーションの世界をじつに適切に説明していることは疑いを入れません。宮崎のアニメーションにおける地平線、水平線の重要性については次章でもう少し詳しくお話ししたいと思います。ギブソンは手前のものは速く移動し、遠くのものは遅く移動する、その差が遠近を生むことにも言及していますが、これもまた、見える世界の肌理の密度が遠近を生むことと同じように、とても重要な発見であり、指摘であると思います。飛行士の視覚体験は、地上で動き回る我々の視覚体験を理解するに、決定的に重要だったのです。

リードは先に引いたギブソン伝のなかで、一九六〇年代、七〇年代に世界を席巻するテレビゲームにギブソンが決定的に寄与していたことを示唆しています。

今日、ゲームセンターに足を踏み入れれば、飛行機の操縦、自動車の運転、さらに宇宙船の操縦などの活動をシミュレートしたコンピューターゲームを目にする。シミュレーションの多くは、観察者の眼下に広がる仮想の流動する光学的肌理の勾配の提示を用いている。提示された地面の流動率が移動している自分自身の速度を特定し、流動のパターンが運動方向と地面の配置を特定する。このありふれた技術は、一九六三年頃にイサカのジェネラル・エレクトリック社で、ギブソンの学生だったウィリアム・パーディーらが開発した最初のデジタル映像のフライトシミュレーターから生みだされた。

その二〇年前に、ギブソンは、飛行機と滑走路の模型を使った動画のシミュレーターをつくっていた。

ギブソン伝は一九八八年の刊行ですから、描かれているのは三十年前の光景ですが、パソコンが普及した現在、これはいまや家庭でも見られる情景になっています。

スタジオジブリが切り拓いてきた地平が、世界の学問や思想の動きとどれほど深く切り結んでいるか、探らなければならないことは山ほどあります。次章では地平線の問題から、視覚と言語の問題へといっそう接近してゆきたいと思います。もちろん、アニメーションを手がかりとして。

第四章　地平線という主人公
——ギブソンと宮崎駿

「もののけ姫」をシュンペーター的に見る

ジェームズ・ギブソンの著作に接していると、まるで宮崎駿というアニメーション作家の作品を解説するために登場してくれたのではないかと思えるほどです。同じことは第二章で紹介したバシュラールにもいえますし、またそのバシュラールをも視野に入れて独自の現象学を築いたメルロ＝ポンティにもいえます。

ですが、ギブソンに関してはとりわけその印象が強い。何よりもまず、心理学に革命を惹き起こしたその迫力が、率直にいって常軌を逸していて、その常軌を逸しているところで宮崎駿と呼応しているところがすごいのです。ギブソンには西洋哲学の伝統を根底から覆しているようなところがある。覆しているまさにそこで、宮崎の作品群と重なり合ってくるという事実には、ただただ息を呑むほかありません。ギブソンの考え方に立つと宮崎の作品の素晴らしさがいっそうよく分かってくるのです。

西洋哲学はデカルトから始まるとよくいわれます。デカルトの観念論から始まってロック、ヒュームの経験論がそれを批判し、この大陸の観念論と英国の経験論を天秤《てんびん》にかけて総合したのがカントの批判哲学であると、おおよその見取り図としてよくいわれるわけです。そして、カントからヘーゲルへの過程、これは哲学に歴史を導入する過程なのですが、この過程がいわゆるドイツ観念論で、その頂点ともいうべきヘーゲルの観念論を転倒させたのが、その鬼子であるマルクスの唯物論ということになっている。つまり、観念論的な歴史は逆立ちしている、それを転倒させて人間本来の唯物論的な歴史に戻したということになっている。

西洋哲学の伝統は頭でっかちで地に足がついていない。問題は、世界をああだこうだと解釈することではない、世界を変えることだ、とマルクスは断言しました。ただ、このマルクスの考え方じたいがじつは地に足がついていなかった。そのために後に多くの悲惨な問題を惹き起こしてしまったわけです。

二十世紀にはソビエト・ロシアが国の全体を収容所群島に変えてしまい、それが自己崩壊したと思っていたら、こんどは中国共産党が新疆ウイグル地区をジェノサイドの現場に変えてしまった。香港情勢を見ていればその暴力団まがいの政権のありようには絶句してしまいますが、これらの悲惨の責任はすべてマルクスにまでさかのぼって考えられなければならないと私は思っています。共産主義が実現した地域はすべてかつてモンゴル帝国の支配していたところだと述べたのは東洋史家の岡田英弘であり、その共通点は大家族制にあると述べたのは歴史人口学者のエマニュエル・トッドですが、これがどのようなことを意味するのか、ほんとうは真剣に考えられなければならないのだと思います。

いずれにせよ、世界史は階級闘争の歴史であり、その最終段階が資本主義社会であって、暴力革命によってそれに終止符を打てばユートピアになるという単純素朴な歴史観が全世界を覆ったことには驚くほかありません。現実にはそれが虚偽であることは明らかなのですが、にもかかわらずいま現在でさえ、アメリカの多くの知識人——新聞記者や大学教授そのほかの学校教員——は自分のことをマルクス主義者であると考えています。信じられないことですが、マルクスの考え方じたいが地に足がついていなかったことがまだよく理解されていないのではないかと思います。

これは他人事ではありません。高畑の「太陽の王子　ホルスの大冒険」の物語にしても、その芯になっているのは同じ思想だからです。宮崎の「もののけ姫」にしてもそういう面がある。もののけ姫サンはアナーキズムすなわち無政府主義を、エボシ御前はコミュニズムすなわち共産主義を象徴していると考えることができます。ジコ坊は封建主義のなかから生まれつつある資本主義のしたたかな萌芽というところでしょう。このような解釈は一九六〇年代に青春をおくったものにはほとんど自明であって、だからこそいっそう強く感動する。高畑も宮崎も、青春時代に問いかけられた主題に、他の誰にも増して誠実に応えようとしているのだと、少なくとも私と同世代の人間には思えたでしょう。

これは貴重なこと、感動的なことですが、しかし、たとえば「もののけ姫」についてはまったく逆に見ることもできるのです。そして、まったく逆に見ることもできるそのことによって、宮崎の飛翔する想像力がさらに圧倒的な勢いで迫ってくることになる。

宮崎アニメの主人公はみな飛ぶ、飛翔する、だからこそ逆に、地に足をつけているのだということを証明するのがギブソンなのだと、私は考えています。これから、ギブソンを紹介しながら宮崎における地平線のありようを具体的に説明していきたいと思いますが、その前に、先ほどバシュラールの想像力論を説明するために引いた「イメージの思いがけない結合がなければ、想像力はなく、想像するという行動はない」という箇所が、じつはそのままシュンペーターの技術革新——ドイツ語では新結合——と創造的破壊という考え方にほかならないのだということをざっとお話ししておきます。

シュンペーターはバシュラールの一歳年上ですが、マルクスの唯物史観、階級闘争史観を、その根底から批判した経済学者というか経済思想家です。ウィーン出身で、後にアメリカのハーヴァード大学で教鞭を執ります。ここで縷々述べることはできませんので、骨子だけを説明しますが、二十代の著作『理論経済学の本質と主要内容』と『経済発展の理論』(とくに最近邦訳が刊行された初版本)の二冊がとても重要で、後のベストセラー『資本主義・社会主義・民主主義』などは、左翼へのおもねりが強く、たいしたことは述べていません。のっけから「マルクス主義は宗教である」と述べていながら、そのことの意味を少しも追究していない。ハイエクやポパーほどにも追究していない。ついでにいえば、ハイエクの思想は、経済はほったらかしにしておくのが一番だという考え方で、政府は余計な口出しはするなというものです。適切な口出しをせよというケインズの考え方の正反対です。

シュンペーターの最初の二冊は、表向きはそうは見えないのですが、じつはマルクスの『資本論』を批判的に乗り越えようとした本です。とりわけ『経済発展の理論』がそうです。シュンペーターは、マルクスは経済学を一個の社会科学にしたということで激賞しているのですが、その骨格をなしている、資本家が労働者を搾取する、つまり金持ちが貧乏人をさらに搾り取るという考え方をまったく相手にしていません。階級闘争なんてものはたいしたことではない、技術革新こそが経済の原動力であり、それを担うのが企業家というものなのだ、このほうがはるかに重大だというのです。

これは、ギブソンの考え方と同じほど、画期的な考え方だと私は思います。アメリカに渡ってからのシュンペーターは政策に助言するものとしての経済学――シュンペーター自身にその責任の半分があるのですがやたらに数式を使いたがる経済学――に配慮しすぎて、経済史、社会史、文化史からは手を引きますが、企業家と技術革新こそ人類史を形成したものなのだということをちゃんと説明してくれたほうがよほど良かった。そういう意味では、思想家としてのシュンペーターは二十代で終わったということになりますが、私の見るところでは、この二十代のシュンペーターの思想に注目する経済学者が、アメリカではなくヨーロッパ、それもノルウェーとかデンマークなどヨーロッパ周辺に最近とても多くなっています。私はこの潮流こそ今後の経済学を決定するだろうと思っています。

階級史観は理想の一党独裁共産主義社会という行き止まりで終わりますが、技術革新論においては良くも悪くも次々に革新を呼び込む資本主義社会が無限に続きます。晩年のシュンペーターは、いずれ世界は社会主義に覆われると考えていたようですが、これが誤りであったことは歴史が証明しています。ロシアであれ中国であれ、いっそうひどい階級社会を創っているのですから。時代におもねった後期シュンペーターの思想など読むに値しないと私は思います。

シュンペーターの重大性はそのかたわらに考古学者のゴードン・チャイルドをおいて考えるとよく分かります。シュンペーターは技術革新こそが資本主義の根本的なエネルギーだと考えたわけですが、チャイルドは旧石器時代、新石器時代（土器の時代）、青銅器時代、鉄器時代――すべて技術革新！――といった考古学上の概念を一般に流布させたことで有名です。とはいえそれ以上にマルクス主義者として有名なのです。が、並べればすぐに分かりますが、チャイルドはマルクスではなくシュンペーターをこそ読むべきだったのです。シュンペーターはチャイルドの九歳年上ですが、技術革新を人類史の基軸に置こうとする考え方ではまったく同じだからです。実際、以後の人類史は基本的にこの二人の視点から書かれているようなもので、石器――たとえば黒曜石――だろうが土器だろうが鉄器だろうが、その段階ですでに資本主義的に――つまり儲けようとする自己発見の意欲とともに――取引されていたことは、いたるところで掘り起こされる遺跡からも疑いありません。階級も差別も技術革新の後に登場したにすぎない。

資本主義は歴史的なものですが、百年単位、五百年単位の歴史ではない。イマニュエル・ウォーラーステインの近代世界システム論――マルクスの貧民を第三世界に置き換えて第三世界の形成を世界規模の収奪システムだと言ったのです――を批判して、資本主義のシステムは五百年単位ではない、五千年単位で考えなければならないと言ったのはアンドレ・グンダー・フランクですが――中国宋代を考慮に入れるとそうなるのです――五千年でも足りないほどだ。一万年単位、十万年単位で考えたほうがいいくらいのものです。未開だろうが文明だろうが、ほっておけば人間社会はさまざまな意味、さまざまな次元で、必ず資本主義的なシステムを作ると思ったほうがいい。「私」というシステムと同じようなものです。パソコンはインターネット空間を第三の現実に仕立てあげましたが、つい四、五十年前にできたこのシステムのなかでさえも、すでに独自の貨幣が機能しているのです。それこそ、ハイエクのいう資本主義の自生的秩序の恐ろしさ、頼もしさというところでしょう。

シュンペーターは資本主義の力を「イノベーション」――ドイツ語ノイエ・コンビナツィオン「新結合」の英訳で日本語訳では「技術革新」――や「創造的破壊」といった語で説明しましたが、興味深いことに、画家や作曲家、文学者といった表現者たちの多くがこの「新結合」や「創造的破壊」といった語に強く惹きつけられました。シュンペーターはほかに、他の学者にもまして「インセンティヴ」すなわち「動機（やる気）」を重視しましたが、この「インセンティヴ」という語もそうです。簡単にいえば、共産主義は人にやる気を起こさせないのです。

この事実を馬鹿にしてはいけない。資本主義を考えるには、画家や作曲家や文学者たちの仕事を参照するに限るということを示唆しているようなものなのですから。

新結合というのは物事を新しい眼で見るということです。これまでの文脈でいえば、たとえば視点を変えるということ、より高い地点、あるいは逆により低い地点から見るということ、そうすることが創造的破壊を引き起こすということです。創造的破壊とは、いわば新たな遠近法、新たな地平線を見出すということ。まるでラウシェンバーグやウォーホールといった現代美術家が物議を醸した一九六〇年代を解説しているようですが、企業家と芸術家はもともと似ているのです。動機（やる気）にしてもそうです。企業家は金のことだけ考えているのではない。芸術家も金のことを考えないわけではない。むしろ大いに考えている。けれど、それ以上のこともまた考えているのです。それ以上のこととは何か。

人間について根本的に考えるためにこそ資本主義について深く考える必要があるのだと私

は思います。ほっておいても人間は必ず何かを創る。眼が自分の手を初めて対象として見出したとき、つまり最初の眼と手の関係において、それはもう始まっていたのです。人間は何かを創らなければ自己を維持できない。

たとえば、「太陽の王子　ホルスの大冒険」にしても「もののけ姫」にしても、マルクス的な階級史観ではなく、シュンペーター的な技術革新論から見直すことが簡単にできます。ホルスが巨大な魚を退治できたのは一種の技術革新によってであると見ることもできますし、エボシ御前を、つねに技術革新によって前進しようとする企業家の先駆、と見ることもできます。アシタカもまた別な意味での企業家にほかなりません。すると面白いことに、「未来少年コナン」にはまだ漂っていたちょっと悲壮な革命主義――労働者の集団！――が「もののけ姫」からは消えていること――それぞれ個性的な女子衆《おなごしゅう》の登場！――が分かります。むしろ技術革新と企業家精神によって未来を切り開いてゆこうとする前向きな姿勢だけが際立って見えてくる。だからこそ、ジコ坊のような自由気ままな一種のはみ出し存在が活躍できたのだということが腑に落ちてくる。

大切なことは、新しい地平線に向かってつねに自由に飛翔しようとする宮崎駿の主人公たちには、マルクス主義よりはシュンペーター主義のほうがはるかに似合うように見えるということです。イノヴェーションすなわち新結合とは、じつは人間の生き方そのものではないのかと思わせます。世界を新しい眼で見るということだからです。飛翔する精神はマルクス主義さえ乗り越えるというべきところです。

ギブソンにもそういうところがあります。ギブソンが提示しているのも世界の新しい見方そのものなのです。

話題をギブソンに戻します。

デカルトやカントを小型飛行機の操縦席に座らせた男

デカルトがなぜ西洋哲学の出発点とみなされたのかといえば、この世界というものを徹底的に疑ったからです。そのうえで、疑っているこの自分だけは疑うことができないと考えたわけです。有名な「コギト・エルゴ・スム」、すなわち「我思う、ゆえに我あり」というのが、それです。

ところで、デカルトが疑ったのはまず感覚なのです。自分がこれまで真実と認めたのは感覚を介して受け取ったものだったが、感覚がときとして人を欺《あざむ》くことはいうまでもない。一回でも騙されたのなら、ぜんぶ疑うのが筋じゃないか、というのです。

とはいえ、「たとえば、いま私がここにいること、暖炉のそばに坐っていること、冬服を着ていること、この紙片を手にしていること」などは疑うことができないのではないか、とデカルトはいいます。この手やこの身体が私のものであるということは、どうしたって否定できないだろう、と。もちろん狂人というものがあって、極貧《ごくひん》であるのに帝王であるとか、赤裸であるのに緋衣《ひえ》を纏《まと》っているとか、粘土製の頭を持っているとか、自分は全体が南瓜《かぼちゃ》であるとか、ガラスから出来ているとか、と、執拗に言い張る、そういう連中と比べれば、自分が正気なのは確かであって、と進むのですが、しかし、とデカルトは思い直します。だが逆に、彼らのほうから見れば、私もまた彼らに劣らぬ精神錯乱と見られるのではないか、と。『省察』の一節ですが、これが彼の思索の出発点。

デカルトのとっかかりが知覚ではなく感覚であったこと、すなわち能動ではなく、受動であったことに注意してください。ギブソンが感覚など哲学者の思考の産物にすぎない、人間が動くのは感覚によってではなく知覚によってなのだというのはこのことです。

書斎でじっと考えるとでもいうべき哲学者たちのこのような思索スタイルは、古代ギリシア、ローマ、そしておそらく古代中国ではそうでもなかったように思えるのですが、キリスト教がローマそしてヨーロッパに広く浸透し思索の場が僧院の独房に移るようになって以降、西洋哲学の中心的なスタイルになったようで、この特徴はデカルト、ロックはもちろんのこと、やがてカントの有名な『純粋理性批判』にいたってピークに達します。『純粋理性批判』には、文字通り独房の息苦しさをそのまま思索として展開したようなところがあります。それもそのはず、理性とは世界から遮断された独房のようなもので、人間は、感性すなわち感覚という窓口からの差し入れで余命を繋いでいるようなものだというのが基本的な構図だからです。感覚という窓口からの差し入れがすなわち経験というものなのだ、と考えたのがロックでありヒュームであって、したがって経験論とはよくいったものだということになります。しかしこの経験にしても、結局は、書斎のなかの経験なのです。要するにすべて独房主義哲学（！）といっていい。

よくもまあ、こんな息苦しい思索を飽きもせず展開してきたものだと、たとえば日本の現代哲学者である木田元はいっています。そして、晩年になって、どうも彼らのいう理性というのは日本人のいう理性とは違うものらしいということに気づきます。近代西洋哲学の連中がいう理性というのは、はじめから「神の理性の出張所」として構想されていたのだ、と。したがって、独房で呻吟《しんぎん》しているのも、神の愛、神の真理に気づくためなのであって、彼らにとってそれは苦痛ではないのだ、と。

木田元のこの指摘は、東洋人、少なくとも日本人にはきわめて説得力があります。

ギブソンの提起した生態学的知覚論、いわゆるアフォーダンスの心理学は、西洋のこのような思索の展開を根底からひっくり返すものです。提起されてから半世紀以上を経ているにもかかわらず、熱狂的なファンは別として、まだ一般には必ずしも広く受け入れられてはいないようですが、私には革命的としか思えません。マルクス主義とは違った意味で、真に革命的だと思います。それこそ、まさに身体の次元において、人間は地に足をつけねばならない、そして周りを見回し、よく考えなければならない、というのですから、マルクスの説を実現しているのはむしろギブソンのほうなのです。

ギブソンがやったことの迫力を、本書の主題に即して簡単にいえば、デカルト、ロック、ヒューム、カントといった哲学者連中をみんなまとめて、小型飛行機の操縦訓練に駆り出したということになります。そのことに尽きる。

まったく宮崎駿の「紅の豚」の世界、パイロットの世界ですね。ヘーゲルだろうが、マルクスだろうが、おかまいなく、操縦席に座らせ、離陸させ、飛行させ、着陸させる。これで人間の視覚がどのようなものか、体感させる。世界の真っ只中に存在するということがどういうことなのか、分からせる。

まるで新兵を訓練する古参兵みたいですが、事実、ギブソンにはそう思わせるところがあります。書き方、教え方に、たとえば『解明される意識』などで知られる哲学者ダニエル・C・デネットのようなサーヴィス精神などほとんどない。ギブソンにしてもコラムなどに巧まざるユーモアがあって笑ってしまうこともあるのですが、全体的には、率直にいってぶっきらぼうなほどです。

でも、ギブソンのほうがデネットよりもはるかに鋭く深い。デネットは、これまでの業績の集大成ともいうべき『心の進化を解明する――バクテリアからバッハへ』(原題『バクテリアからバッハまでそしてバック』)という本のなかで、アフォーダンスという語を連呼していますが、私にはデネットがギブソンを理解しているようには見えません。結局は書斎派なのです。

人間そして動物の周りを取り巻く光の通路――包囲光配列

デカルト、カント、ヘーゲルから、それこそフッサール、ハイデガーまで、一度、小型飛行機に乗せて、操縦させてみようじゃないか。

ギブソンがそんなことを考えたのも、自身が飛行士つまりパイロットになったからです。実際に乗ったことがあっただろうと私は思いますが、かりになかったとしても――難聴だったのです――パイロットの身になって考えていたことは疑いありません。そうでなければパイロットの訓練のための動画を作ったりはできません。

重要なことは、ギブソンが学生として心理学という学問に接したときもまだ、西洋近代科学は西洋近代哲学の影響下にあったということです。ギブソンの先生がエドウィン・ホルトで、ホルトの先生が、漱石が尊敬していたことでも有名なウィリアム・ジェイムズです。ホルトもジェイムズもギブソンの思想にとってのみならずとても重要な存在ですから、一概にはいえませんが、とにかくその当時の——場合によってはいま現在も——心理学の大勢は独房に坐っている人間の感覚を実験でいろいろ調べてゆくという流儀のなかにあったということです。文脈という考え方、全体のなかの個という考え方を導入したはずのゲシュタルト心理学にしてさえも、その実験たるや独房主義哲学といっていいものだったのです。簡単にいえば、実験を重視するとはいっても基本は思弁的だったのです。

ギブソンはこの流儀を根本的に打破するわけですが、そのために役立ったのが、第二次世界大戦でたとえば航空母艦に帰艦する戦闘機パイロットの訓練プログラムを作ることだったと思うと、皮肉というほかありません。零戦《ゼロせん》に憧れて天才的なアニメーション作家になった宮崎駿との不思議な縁を感じてしまいます。

独房主義哲学の影響下にあった当時の心理学は、パイロットの選抜およびその訓練として、たとえば空中における奥行視覚のことを重視していました。エア・セオリすなわち「大気説」です。ところがこれはまったく意味がないということがギブソンらの実地研究によって分かってきた。着陸に際してそんな奥行視覚のことなど重要ではない。むしろそれ以上に、パイロットにとって重大だったのは、世界がどんなふうにあって、そのなかのどこに自分が位置しているかを全身体的に感受することだったのです。

たとえば宙返りしても、パイロットにとって地平線は固定した基準としてあります。自分のなかに地平線があるのではなく、地平線のなかに自分があるのです。世界のなかに自分をどう位置づけるかということで決定的なのは、地平線であり、水平線なのだ。そして前方から後方へと流れてゆく光景であり、その中心に位置する着陸目標なのです。これがギブソンの唱えたグラウンド・セオリすなわち「大地説」です。

ギブソンのこの発見は画期的です。

操縦士にとってだけではもちろんない。普通の人間にとって重大な発見なのです。

直立した人類にとってもっとも重大だったのは——他の動物にとっても同じはずなのですが——、大地に足をつけて立つということ、大地という支えがあるということ、その支えがはるか遠くまで続いているということなのだ。前章で、宮崎との関連で重要な要素をもつ荒川修作の仕事を説明するために、善通寺の胎内くぐり（戒壇めぐり）について触れましたが、不意に真っ暗闇になる感覚遮断の体験が恐怖を呼び起こすのは、まず何よりも、床がなくなる、大地がなくなるということの恐怖からなのです。

この恐怖を拭い去るのが地平線なのだ。

具体的に大空へと飛び立ち操縦する身になってみてはじめて、大事なのは大空じゃあない、地平線すなわち大地だということが分かったわけですから、まさに逆説的です。人間、宇宙のなかのどこに自分が位置しているのか見定めるのが最優先事項になるわけですが、その筆頭が大地であり地平線だったというのです。

さらに、その地平線あるいは水平線からものすごい速さでなだれこんできては過ぎてゆく周りの光景もまた、きわめて重要であることが分かる。

光景なんて言葉では十分ではない。それは、散乱し遍在する光によってもたらされる視覚情報の、流れをもった一連の配列です。つまり、ギブソン風にいえば「包囲光配列」、アンビエント・オプティク・アレイ、すなわち「周りを取り巻く光の配列」であって、その場合、重要なのはこの配列には隙間がないということです。あたりまえです。周りを見回して光が存在しない穴みたいなところがないのは、大気が真空を嫌うのと同じです。三百六十度ぎっしり、光があるところには必ず何かが見える。影も光のうちです。真暗闇の感覚遮断が怖いのは、それが本来はありえないことだからです。

さまざまな事物が形として見えるのは事物が「遮蔽縁《しやへいえん》」、オクルーディング・エッジ、すなわち「塞ぐかたちで事物のへりを作って背後の事物を見えないようにしているもの」が続いているからです。蔽《おお》いを取れば背後が見える。背後にはそのまた背後がある。

要するに、ギブソンは、周りを見回して視覚情報の欠けているところがまったくないということを「包囲光配列」という語で、そして事物が形として見えるのは事物が背後を隠しているからなのだという事実を「遮蔽縁」という語で、説明したということです。つまり、物の輪郭はつねに動いているのが人間の、そして動物の常態なのだ、ということを力説したわけです。ちなみに、ジェイムズ・カッティングという認知心理学者はこの「遮蔽縁」という考え方をギブソンの業績の筆頭に挙げています。

とはいえ、ギブソンが発見したさらに重要なことは、前章でも触れましたが、近くのものの肌理は粗く、遠ざかれば遠ざかるほど肌理が細かくなって、それらは最後に地平線すなわち一本の線になってしまうということです。パイロットには、刻々と変化してゆくこの肌理の勾配のほうが遠近としてより強く感じられるのであって、これは前章の最後でもちょっと触れましたが、コンピュータゲームの画面で速度を感じさせる奥行は、たいていはこの技法によっていることからも明らかです。線遠近法は、奥行幻想は与えても速度は与えません。速度によって刻々と変わってゆく奥行を表わすのは、まさに包囲光配列の肌理の細かさ粗さの変化にほかなりません。

ギブソンは世界の奥行なるものを、能動的な体験として分析してみせたのです。周りを取り巻く光の通路すなわち包囲光配列、つねに動き続け流れ去ってゆく遮蔽縁、近くのものの肌理は粗く、遠ざかれば遠ざかるほど肌理が細かくなって最後には一本の線すなわち地平線になって天空に接する、人間たちのこの生き生きとした世界。

ギブソンのこういう説明を聞いていると、そのまま宮崎のアニメーションを思い出してしまうというのは、おそらく私だけではないだろうと思います。

ギブソンの説明を聞いていて思い出す作家がもうひとりいます。当然といえば当然ですが、作家になったパイロット、サン＝テグジュペリの作品です。なかでも頭抜けているのが『夜間飛行』で、開巻劈頭、第一章に、次のような一節があります。

……いま村は二人の乗員にむけてせり上がり、その眼前にみずからをひらいていた。友情、優しい娘たち、白いテーブルクロスのかかったなつかしい食卓、ゆるやかに永遠の時をかたちづくるそれらすべてにファビアンは思いをはせた。村はもう翼のすぐかたわらを流れていて、閉ざされた庭の神秘も、いまは壁に護《まも》られることなく見渡せる。だが着陸してみるとファビアンは、自分がほとんどなにも眼にしてはいなかったことに気づくのだった。そのまなざしに映ったものはただ、村の石壁のあいだを行き来するいくつかの人影の緩慢な動きにすぎなかった。この村はじっと動かないまま、その情熱を秘めつづけている。村は優しさを与えることを拒んでいるのだ。その優しさを手に入れようと望むなら、ファビアンは飛ぶという行動を断念するしかなかったろう。(二木《ふたき》麻里《まり》訳)

指摘するまでもなく、描かれているのは着陸した瞬間です。「いま村は二人の乗員にむけてせり上がり、その眼前にみずからをひらいていた」という記述には実感がこもっていて、その光景が体感できます。まさに感動的な一行。稠密《ちゆうみつ》な地平線に向かって降りてゆく過程で事物の肌理がどんどん粗くなって触れるほどの近さになる、空の世界と地の世界、着陸してみれば、なんだ、いつもの世界が広がっているだけだという、その変化がなまなましくほとんど一筆で描かれているわけですが、ここでは村が地平線を含意しています。その地平線が「せり上がり」という言葉で捉えられている。

サン゠テグジュペリがこれをパイロットの特異な、また孤独な体験として描いているのは引用の末尾の一行からも明らかですが、しかし体験がパイロットにのみ限らないことは、『夜間飛行』をはじめとするサン゠テグジュペリの小説が、世界中の読者に争って読まれていることで証明されています。そこに生命の体験があると感じさせたのです。

ギブソンも同じように考えたのだと私は思う。すなわち、パイロットが体験するこの知覚システムのほうが一般的なのではないか、これを基軸に人間の知覚を考えたほうが良いのではないか、と。

ギブソンはよく気がついてくれたと私は感動します。宮崎の主人公は空ばっかり飛んでいるけれど、それはそのほうが人間の知覚がどんなものか、いっそうよく知らせてくれるからなんだ、ということがとてもよく分かります。

サン＝テグジュペリもまたそう考えるにいたったことを、『夜間飛行』に続く『人間の土地』の冒頭にはっきりと書きしるしています。

> ぼくら人間について、大地が、万巻の書より多くを教える。理由は、大地が人間に抵抗するがためだ。人間というのは、障害物に対して戦う場合に、はじめて実力を発揮するものなのだ。もっとも障害物を征服するには、人間に、道具が必要だ。人間には、鉋《かんな》が必要だったり、鋤《すき》が必要だったりする。農夫は、耕作しているあいだに、いつかすこしずつ自然の秘密を探っている結果になるのだが、こうして引き出したものであればこそ、はじめてその真実その本然《ほんぜん》が、世界共通のものたりうるわけだ。これと同じように、定期航空の道具、飛行機が、人間を昔からのあらゆる未解決問題の解決に参加させる結果になる。（堀口大學《ほりぐちだいがく》訳）

まるで、ギブソンの、そして宮崎の代弁をしているようではありませんか。

人間については大地のほうが万巻の書より多くを教える、大地が人間に抵抗するためだ、その抵抗と戦うことによって人間は豊かになってきたが、いまや飛行機こそが、知をめぐるその悦ばしい戦いのための最大の武器になる、そして太古から解決されてこなかった人間の問題に新たな視点を与えようとしているのだ、というのですから、ギブソンや宮崎なら小躍りして喜ぶような話だと思います。

空を飛んではじめて大地の素晴らしさが分かったわけです。

サン＝テグジュペリについていえば、第一長篇『南方郵便機』が一九二九年、『夜間飛行』が三一年、『人間の土地』が三九年、『星の王子さま』が四三年。一九四四年、飛行機に乗ったまま消息を絶つ。一九〇〇年生まれですから四十四歳。まさにその頃に、一九〇四年生まれで四十歳のギブソンは、第二次世界大戦下、空海軍のパイロット訓練のための仕事をしていたわけです。宮崎は四一年生まれですから、まだ三歳でした。でも、その後、戦争と戦後の空気は全身で呼吸したことでしょう。

これが二十世紀精神史のもうひとつの姿なのだと思うと、やはり感動しますね。

地平線が盛り上がって襲ってくる

「いま村は二人の乗員にむけてせり上がり、その眼前にみずからをひらいていた」という地平線の姿、その迫力を完璧に眼前させた作品が「風立ちぬ」だと私は思っています。

「風立ちぬ」の真の主人公はじつは地平線なのです。

「風立ちぬ」冒頭から十五分後、関東大震災が眼前します。

魂消《たまげ》ました。まさにアニメーションにしかできない圧倒的な表現で、少なくとも私にとっては空前絶後です。地震なるものがどういうものであるか、これほど見事に表現した動画はないと思う。

場面は、列車のデッキで堀越二郎と里見菜穂子《さとみなおこ》の最初の出会い——風に飛ばされた二郎の帽子を菜穂子が捉える——が描かれた後に始まります。

図版4-1　カメラが列車から離れ、平野の中央を横断するように左から右に走っているさまを俯瞰で映し出す。

まず、カメラが列車から離れ、関東平野と思われる空間が大きく俯瞰されます。その中央を横断するように、件の列車が左から右に走っています【図版4－1】。

次の画面では、地平線を強調するように、列車のシルエットが画面下方、水平に右から左へと走っています。この左右が逆になるのが不吉の前兆になっています。

俯瞰ではなく真横から映されていますから、空の面積が広い。その広い空はどこか不気味な雲に覆われているのですが、次の瞬間、カメラが仰角になると雲は消えていて、群青《ぐんじょう》の空と白いピンポン玉のような太陽だけが映し出され、左下方を掠《かす》めて過ぎてゆく電線と電信柱によって、カメラ位置が車中にあることが分かる。空の群青と太陽の白がいかにも差し迫った不吉を思わせるのは、恐ろしいほどの描画技法だと思います。見るものを身構えさせるのです【図版4―2】。

カメラが再び平野全体を俯瞰する位置に戻ったそのとき、画面は暗転し、禍々《まがまが》しい音とともに、地下の真暗闇でマグマの炎がうごめいているのが――と一瞬後に分かります――描かれ、さらに一転して平野が映し出されると、そこに薄黒い円の波紋があたかも津波のように広がってゆくのが見られます【図版4―3】。

次の瞬間、呆気にとられたのは、映し出されたどこか江戸の昔を思わせる東京の街の、その上方の甍《いらか》の波の水平線が、不意に大きく盛り上がったことです。

地平線が盛り上がった、と思った瞬間、そのうねりが前方へと迫り出してくる。迫り出すにしたがって、盛り上がった家屋が屋根瓦をガラガラと落とし、膝をつくようによろめき倒れてゆきます【図版4―4】。ああ、このアニメーションは地平線の強さと脆さ――地平線でさえも崩れることがある――の両方を伝えようとしているのだ、真の主人公は地平線にほかならないのだ、と、画面に息を呑みながらも、私は頭の奥で考えていました。主人公の顔立ちも地平線を添えられてはじめて生きるのだ、と(後出図版【8―3】をも参照)。

まずくずおれ、次に地平線の彼方から炎が舌を出し、あっという間にそれが広がって迫り出してくる、その地震の描写の迫力のすさまじさは、写真や映画の実写とはまったく違うものです。この動画にもっとも近いのは、体験者の語るその語りの内実を絵にして見せた、その絵を体験談に即して動かして見せたというもので、おそらく人間の体験をまるごと記述することにおいてもっとも的確なものなのですが、そういう試みがなされたことは、私の見聞の範囲ではほかにありません。近いのはむしろ中世の絵巻物でしょう。

体験にもとづく言葉、いちど言葉になった体験が、動画になっているのです。

そういう意味で、伝承行為としてこれほど資料価値が高いものはほかにないだろうと、私は見て呆然としながらも考えていました。同時に、これとまったく同じ体験を、しかし私はどこかで体験しているとも感じ始めていました。

そしてそれが「風の谷のナウシカ」であることに気づいたのです。

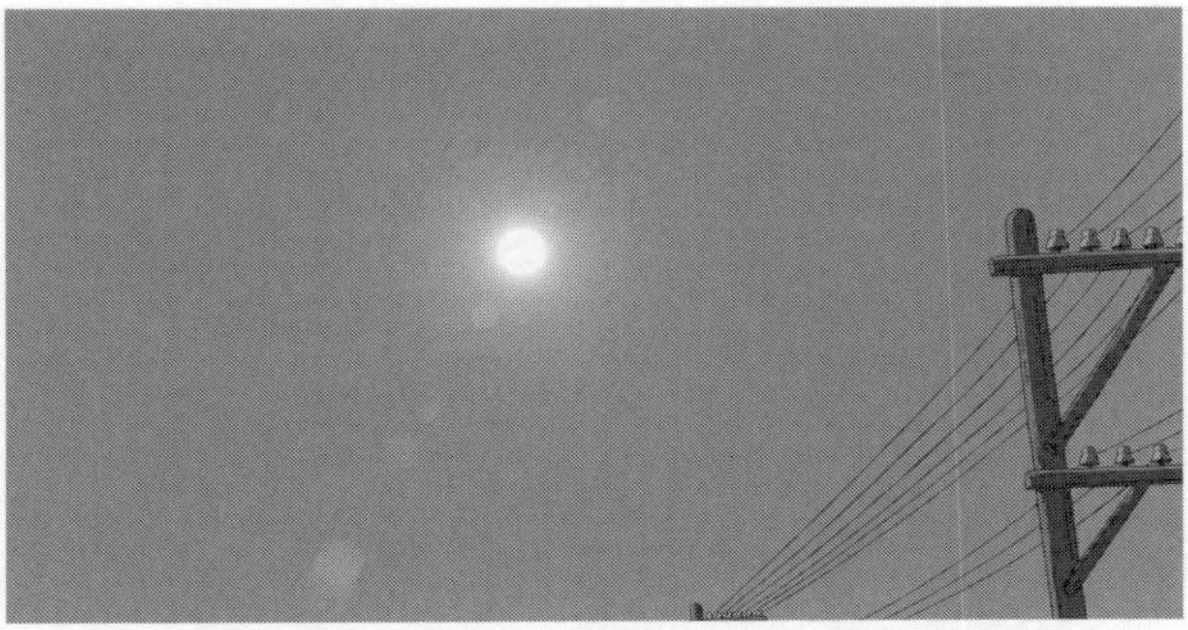

図版4-2　群青の空と太陽だけが映し出されている。電線と電信柱によってカメラ位置が車中にあることが分かる。
©2013 Studio Ghibli・NDHDMTK

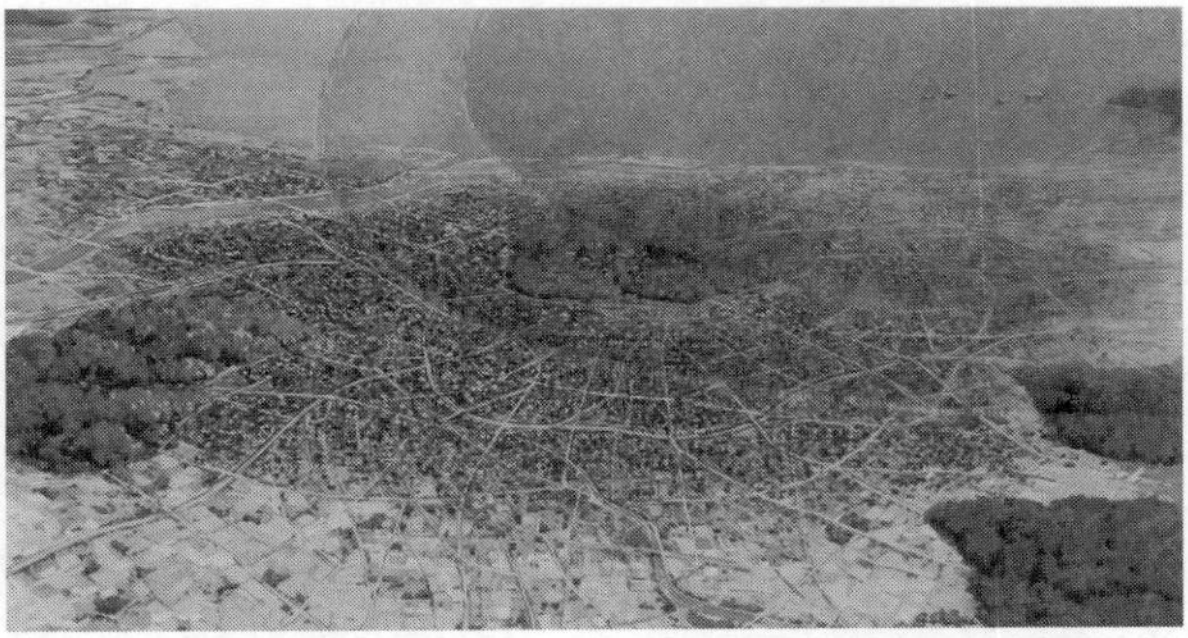

図版4-3　平野が映し出されると、そこに薄黒い円の波紋が津波のように広がってゆくのが見られる。
©2013 Studio Ghibli・NDHDMTK

「風立ちぬ」に描かれたこの関東大震災の情景は、本質的に、「風の谷のナウシカ」の最後の場面、あの巨大な蟲《むし》、王蟲《オーム》の大群が風の谷を目がけて暴走してくる場面に酷似している、と思ったのです【図版4－4、4－5】。王蟲の大群はまさに地平線そのものです。夜の真っ暗闇の向こう、王蟲の前方にそれぞれ十個以上は付いている眼が怒りに燃えて赤く光り、それが数万、数十万も集まって地平線のように見える。その王蟲の大群が数知れぬ赤い眼の潮となって押し寄せてくるさまは、まさに動く地平線そのものでした。

地平線だって動く、というのが宮崎の思想なのです。

「風の谷のナウシカ」はきわめてすぐれた作品です。旅の老剣士ユパが、砂塵に霞む地平線の向こうからマスクをつけた二頭のトリウマ——文字通り鳥の馬——とともに現われ、荒れ果てて砂漠化した村を通り過ぎる冒頭の場面は、黒澤明の「用心棒」の冒頭場面を思い出させます。この黒澤作品への一種のオマージュは、設定を借用したいわゆるマカロニ・ウエスタンの「荒野の用心棒」冒頭場面を並べてみるといっそう際立ちます。

また、続く場面、ナウシカが腐海に踏み込み——カンブリア紀の海の想像図に似ています——、王蟲の抜け殻に出会う場面は、後のＳＦ映画に大きな影響を与えた映画「エイリアン」の一場面、ある惑星で失われた文明の遺跡すなわち化石化した太古の宇宙船に遭遇する場面——隊員は畏敬の念を込めて巨大な操縦士の亡骸を見上げます——と響き合っています。この惑星でエイリアンの幼体が隊員のひとりに産みつけられてしまうというのがこの映画の描く事件の発端なのですから、これはとても重要な場面なのですが、「風の谷のナウシカ」にはそういう場面がいくつも埋め込まれています。影響というよりも、共通した原イメージがあるのかもしれません。

私にはそういう意識的、無意識的な埋め込みこそ、すぐれた作品の特徴であると思われます。いわば、倍音を発生させるのです。こんなことは初歩的なことでこれに数倍、数十倍するほどの影響関係、呼応関係がすでに指摘されているだろうとは思いますが、どうしても付

図版4-4　地平線が盛り上がった、と思った瞬間、家屋が屋根瓦を落としよろめき倒れてゆく。
©2013 Studio Ghibli・NDHDMTK

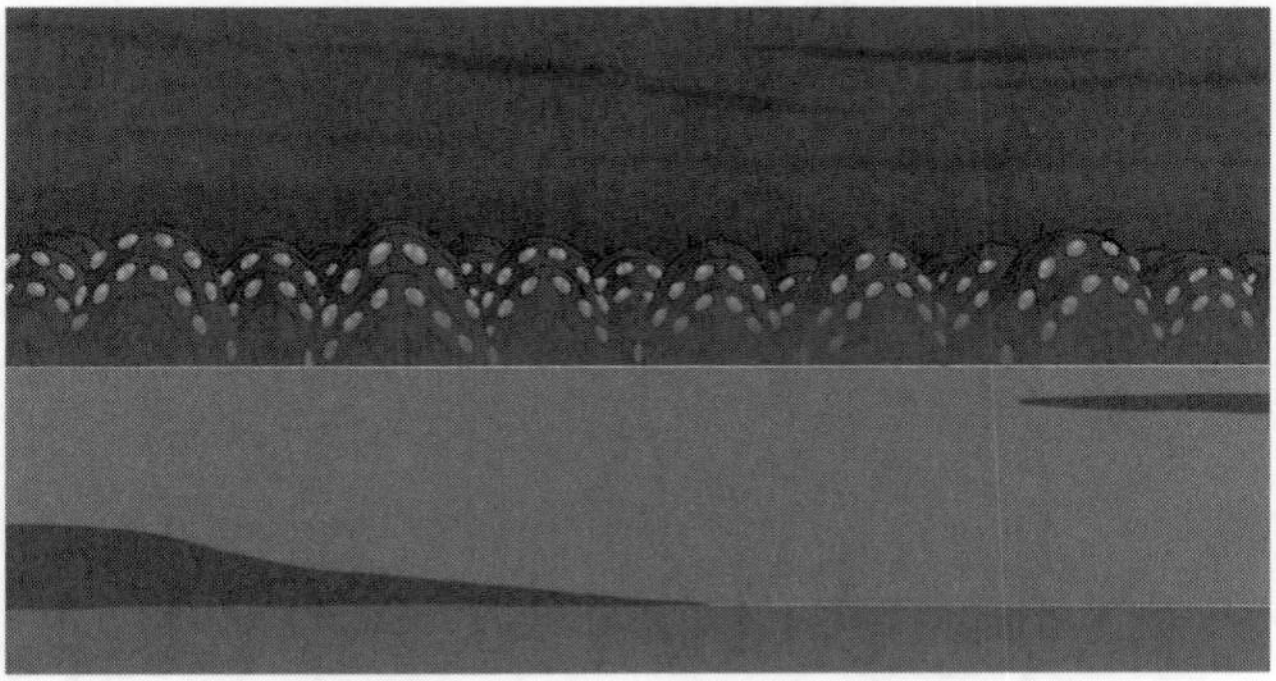

図版4-5　王蟲の大群が押し寄せてくるさまは、まさに動く地平線そのもの。
©1984 Studio Ghibli・H

け加えたい思いに誘うところが「風の谷のナウシカ」にはあるのです。それが「用心棒」のかすかな谺《こだま》を感じさせるとすれば、「用心棒」もまたジョン・フォードの「荒野の決闘」やジョージ・スティーヴンスの「シェーン」の谺を感じさせます。そういう呼び交わすイメージの快楽に連なっていることに、どうしても言及したくなる。

むろん、「風の谷のナウシカ」が感じさせる倍音の最大のものは、暴走する王蟲の大群のど真中に降り立って王蟲たちの許しを乞うナウシカが、許されて、眼の色を赤から青へと変えた王蟲たちの、無数の黄金の触手に支え上げられて頭上はるか、ほとんど中空にまで押し上げられてゆく場面で【図版4－6】、これはもう、第二章で触れた「赤毛のアン」の冒頭場面の、それこそ豪華絢爛《ごうかけんらん》な反復であり発展であるとしか思われませんが、見るものは、そういうさまざまな記憶の連鎖に持ち上げられていっそう豊かな感動に襲われるわけです。個人的な記憶さえも目を覚まして共振しはじめる。これがすなわち名画の理由であると私は思っています。この記憶の連鎖はさらに豊かな想像へと見るものを誘い、それこそまた新たな創造へと立ち向かわせるのです。

「エイリアン」に触れましたが、同じリドリー・スコットの「ブレードランナー」についても触れておきます。宮崎と、響き合う以上に、むしろ反発し合うところがあることが分かってくるからです。「エイリアン」も「ブレードランナー」も、じつは地平線が存在しないことが特徴なのです。原作者のフィリップ・K・ディック自身がそうですが、率直にいって、自閉的なのです。環境とうまく反応できない。そしておそらく、それこそがアーティストの条件だと思っている。空間が『純粋理性批判』と同じように独房主義哲学のように狭苦しく、息苦しいのです。

「エイリアン」と「ブレードランナー」は、その後のSF映画に、実写によるアニメーションともいうべき新しい伝統を与えたと私は思っていますが、この系譜はじつは基本的に自閉的な路線のなかにあるというのが私の率直な感想です。コンピュータゲームに熱中して閉鎖空間に閉じ籠もる、それとまったく同じ雰囲気のなかにある。

図版4-6　ナウシカは王蟲の大群の無数の触手に支え上げられ、中空にまで押し上げられてゆく。

アニメーションにしてもそうです。むしろそれこそ宮崎の後のアニメーションの主流といっていいかもしれません。大友克洋《おおともかつひろ》も押井守も庵野《あんの》秀明《ひであき》も、宮崎とは対照的です。彼らの描く空間はおしなべて地平線をもたない。少なくとも宮崎のような安定した地平線はもたない。ひょっとすると関心もないのかもしれない。外界と個人の内面空間が重ね合わせられますが、外界が入ってくるというよりは、内面世界が外部に拡張されるという印象が圧倒的で、感じられるのは内面の閉鎖空間、他者を排除して成立する空間の、その息苦しさです。

結果的に、暴力が、殺戮と破壊と消滅の美しさが、描かれてゆくわけですが、作る側にも見る側にも、それこそが現代なのだという確信があるのだと思います。しかし、そういう意味での現代などほんとうは存在しません。暗黙のうちに作り上げられただけです。

私は「ブレードランナー」に驚愕しましたが、もっとも鮮烈に記憶に残っているのは、追い詰められたレプリカント——アンドロイドすなわち精巧な人造人間——、ロイ・バッティの死に臨む直前の、「私は見た」から始まる宇宙遍歴を語る名台詞《めいせりふ》で、さながらランボーの詩「酔いどれ船」そのものでした。映画では数行にすぎないのですが、とても長く感じられたのは、「酔いどれ船」の響きがあったからでしょう。面白いことに、ただこの一瞬だけが宇宙の広大さを感じさせたのです。こんなことはおまえら脆弱《ぜいじゃく》な人間に体験できるはずもないと傲慢に叫ぶロイの姿こそ、本来あるべき人間の姿だというべきでしょう。思想を感じさせる場面です。

もうひとつは、ひたすら薄暗かったそれまでの映像とは一転して明るい森林上空をただ飛行してゆくだけのラストシーンで、緑の地平線が広々として美しかった。映像が作品から食《は》み出したここにいたって初めて、この「ブレードランナー」という映画の主題が「地平線喪失」であったことが分かります。

ロイの名台詞が記憶に残るのも、ただそこにおいて宇宙の地平線を感じさせたからにほかなりません。画面には地平線がいっさい存在していなかったのです。だからこそ息苦しさしか感じられなかったのだと、緑の地平線の映像を見てあらためて納得するわけです。地平線が生命の条件であるとすれば、「ブレードランナー」は、ほんとうは生命のない世界を描いていたのだ。そして、それが現代なのだ、と主張していたのだということになります。

しかし、重要なことは、地平線を感じさせるこの二点が、スコットの意向を裏切って挿入されていたということです。

ロイの台詞は俳優ルトガー・ハウアーの即興――すごい教養！――だったといわれていますし、ラストシーンは興行成績の悪化を恐れた製作者側がハッピーエンドを目論んで付け加えたものだ――「荒野の決闘」のラストシーンも同じ――といわれています。いずれにせよスコット――そしてフォード――の意図ではなかった。

だから、良かったのです。スコットは今世紀に入って「プロメテウス」「オデッセイ」などのSF映画を発表していますが、同工異曲で新鮮味はまったくありません。「オデッセイ」にいたっては、アルフォンソ・キュアロンの駄作「ゼロ・グラビティ」と同じように、なぜか中国国家航天局を救世主扱いで描くハリウッドの中国市場第一主義を露骨に感じさせて作品の質を大きく落としています。それに迎合したスコットもその程度の人間だったのだという失望が深まるばかり。スコットもキュアロンも、地平線とは何かなど、本格的には考えたこともないだろうと私は思います。

地平線は人の精神に安定をもたらします。同時に最大の恐怖をもたらす。その恐怖を知ってこそ、平穏な地平線は旧に倍する安定を精神にもたらすのです。「風立ちぬ」は――そして「風の谷のナウシカ」も――地平線に始まり地平線に終わります。

地平線は何とさまざまなことを体験してきたことか、と「風立ちぬ」のラストシーンは思わせます。そして、人それぞれに地平線をもっていること、いや、人それぞれに地平線が与えられていること、許されていることを、感じさせます。

これこそギブソンの提唱したアフォーダンス理論の核心だと私は思っています。

「許されてある生命」の科学としてのアフォーダンス

ギブソンの思想、とりわけアフォーダンスについては、前章で紹介したエドワード・リードや、日本では佐々木正人による丁寧な紹介、解説があります。ぜひ読んでほしいと思います。したがって一介の文芸批評家の出る余地などないのですが、それでも宮崎駿を論じる文脈において少しだけ説明しておきたいと思います。

私は最初、アフォーダンスという語そのものに抵抗を感じていました。

アフォードには通常、二つの使い方があります。ひとつは金や時間があるかないかということにかかわるもので、「アイ・キャント・アフォード・トゥ・シット・アンド・チャット、アイ・ハヴ・ア・トレイン・トゥ・キャッチ（坐ってお喋りしてるわけにはいかないんだ、電車に間に合わなくなる）」といったものです。縦組みに横文字というのが大嫌いなので冗長になってすみませんが、許してください。要するに、金銭的時間的に「余裕」があるかないかというときに使われることが多いわけです。

もうひとつは、「ジス・レッジ・アフォーズ・ア・ヴュー・オヴ・ザ・ホール・ヴァレー（この岩棚は谷の全体を眺め渡すにもってこいだ）」といったものです。「提供」するという意味ですね。例文はデヴィッド・スパレットという南アフリカの哲学者の「アフォーディング・アフォーダンス」というデネットを論じた文章から借用していますが、スパレットはギブソンが主に依拠しているのは後者の意味だと述べています。

ちなみに、「ジス・レッジ」すなわち「この岩棚」という語が、「もののけ姫」の準主人公サン、すなわちもののけ姫自身の住処《すみか》を思わせるところが面白い。岩棚の奥の洞窟で眠りから覚めた主人公のアシタカが、洞窟を出てバルコニーのような岩棚に立ち、三百歳の犬神、モロの君と対話するあの岩棚です。眺めを感じさせることの少ない、いかにも山国日本を感じさせる「もののけ姫」のなかでは、珍しく眺望を感じさせる場面です。

それはともかく、アフォードという語には、たぶん時間や金銭にかかわるからでしょう、「つましい」イメージ、倹約家めいたイメージがあって、私は好きになれませんでした。思想の用語としてはどことなくせせこましい感じ、それこそ、広大な地平線を眺めながら飛翔してゆくイメージとは正反対のものが感じられてしまうのです。

それが、ゴンブリッチを介して、ギブソンの具体的な記述を読んでゆくうちに変わってきました。とりわけ宮崎と関連させて読み進むうちに大きく変わってきたのです。そして、たとえば先に引用したアフォードの使用例でいえば、前者は「坐ってお喋りすることは許されていない」と、後者は「谷の全体の眺望を許す」と、訳し直すことができることに気づくことになったのです。

アフォードには事情が許す、状況が許す、ひるがえっては世界が、つまり生態系が許すという含みがあるのです。意味としてはアフォードをドゥに換えてもいいのではと思えるときが多いのですが、そうはいかないのは、大げさにいえば、「許されてある生命」という基本的な認識が付随しているからなのです。もちろん良いことばかりとは限らない。ときには自らを犠牲にしなければならないこともある、そういうかたちで、しかし「許されてある生命」という基本認識。

ギブソンが――おそらく無意識のうちに――注目したのは、まさにこの点だったのではないか。そして「許されてある生命」というこのアフォーダンスの基盤にある思想は、宮崎の思想というか感性に、ぴたり一致しているのではないか。そう思ったのです。

ギブソン自身は無意識、つまりひょっとすると気づいていなかったかもしれないと述べたのは、ゴンブリッチがエドワード・リードのギブソン伝の書評に、ギブソンには深読みを嫌う、つまり文学的解釈を嫌う学者気質があったと書き込んでいるからです。私にはアフォードという語のニュアンスをすべて感じ取るほどの英語能力はありませんので決定的なことは何もいえませんが、しかしいま述べた、アフォードには「許されてある」という含意があることは、英語を母国語とする人には自明すぎることなのではないかと想像します。そうでなければアフォードという語が生き残る理由がありません。

アフォーダンスとは「許されてある生命」の科学のことなのだ、といえば、一挙に宮崎駿のアニメーションの世界に接近してゆくことは疑いありません。「風の谷のナウシカ」や「もののけ姫」が描いている世界は、人間は自分たちが「許されてある生命」であることを忘れているのではないか、という鋭い問いかけによって成立している、といっていいからです。

ナウシカのもっとも強い言葉は「許して」です。

王蟲に向かって、私たち人間を「許して」というとき、観客は感動に襲われます。

ギブソンが打ち出した生態学的知覚論には、このアフォードという語に含まれる「許して」というニュアンスが最大限に生かされている、と、私は思います。

生態学といえば地球温暖化反対運動といったことがすぐに脳裏に浮かびます。野生動物保護のために生態系を守れというような運動がすぐに思い起こされる。前章で触れたように高畑勲のアニメーションの多くがこの思想に呼応するものであったことも思い出されます。もちろん宮崎の作品にも色濃く流れていることは指摘するまでもありません。「太陽の王子ホルスの大冒険」、「風の谷のナウシカ」、「もののけ姫」と並べると、高畑にせよ宮崎にせよ、革命的マルキストから戦闘的エコロジストに転じた、強きを挫《くじ》き弱きを助ける正義の味方、ヒューマニズムの代表選手というような面があることは否定できません。

けれど、ギブソンの生態学的知覚論はただちにそういった反体制運動に連なるものではありません。それはいっそう深く世界認識にかかわっていて、宮崎の思想や感性が響き合うのも、じつは何よりもまずそこにおいてなのです。「許して」という語には、自分の正しさを疑わない闘争的反体制運動にはまったくそぐわない響きがあるのです。

人間は外部の生態系に許されて存在していますが、同じように自分自身がひとつの生態系をなしてもいます。たとえば『生態学的視覚論』に次のような一節があります。

我々人間の観察者は、自分の眼で環境を見ることを当然と考えている。耳、鼻、口、皮膚がそれぞれ聴覚、嗅覚、味覚、触覚の器官であるのと同様、眼は視覚の器官である。眼は心の道具あるいは脳の器官だと考えられている。しかし、眼は頭部に、頭は胴体に、胴は脚の上に位置していて、脚が支持面に対する胴、頭、眼の姿勢を維持しているというのが事実である。視覚は全知覚系であって、感覚の一経路ではない。眼で環境を見るのではなく、「地面に位置する身体上の頭部にある眼」で見ているのである。心の座が脳にあると考えられるような形では、視覚は身体に座を有していない。生体の知覚能力は、個々に分かれた身体の解剖的部分にあるのではなくて、組み合わさった諸機能をもつ系に存在する。

かりにそうだとして、眼では見えなくても確かに眼でながめるのだと主張はできるかもしれない。しかし、眼だけでながめるのは単に見つめることに過ぎず、見回すことにはならない。それは物体、印刷物のページ、あるいは画像をざっと見ることである。最初に述べたように、眼だけでなく、頭、もっと厳密には頭部－眼球系でも見る。（辻敬《つじけい》一郎《いちろう》訳）

音がしたほうを見て、変だなと思って足で歩いて近づき、落ちているものを手で拾ってみるとリンゴだったというとき、耳も足も手も首も視覚の一部として機能しているのだ、という考え方が提示されているのです。視覚はこういうかたちで機能しているのであって、それは全身体がいわばひとつの生態系をなしているのだ、といっているようなものです。足も手も首も動かなければ、音を立てた何かを見ることは許されません。眼そのものが、全身体に助けられ許されて機能しているのだといっていい。しかもその全身体は、脚を支持する大地によって、すなわち地平線によって許されているのです。

「地面に位置する身体上の頭部にある眼」の原文は、「アイズ＝イン＝ザ＝ヘッド＝オン＝

ザ＝ボディ＝レスティング＝オン＝ザ＝グラウンド」で、ハイフンで繋いだ一語として示されています。いうまでもなく、ハイデガーの有名な「世界＝内＝存在」すなわち「イン＝デア＝ヴェルト＝ザイン」のもじりというか、それを意識した用語にほかなりません。ギブソンが自身の生態学的知覚論をどのような文脈で考えていたか、分かります。

アニメーションの空間と時間

ハイデガーはユクスキュルの『生物から見た世界』に大きな影響を受けていますが、ギブソンも同じです。ハイフンを用いて一語にした背景には、身体そのものがひとつの生態系をなしているのだという思想が潜んでいます。そしてそういうものとしてハイデガーの思想を理解しなければならないという暗示が含まれています。

ギブソンは、時間的金銭的に許されてあるという意味で使われることの多いアフォードという語に留意するかのように、時間についても真正面から論じています。そして、我々にとっての普通の時間感覚、空間感覚は、哲学的そして科学的といわれる抽象的な時間、空間とはまったく違うと力説しています。同じ『生態学的視覚論』の一節を引きます。

……生態学的事象の絶え間のない流れは、物理学で仮定された時間の抽象的経過とは区別される。時間の経過は等質でありかつ直線的であると仮定されているが、事象の流れは等質ではなく、部分部分で異なる。ニュートンは、「絶対時間、純粋時間、そして数学的時間はそれ自体で、それ自身の性質から、いかなる外界の事情とも関連せずに、均質に流れていく」と主張した。しかし、これは都合のよい神話に過ぎない。事象は時間の「中で」起こり、かつ時間は「何かで満たされ」ない限り空虚であると仮定する。この常習的考え方は本末転倒である。事象を基礎的事実として、また時間を事象からの抽象概念——時間が時を刻んでいくような、規則的に繰り返される事象から主として導かれる概念として考えてみるべきである。事象は知覚される、しかし時間は知覚されはしない。

空間も時間の場合と同じである。対象が空間を満たす（full）のではない。なぜならば、初めから空虚な空間などありはしないからである。環境の中で変わることなく安定している面が、現実の枠組になる。世界は決して空虚ではない。媒質に関していえば、そこは運動や移動が起こる領域であり、光が反射し、面が照明を受けるところである。これは**占められる場所**（room）とでもよばれるもので、**空間**（space）ではない。面とそれが作り出す配置は知覚されるが、これまで私がずっと論じてきたように、空間が知覚されることはない。

ここで私が述べてきた限りでは、時間はそれを満たす事象からなり、空間はそこを満たす対象からなると言うことができる。しかし、私はこのきまり文句はなお過ちを犯すことになると考える。満たすという隠喩《いいまわし》は間違っている。時間と空間は何かで満たされなければならないような空っぽな容器ではなく、事象と面が作り出す幻影に過ぎない。

時間は現代物理学が数学的便宜のために仮定しているような、空間のもう1つの次元、つまり第4番目の次元ではない。時間の次元の基礎にある現実は、事象が連続的に順序立って生起することであり、空間の次元の基礎にある現実は、対象やそれぞれの面が隣りあって序列をなしているということである。系列的序列は並列的序列に対する類推でさえあり得ない。事象の序列は交換し得ないのに対し、部分の序列は交換しうる。部屋の家具を置き換えることはできても、部屋の中で起こる出来事は入れ換えられないように、面の一部は交換できても事象は交換できない。(古崎愛子《こざきあいこ》訳)

あるのは生々しい事物に取り囲まれたいまここ、すなわちひとつの生態系であって、抽象的な空間や時間は虚構にすぎないというのです。ギブソンはニュートンを名指しで批判しているわけですが、ニュートンへの反論はカントへの反論です。西洋の哲学的な伝統、すなわち独房主義哲学への反論といってもいい。

ギブソンは感覚という概念など無用だと考えています。感覚は精神と外界を隔てる障壁のようなものであって、だからこそ研究されなければならないと考えられているが、そんなものはデカルト以降の独房主義哲学が考え出した神話にすぎない。感覚のための感覚など存在しない。周囲に気を配りながら、歩き回って果実を見つけ、手に取って、これ、食べられるだろうかと嗅いでみるといったときの聴覚、視覚、触覚、嗅覚というのはすべて、行動と緊密に結びついた感覚、判断するための感覚、すなわち知覚だというのです。

感覚というのは生々しくかつ受動的なもので、独房の主である脳には直接処理できない、それを処理できるようにいわば概念化して脳に与える仕組みを知覚というのだと考え、脳すなわち精神とか意識とかを祀り上げてきたのが西洋近代哲学の伝統ですから、ギブソンの考え方は、繰り返しますが、まさに革命的です。

西洋近代科学が西洋近代哲学と並行して進んできたことはすでに第一章で少し説明しました。デカルトの独房主義哲学は座標幾何学を生み出しましたし、カントの独房主義哲学は、すべてを後天的な経験に帰するロックやヒュームの流儀――生まれたばかりの赤ン坊の心は真っ白すなわち「タブラ・ラサ」という考え方――を批判して、時間と空間の観念だけは先天的に、つまり「ア・プリオリ」にあるじゃないかと大見得を切りました。この時空概念に対して、アインシュタインの相対性理論、ハイゼンベルクの不確定性原理、おまけをつければゲーデルの不完全性定理といったものを、露骨にあるいは密かに引き合いに出して批判を展開し、独自の象徴論や詩学を提示したのがカッシーラーやバシュラール――その先駆がベルクソン――だと考えることができますが、いまはそんなところまで話を広げる必要はありません。

そもそも空間と時間の問題はとても手強く、簡単に決着がつくようなものではありません。すぐれた思想家はそれぞれの地点できわめて鋭く深く切り込んでいるので、簡単な哲学史的な記述など、ほんとうはまったく寄せ付けないのです。

ニュートンへの反論はカントへの反論といいましたが、カントにはニュートン物理学を哲学的に基礎づけようとした面があるわけですからそれも当然といえば当然のことなのですが、しかしニュートンとカントはもちろん同じではありません。読みようによってはギブソンがここで述べていることはカントと矛盾しないともいえるのです。逆に、カントが述べようとしていたことに近いとさえいえます。

カントが空間と時間を論じているのは『純粋理性批判』冒頭の「超越論的感性論」においてですが、空間と時間を感性的直観の純粋形式であると論じています。これは、空間も時間も「経験」抜きに、つまりア・プリオリ、先天的に人間に与えられている形式であって、むしろ経験をそこに容れるものとしてあるのだということになりますが、しかしそれはただ人間にとってのみの「都合のよい神話に過ぎない」と述べているようにも読めるのです。形式は主観的条件ですから、主観の外部ではそんなもの存在しないに等しいのです。

ギブソンがニュートンに帰した時空の考え方——均質に流れてゆく絶対時間——は、現実には、現代の一般的な通念——思考を推し進めるのに便利な通念——であって、時空の起源を数式を用いてひっきりなしに論じている理論物理学者ならいざしらず、たいていの人がもっているイメージです。それが根拠のあるものであろうとなかろうと、地球上の全人類が同じ暦のもと、同じ世界史のもとに動き回っていることは疑いがありません。その時間が天体の動きと関連づけられていることもまた指摘するまでもありません。

漫画『風の谷のナウシカ』の冒頭に置かれた「ユーラシア大陸の西のはずれに発生した産業文明は／数百年のうちに全世界に広まり／巨大産業社会を形成するに至った／大地の富をうばいとり大気をけがし／生命体をも意のままに造り変える巨大産業文明は／1000年後に絶頂期に達し／やがて急激な衰退をむかえることになった」という記述にしても、基本はその通俗的なイメージにしたがっているというべきです。

他方、カントの時空観は、ほんとうはギブソンを上回って奇怪極まりないというか、不気味なものです。「超越論的感性論」第一節「空間について」の末尾を引きます。

……そもそも空間においてで直観されるなにものも事象自体ではなく、空間はなにか事象自体そのものに固有な、事物の形式ではないのである。かえって、私たちには対象自体はまったく知られておらず、私たちが外的対象と名づけるものは、じぶんの感性のたんなる表象にすぎない。その感性の形式が空間なのであって、その感性の真の相関者、すなわち物自体そのものはたほう空間をつうじてまったく認識されず、また認識されることもできない。さらに物自体については、むしろ経験においてはけっして問われることがないのである。（熊野《くまの》純彦《すみひこ》訳）

実際、不気味ですよ、これは。

ギブソン流にいえば、「都合の良い神話」ではない、「都合の悪すぎる神話」とでもいうほかありません。カントの「物自体」というのは、いわば行き止まりのようなものです。ギブソンは、空間そのものは知覚されない、時間そのものは知覚されないというわけですが、カントは物自体、知覚されることがない、考えられもしないというのです。

難問というべきでしょうか。木田元の理性は「神の理性の出張所」という考え方に立てば、だからこそここで神＝理性が登場してくることになるわけですが、同じ問題は、じつはギブソンをも、そして思想的には緊密に響き合うと思われる宮崎をも襲っているのです。

それが漫画『風の谷のナウシカ』であると、私は考えています。

もしも「私たちが汚れそのものだとしたら……」？

アニメーション映画「風の谷のナウシカ」と長期連載漫画『風の谷のナウシカ』はまったく別物です。連載にいたった契機がどうの、物語がどうの、細部がどうのという問題ではありません。本質が違うのです。物語と思考ほどに違う。

映画「風の谷のナウシカ」が、「見ることは飛ぶことであり、飛ぶことこそ自由であることの内実なのだ」という宮崎のすべてのアニメーションを貫く根本的な思想を、自由奔放に表現した作品であることはいうまでもありません。見るものに感動を与えるのは、もちろん先ほど指摘した人間もまた「許されてある生命」のひとつなのだという考え方にほかならないと私は思いますが、それにしても全編を貫く作品のエネルギーが、「見ることは飛ぶことであり、飛ぶことこそ自由であることの内実なのだ」という思想から――というか、ほとんど宮崎の個性といっていいものから――噴出していることは疑いありません。アニメーションはそれを語るにもっともふさわしい器です。

けれど漫画『風の谷のナウシカ』は違います。「見ることは飛ぶことであり、飛ぶことこそ自由であることの内実なのだ」という考え方そのもののなかに根源的な矛盾が潜んでいるのではないか、という疑いが主題になっているからです。

七分冊版の第一冊の最後、トルメキアの第四皇女クシャナの軍のもとに父に代わって馳せ参じたナウシカは、その軍によって滅ぼされたペジテの王子アスベルとともに、戦乱のなか腐海の底に沈み、その底が瘴気《しょうき》のない清浄な空気に満ちていることを知ります。

筋は有名ですから細部の説明は省きます。

ここではその腐海の底で話されるナウシカとアスベルの会話が重要なのです。ナウシカが人間の何倍もある巨大な王蟲と気持ちが通じ合える存在として、つまり話すことができる存在として描かれていることはいうまでもありません。ナウシカとアスベルの会話を戯曲のように書き出してみます。

アスベル「きみはおもしろいことを考えるなあ、腐海の役目か……」

ナウシカ「フッと思いついたの。王蟲の言葉がいまもはっきり耳に残っているわ。「コノ森ハモハヤワレラヲ必要トシテイナイ」。きっと腐海そのものがこの世界を浄化するために生まれたのよ。太古の文明が汚した土から汚れを身体にとりこんで無害な結晶にしてから死んで砂になってしまうんだわ。この腐海の底の空洞はそうしてできたのだと思うの」

アスベル「そうだとするとぼくらは滅びるしかなさそうだな」

ナウシカ「蟲さえ住まない死の世界じゃきれいになってもしょうがない。私たちが汚れそのものだとしたら……」

アニメーション映画「風の谷のナウシカ」では、このナウシカの最後の台詞「私たちが汚れそのものだとしたら……」が省かれています。「腐海の底の空洞はそうしてできたのだと思うの」とナウシカがいったのに対して、アスベルのほうが「蟲さえ住まない死の世界じゃきれいになってもしょうがない」といって、さらに「何千年かかるのかわからないのに瘴気や蟲に怯えて生きるのは無理だよ。せめて腐海をこれ以上広げない方法が必要なんだ」と続けるのです。

それに対してナウシカは「あなたもクシャナと同じようにいうのね」と答え、アスベルが勢い込んで「違う。ぼくらは巨神兵を戦争に使う気なんかない、明日みんなに会えば分かるよ」と応じる。ナウシカは「もう寝ましょ。明日たくさん飛ばなきゃ」と答え、眠りに就く。遠景になって、眠るナウシカに自分の上着を着せかけるアスベル。そういう展開になっています。

漫画では、先に眠るのはアスベルです。「そうだとするとぼくらは滅びるしかなさそうだな」と呟いた後に、「クーッ」と寝入るのです。「蟲さえ住まない死の世界じゃきれいになってもしょうがない。私たちが汚れそのものだとしたら……」というのは、したがって、ナウシカの自問自答になっているのです。映画ではこの「私たちが汚れそのものだとしたら……」という一行だけが拭い去られていることになる。

些細な違いに思えますが、じつは重要です。

ここまでの展開は、映画と漫画の違いはそれほど大きいものではありません。多少、違ってくるのはこの後で、王蟲の大群の前に、傷ついた王蟲の小蟲とともに降り立つというその場面を全編のピークとするために、ある程度の簡略化や、巨神兵の挿入など、さまざまな工夫が凝らされています。映画は漫画の第一分冊、第二分冊の前半までで構成されていますが、以後の漫画の展開を先取りするところもあるのです。とはいえ、映画と漫画の違いということでは、私の考えでは、「私たちが汚れそのものだとしたら……」という一行のあるなしが本質的で、他はそれほど重要ではない。

極論すれば、漫画『風の谷のナウシカ』は、「私たちが汚れそのものだとしたら……」という問いかけのために描かれているのであって、映画「風の谷のナウシカ」はその問いをむしろ逆に覆い隠すように仕上がっているのです。映画は、大筋では、ナウシカの自己犠牲的な精神によって王蟲と人間の和解が成立し、腐海と人間の共存が示唆されて終わると受け取られてもいいように構成されていますが、漫画ではそうではない。問いは棘のように突き刺さっていつまでも抜けないようにできているとさえいっていい。

このことは「私たちが汚れそのものだとしたら……」という問いかけが漫画のなかでは形を変えて繰り返し登場すること——じつは死後の世界の暗示もそのひとつです——からも疑いないと、私は考えています。この問いはそれほど本質的なものを含んでいるのです。映画で問うには重すぎる。とはいえ、映画を外部から支える、少なくともそれを作る宮崎自身を支えるためには不可欠な問いである。そういう仕組みをもっています。

「私たちが汚れそのものだとしたら……」という問いかけが重大なのは、生態学という学問の根底を脅かしかねないところがあるからです。もしも「私たちが汚れそのものだとしたら……」、私たちすなわち人類が絶滅することこそ生態系にとってもっとも良いことになります。人類は早いとこ自滅してほしいという思想です。

この問題は、動物の生態系を考え、そのためには地球温暖化を押し止めなければならないとするその視点は、いったいどこに属しているのだろうか、という問いと同じところに根差しています。問いは、生態系を離れ、それを外から眺める視点から発せられているわけですから、大げさにいえば神の視点から眺められているということになってしまいます。だが、そんなことは可能でしょうか。それこそ許されていることなのでしょうか。生態系を守れと叫ぶ運動家のほうこそ、むしろ神のように思い上がった人類中心主義者にすぎないのではないでしょうか。

三億年前を挟む一億年近くの石炭紀、世界は大森林に覆われ、それがいまや化石燃料となって人類がその恩恵に浴しているのだとすれば、わずか数万年の人類の文明など微々たるものですが、けれどその人類が絶滅して大量の半導体チップを残し、数千万年後、それが新たな知性体のエネルギー源になると考えることも不可能ではない。そういう視点から見ると、生態系という考え方そのものがじつに狭量であるということになります。温暖化によって地球環境が激変したとしても、さらに高度な視点から見れば、出現すべき新たな知性体にとってそれこそ必要な一段階であるのかもしれず、そのことについては人類の関与する余地などまったくないということになるからです。

「いやあ、まいった、まいった。馬鹿には勝てん!」

中島敦《なかじまあつし》という作家が小学校の三年生か四年生だった頃、授業で太陽系もいずれ滅びるという話を聞いて恐怖を覚え、以後、何年間か神経症のようになったということを書いていますが、私もまったく同じような体験をしたことがあります。一九五四年三月、アメリカのビキニ環礁での水爆実験のために第五福竜丸が被曝した事件が連日報道されていた頃、私もちょうど小学校の一年生から二年生に進む時期だったのですが、いずれ近いうちに人類は滅亡するという妄想に取り憑かれて眠れなくなってしまったのです。軽い神経症のようなことになった。

なぜそんなことになったかといえば、その直前に二つの事実を知って強い衝撃を受けたということがあったからだと思います。ひとつは数億年前に恐竜の時代があったが、その恐竜はすべて図体が巨大化したために絶滅してしまったということ——当時はそういう説明もあったのです——、もうひとつは芥川龍之介《あくたがわりゅうのすけ》という頭脳優秀で天才的な小説家が若くして自殺してしまったということ。以上の事実から私は、人類はいずれ頭脳が発達しすぎて自滅するに違いない、原爆も水爆も頭脳の成果にほかならないとすれば、自滅は原水爆によって惹き起こされる可能性が高いと考えるにいたったのです。そこに第五福竜丸の事件が起こって、私は震え上がりました。

小学生の苦悩はもちろん誰からも相手にされませんでしたが、そのために苦悩は内攻して、中学生の頃には、人類は地球にとって癌細胞のようなものに違いないと考えるようになっていました。ナウシカの提起した「私たちが汚れそのものだとしたら……」という考え方にちょっと似ていると思いませんか。

じつは王蟲という生命体の着想そのものにこの問いが潜んでいるといっていい。地球を浄化するために登場した王蟲は自己犠牲の化身のようなものであって、まさにその一点でナウシカと繋がっています。いわば、生命の矛盾——自己犠牲とは矛盾です——の対象化、具象化ですが、とはいえこれは論理の問題であって、倫理の問題などではないのです。

小学生が感じた恐怖は、ほんとうは人類滅亡などから来たものではありません。自分を離れた眼で見ることができるようになったところから来ているのです。人類の死はもちろん、自分の死も、自分から離れて自分を見ることによってしか把握できないのです。死の恐怖というのは自分を対象化してはじめて感じられることなのです。小学校二、三年というのがちょうどそういう時期、自分から離れて自分を見ることによって生じる恐怖に鋭敏になる時期だったのです。

したがって、この問題は具体的に挙げられるイメージとは無関係です。恐怖は論理的なものであって事実的なものではない。重要なのは、この問いが「見ることは飛ぶことであり、飛ぶことこそ自由であることの内実なのだ」の必然的な帰結であるということなのです。つまり、見ることが生命体にとってのっぴきならない知覚になった段階で、生命体はそのことがもたらす矛盾に直面することを運命づけられていたということです。

宮崎もまた運命づけられていたということになる。

見ることは離れるということです。離れて相手の背後に回ること、相手の意図を探ること、つまり相手の身になること——ナウシカならば王蟲の身になること——です。

離れるというのは、対象から身を離すだけではなく、自分自身から離れること、自分自身を離れたところから見ること、つまり他者の眼で見ることです。それこそ「私という現象」の成立にほかなりませんが、そういうことでは視覚を有した生命体にはすべて「私という現象」が基礎的な部分で成立しているのだといっていい。そして、とりわけ人間の場合は、ちょうど小学校二、三年の段階で「私という現象」つまり自分を遠く離れた場所から見るということに習熟してきて、ほとんど恐怖を覚えるほど鋭敏になる。

問題は、それが同時に、自他からともに離れた第三の視点の形成をも意味しているということです。つまり、ひとたび自身の肉体から離れた眼は、それこそ大きく飛翔して、大所高所から俯瞰する眼、地図を描く眼、世界を図式化する眼に転じてしまうということです。それこそカントに倣っていえば、感性的直観——とりわけ視覚——の純粋形式としての空間と時間というべきものです。

その眼、その視点こそ、「私たちが汚れそのものだとしたら……」という、まるで人間以外のものの眼で人間を見ているような言葉を発することを、可能にさせるものなのです。この言葉は漫画『風の谷のナウシカ』の登場人物たちの世界から食み出すだけではない。漫画『風の谷のナウシカ』という作品そのものからさえも食み出しているといっていい。

このことがもつ本質的な意味を知るには、たとえば映画「もののけ姫」の最後の言葉が、宮崎の全作品のなかでも「もっとも食えない男」と評される——つまり敵とも味方ともつかない——登場人物、ジコ坊の「いやあ、まいった、まいった。馬鹿には勝てん!」であることと関連させて考えると良いでしょう【図版4-7】。

映画のなかの最後の言葉なのですから、それだけ重みがあります。

ジコ坊のこの台詞は、直前のアシタカがサンに向かっていう「シシ神は死にはしないよ。生命そのものだから。生と死と、二つとももっているもの。私に生きろといってくれた」と

図版4-7　「もののけ姫」の最後ではジコ坊が「いやあ、まいった、まいった。馬鹿には勝てん！」と。

いう台詞と、それに続いて場面転換した後、エボシ御前がタタラ衆に向かっていう「みんな初めからやり直しだ。ここを良い村にしよう」という台詞を引き継ぐようにして語られます。ですから、「馬鹿には勝てん！」というこの半ば呆れたというような台詞は、アシタカのように生態系を守ろうとする運動家や、エボシ御前のように、あくまでも現実的、合理主義的であろうとする企業家、政治家に向かって放たれているともいえます。ある意味ではカッコいいアシタカやエボシ御前を冷やかしているようにさえ見える。

けれど、そうではない。

作品から食み出ているからです。いわば、登場人物だけではなく、作品そのものをからかっているようなものだからです。この言葉は、つまり、高畑や宮崎、鈴木敏夫といったスタジオジブリの連中、つまり作品の外に向けられているとさえいっていい。

そういう意味では熟考された言葉です。みな、「馬鹿と呼ばれて結構！」と、自己決断した人々なのですから。

そしてそれが可能になった背景には、漫画『風の谷のナウシカ』に埋め込まれ、そこで育まれた「私たちが汚れそのものだとしたら……」という言葉をめぐる考察、長い葛藤が潜んでいるといっていい。だからこそ、映画「風の谷のナウシカ」では使えなかったけれど、映画「もののけ姫」では使えたのです。

「いやあ、まいった、まいった。馬鹿には勝てん！」という語と、「私たちが汚れそのものだとしたら……」という語は、普通ならば並べられるようなものではありません。けれど、ここで並べられるのは、この二つの言葉がともに作品から食み出した次元に位置しているからなのです。「いやあ、まいった、まいった。馬鹿には勝てん！」という語と、「私たちが汚れそのものだとしたら……」という語は、作品の外ということでは、ともに同じ次元に属しているのです。


宮崎は、作品から食み出した言葉、作品についての言葉を、ほかならぬ作品のなかに導入しています。いわゆる自己言及です。どうしてもそうしなければならない、と思ったのでしょう。


それはそこに生命の秘密、言語の秘密が潜んでいると直観したからに違いありません。

本章冒頭でシュンペーターの技術革新と創造的破壊こそが人類史を形成してきたものなのだという思想を紹介しました。技術革新や創造的破壊が惹き起こされるのは、与えられた状況から身を引き離し、新しい眼で事態を眺め直す能力が人間にはあるからなのだ、そういう意味で企業家と芸術家は似ているとも述べました。直立二足歩行によって眼を空中に浮かべたことこそ、最初の技術革新、最初の創造的破壊だったのかもしれないのです。

きわめて興味深いことは、「私たちが汚れそのものだとしたら……」にしても「まいった、まいった。馬鹿には勝てん！」にしても、「与えられた状況から身を引き離し、新しい眼で事態を眺め直す能力」の発揮にほかならないということです。ここには、「私という現象」の謎、言語の謎、「自分を見る眼」を延長してついには「自分を見る神の眼」にいたる人間というものの謎が潜んでいる、ということです。

それにしても、「まいった、まいった。馬鹿には勝てん！」というその「馬鹿」が、エボシ御前のみならず、技術革新に賭ける企業家すべてに向けられているとするならば、これはいわばシュンペーター主義そのものをからかっているとも受け取れるわけで、私としては、少なくとも後期シュンペーターはこの痛烈な「からかい」に応えるだけの思想的営為を積み重ねておくべきだったと痛切に思います。

第五章　恋愛の地平線——「天空の城ラピュタ」

ジェット機版アフリカ各駅停車

三十年ほど前、国際交流基金の仕事でアフリカを旅行したことがあります。ナイジェリア、ガーナ、セネガルという三つの国を訪ねるという非常に貴重な体験をしました。滞在したのはこの順に、ラゴス、アクラ、ダカールというそれぞれの国の首都。対応してくださったのが日本国大使館でしたので、いわば保護された旅行でしたが、個人的にはとても有益で、忘れられない体験がたくさん残りました。

緯度には緯度特有の匂いがあります。赤道には赤道の、極地に近い、たとえばモスクワやペテルブルクといった都市にはその都市特有の、そういう匂いがある。その匂いをもっとも強く感じさせるのは音楽で、アフリカのトーキング・ドラム、東南アジアのガムランは赤道の匂いを感じさせるし、寒冷地の音楽は寒冷地の肌触りを感じさせる。

典型的なのは弦です。チャイコフスキー、シベリウス、ショスタコーヴィチといった作曲家の作品の弦の音には身を切るような寒さを体験した人だけが持つ音というか、響きがある。ビゼーやレスピーギの弦とはちょっと違うんですね。そういうことをたくさん感じたのですが、ここでお伝えしたいのはそういうことではありません。

面白いことに、アフリカ諸国の首都は、旧植民地宗主国の首都と直接に繋がっているんですね。

たとえばナイジェリアの当時の首都ラゴスとガーナの首都アクラは、ロンドンとの間に直行便を持っています。セネガルの首都ダガールはパリと直行便を持っている。ところが、ラゴスとアクラ、アクラとダカールといった、アフリカ諸都市の間にはあまり多くの便はないらしいのです。

各駅停車のことを英語ではローカルといいます。急行はエクスプレス。したがって、アフリカには、ヨーロッパ諸都市との間を結ぶエクスプレスはたくさんあるが、アフリカ諸都市間を結ぶローカルは少ないということになります。三十年前の話です。いまは少し違っているかもしれませんが、おそらく基本的には違っていないのではないか。このことからだけでもアフリカの歴史を実感することになりました。とはいえ、もちろんここでアフリカ現代史について語ろうというわけではありません。

お話ししたいのは、このいわばアフリカン・ローカルに乗ったときの体験です。アクラからダカールに向かったときのことです。アフリカ西岸の諸国家の首都への離着陸を繰り返しながら進んでいくのです。ジェット機ですが、新品でもなければ整備が完璧なわけでもない。たぶんソ連製の、それもお下がりで、離着陸のつど座席備え付けのテーブルが跳ね上がったりもとに戻ったりする。それこそ田舎のおんぼろバスです。

素晴らしかったのは窓からの眺めでした。

ジェット機ですから高度を要するのでしょう、離着陸のそのつど急上昇と急降下を繰り返すのです。たぶんパイロットは軍人出身に違いありません。怖いほどですが、赤道直下、急上昇とともに見えてくるのは、積乱雲が高い峰となり、層を成す雲が平地を作る光景、いわば雲の箱庭だったのです。

息を呑みました。

私は大空にあって雲の地平線を見ていたわけです。水平線は見えないけれど、雄大な雲の光景がそれを忘れさせます。空の上にもうひとつの世界があったと思いました。積乱雲の高い峰の手前には層雲によって形づくられた丘や平原が広がり、さらに手前にはその雲がなだらかに切れるようになって湖がある。身を乗り出して覗き見ると、その底にはほんものの海が、つまり大西洋が、雲の縁からストンと落ちたようになって、青々と見えるのです。

驚嘆しました。

信じられないほどに美しい。この光景を見ることができただけでもアフリカに来て良かった、と思えるほどの輝かしい美しさでした。私は「ブレードランナー」のアンドロイド、ロイ・バッティが朗々と語る「私は見た」から始まるバッティ版「酔いどれ船」を思い出していました。そうだ、宇宙にはこれに勝る輝かしい美しさが満ちているに違いない、と思わずにいられなかった。光景は光と闇ほどに違うけれど、そう思ったのです。これこそ人間が手に入れた飛翔する力なのだ、と。

雲の地平線の美しさに魅了された私は、その底に大西洋を見、さらにあるべき水平線を想像していっそう深く感動していたわけですが、いったいこれは何なのだろう。

宮崎駿のアニメーションが体験させるのは、これと同じ不思議さです。

ギブソンとバシュラールが予言していた？

宮崎ほど地平線の意味を深く理解した映画作家はいないだろうと私は思います。たとえば私がジェット機版アフリカ各駅停車で体験したのと、まったく同じ感動を味わわせてくれるのですから、まさに驚きです。

宮崎は、地平線の不思議さが、じつはそのまま人間の不思議さに直通していることを理解していたのだと、私は思います。

地平線の重大性については、前章で「風の谷のナウシカ」と「風立ちぬ」をめぐって少し触れましたが、地平線の重大性、その不思議さを証言することにおいては、「天空の城ラピュタ」にしても少しも引けを取りません。いや、それ以上といっていい。

「天空の城ラピュタ」というタイトルが映し出されるまでの冒頭の場面を、思い出してください。

光景は夜ですが月夜のように明るく、雲がもこもこと地平線を覆っている。というか、画面いっぱい、そういうもこもこした雲がひとつの光景を形作っているわけです。雲は地平線を形成していない。端的に地平線を隠しているのです。これは、隠れた地平線を探し出そうとする映画なのかもしれない。そう思わせます。

その光景のなかを、小さな羽虫が一匹、飛んでゆくように見えます。が、大写しにされるとそれがじつは海賊船、つまり海賊の飛行船であることが分かる。なんと、船体に海賊のドクロ・マークがしっかり描かれているんですから【図版5－1、5－2】。

ちなみに断っておきますが、宮崎にあっては、空飛ぶものはたいてい飛行機というよりは飛行船に近い。これはおそらく時代考証の問題というよりも──「天空の城ラピュタ」の背景は二十世紀初頭のようです──、飛行船のほうが、より人間的だからだと私は思います。

これはとても重要なことです。宮崎は飛行というものが、全身的かつ全感覚的な行為でなければならないと思っている。登場人物だけではなく、城や飛行機や飛行船にまで自分自身が乗り移っているように見えるところから、それが分かります。いわば、それらに憑依《ひょうい》して飛行を体感しようとしているのです。宮崎の描く飛行機が人間的に見えるのは当然というべきでしょう。人間的飛行物体のあるなしに合わせて、時代が選ばれているとさえいっていい。

じつはここにもお話しすべきことがたくさんあるのですが、いまは我慢しなければなりません。私は小学生の頃から絵を描くのが好きで、太平洋戦争直後の子供のつねで、せっせと飛行機や軍艦の絵を描いていました。零戦や戦艦大和《やまと》の類です。描くというより写真の模写のようなものですが、同じように日本や西洋の城の絵も描いていた。そして高校生くらいになって、それが自分なりの自我の形成に関係があったのだと気づいたのです。零戦や戦艦大和や城の絵は、外界に緊張して身構える自分の姿だったのだ、と。

宮崎のアニメーションを見ていると、どうしても当時のことが思い浮かんでしまう。そして、この作家はじつは、アニメーションによって、とても誠実に自身の自我の形成を持続してきたのではないか、と思ってしまうのです。「天空の城ラピュタ」の城も、「ハウルの動く城」の城も、宮崎自身の姿なのではないか、と。ラピュタの城もハウルの城も、宮崎自身の自己像だと思えばいい。二つの映画の最後の場面を比べてください。形態がとても似ているでしょ。これはその他のさまざまな飛行物体にしても同じです。

でもそれはまた別の話です。いずれ優れた精神分析家が分析してくれるでしょう。

ここでは「天空の城ラピュタ」の話を続けなければなりません。

図版5-1　いっぱいの雲のなかを、羽虫が飛んでゆくように海賊の飛行船が航行。

図版5-2　船体には海賊のドクロ・マークが描かれている。

さて、その海賊船の真下に、海賊船に比べればはるかに大きな飛行船が発見されて、海賊たちはやる気満々、次々にボートのような小型飛行機に分乗してそれを急襲します。飛行船のほうでは囚われの少女シータが船窓からいささか悲壮な面持ちで外を見ていますが、海賊襲来の機に乗じて、見張っていた私服の特務機関大佐ムスカから青い石のペンダントを奪い、驚くことに船窓から船外に脱出します。飛行機というよりは飛行船に近いから可能に見える——それだって怖い——わけですが、外壁の突起に摑まって別室に逃れようとする。ところが、海賊に見つかってしまう。捕まりそうになった瞬間、シータは窓の手すりから手を離してしまいます。落下。海賊の女頭目ドーラが叫びます。

「しまった、飛行石が！」

この飛行石のためにこそ、海賊がこの船を襲ったことが分かる瞬間です。シータがムスカから奪って手許に置いたペンダントこそ、その飛行石だったのだ、と。

夜の雲の下へと落ちてゆくシータ。シータが見えなくなって映し出されるのは、冒頭と同じ雲の地平です。地平線を隠す分厚い雲【図版5-3、5-4】。

一瞬、その光景が消え、やや古めかしい西洋中世風の茶褐色の絵が入って、「天空の城ラピュタ」というタイトルが映し出されます。続いて古風な動画。左上に、ボッティチェリの名画『ヴィーナスの誕生』にも登場するゼフィロスを思わせる風神——なぜか女神に見えます——が実際に息を、つまり風を吹き出しているのが、何とも芸が細かい。雲の次には風というわけです。そして、西洋近世あるいは近代の、鉱山の情景を思わせる茶褐色の絵柄が、不思議な飛行物体や戦車などとともに、動画となって続きます。坑道の絵柄など、出典があるに違いありませんが、いまは触れる余裕がありません。

タイトルの後に続くキャスト、スタッフの白抜き文字の告知が「原作・脚本・監督　宮崎駿」で終わると、動画は直前の、夜の雲のあいだを落下してゆくシータの姿を、再び映し出します。落下するなか、飛行石のペンダントが青白い炎を噴き出すように輝きはじめ、気を

図版5-3　シータは手すりから手を離し落下。

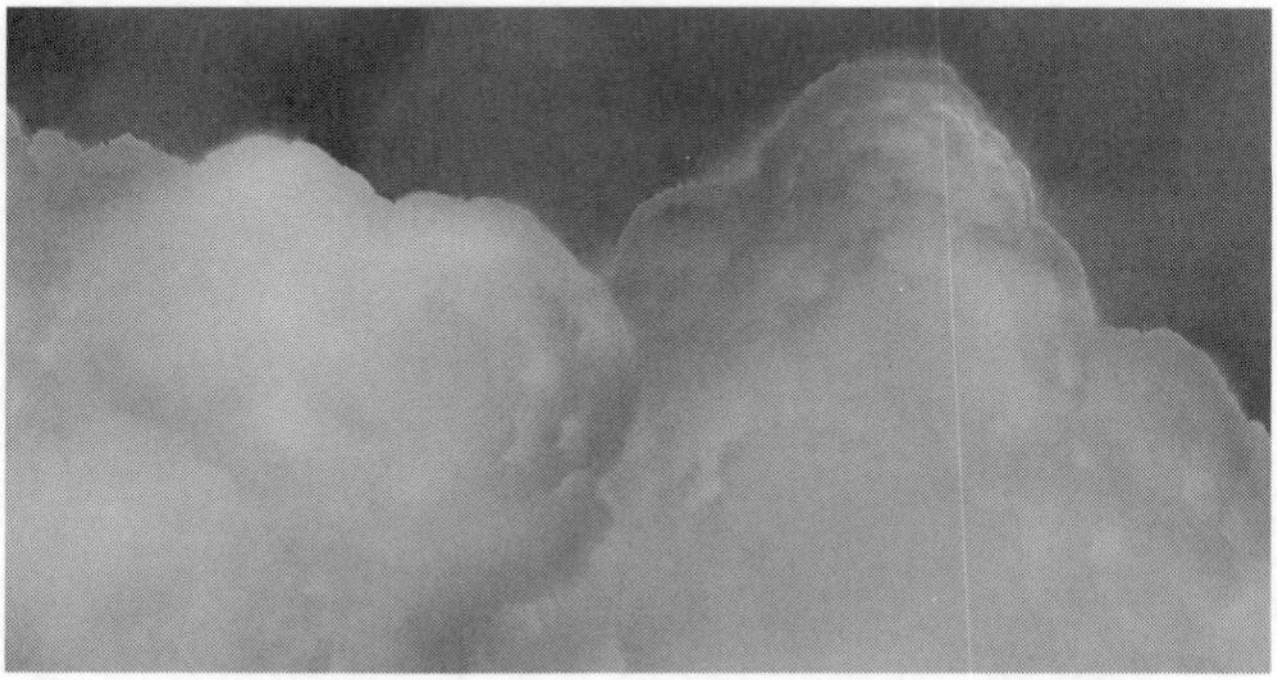
図版5-4　シータが見えなくなって映し出されるのは、冒頭と同じ雲の地平。

失ったままのシータを包み込んで、その姿が、垂直な落下から体を横にした緩やかな降下へと変わってゆく様子が映し出されます。あたかもそこだけが地球の重力から免れてでもいるかのように【図版5－5、5－6】。

海賊の女頭目ドーラが思わず叫んだのはこの石のことだったのか、すごい力だな、こんな石があったらほんとにいいだろうな、と思わせずにはおきません。人類の飛翔への願望が結晶して宝石になったようなものです。落ちていく先は、タイトル・バックとなった鉱山町のようです。

ほら、さんざめく夜の町の光景がもう見えるではありませんか。

これはやはり天才的というほかない展開です。

アクション映画の手法を見事に生かしている――ほとんど最盛期の「007」シリーズに匹敵しますし、それ自体が十分に考察に値することなのですが――それだけではない。出だしのこの展開からだけでも、この映画が、ジェームズ・ギブソンが打ち出した地平線という問題、バシュラールが打ち出した大気、水、火、大地という四大の精霊の問題に、見事に呼応していることは歴然としています。ギブソンの水平に対するに、バシュラールの垂直。まったく驚きを禁じ得ない。天空を支えるのは地下であり、この二つは地平線によって隔てられ、そして繋がっている。宮崎はその仕組みを、わずか数分の動画の冒頭で観客の脳髄に叩き込んでしまう！

しかも、落下する少女が地下にまでいたる必然は、もう疑いようもありません。少女はまぐれで、鉱山町で働く健気《けなげ》な少年パズーのもとに落ちてくるわけではない。パズーとともに鉱山の奥深くに達すべく落ちてくるのです【次ページ図版5－7】。彼女の胸には飛行石が輝いているのですから。飛翔の夢は地下の鉱石によって叶えられる、と言っているようなものです。事実、少年と少女は、じつはともに孤児なのですが、やがて地下のさまよい人といっていいポムじいの洞窟で、輝く石の星座を目にするのです。

図版5-5　落下するなか、飛行石のペンダントが青白い炎を噴き出すように輝きはじめる。

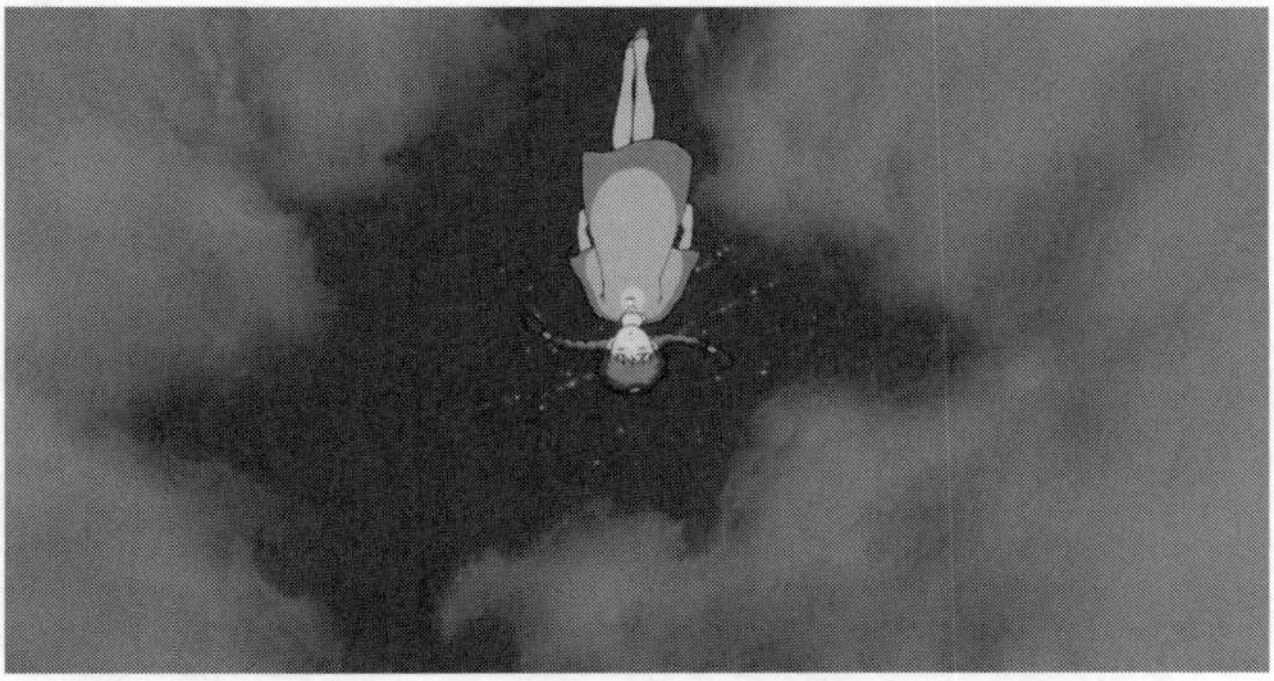

図版5-6　シータの姿は、垂直な落下から体を横にした緩やかな降下へと変わってゆく。

図版5-7　シータはパズーとともに鉱山の奥深くに達すべく落ちてくる。

地の底に輝く星座！

まるで、バシュラールの「物質的想像力」の見本ではありませんか。古今東西の傑作を渉猟したバシュラールの詩学が、そのままアニメーションになったようなものです。あるいは、バシュラールは先回りして宮崎駿の解説を書いていたようなものです。『大地と意志の夢想』や『大地と休息の夢想』を見てください。たとえば「われわれは雲と岩との間で想像的価値が交換されるちょうど中心地帯にいるのだ」（及川《おいかわ》馥《かおる》訳）と、バシュラールは『大地と意志の夢想』のなかに書きつけているのです。第七章「岩石」の一節。以下、第八章「石化の夢想」、第九章「金属化と鉱物化」、第十章「結晶体　透明な夢想」と続きますが、言葉からだけでも、宮崎の世界が広がってゆく気がしてくるではありませんか。

人は、やがて登場することになる作品の解説を、先回りして書いておくことだってできるのです。こういうことが起こる人間の歴史には感動するほかありません。地平線も星座もほんとうは人間が、生態系と折り合い、さらにはそれから食み出すべく発明したものですが、宮崎はそういうバシュラールやギブソンと同じ地平に立っているのです。

宮崎はおそらくバシュラールやギブソンのことなど考えもしなかったでしょう。仄聞《そくぶん》するところでは、たぶんまったく知らなかっただろうと思います。けれどバシュラールやギブソンが全力で考え抜いた現代の思想的課題を、想像力と感受性によってほとんど直接的に作品化していることは疑いようがない。

あまりにも符合しすぎているからです。

ということは、宮崎がバシュラールやギブソンと同じ問題を、突き詰めるほどに深く考えていた、あるいは深く感じていた、ということを意味しています。

恋愛の地平線――「天空の城ラピュタ」

人は、見る、見回す、そして振り返る。

これは、人間は自身の地平を確認し、背後の地平をも視野に入れたうえで、大地に立っているということです。いわば地平線によって見守られていることをつねに確認しているということ、それが自己という現象、私という現象なのです。当たり前のことですが、そういうかたちでしか人間は存続してゆくことができない。

ですから、飛行船の窓から見えた少女シータの不安は、囚われたものの不安であると同時に地平線から切り離されたものの不安でもある。その不安がシータの落下によって現実のものになるわけですが、しかしほかならぬ飛行石が落下を降下に、つまりは浮遊に変えることで、そのシータに大いなる猶予を与える。

図版5-8　パズーはシータを両手で受け止める。パズーにとってはシータが地平線。

猶予、すなわちここでは地平線を探し出すための猶予です。そのシータの探索行ともいうべき猶予をともに担うのが、天から落ちてきたこの少女を、文字通り両手で受け止めることになる少年パズーにほかなりません【図版5－8】。鉱山で働く少年パズーは、自分の地平線を見つけようとするシータを助ける相棒であり、ほんとはシータの地平線そのものなのです。もちろん、パズーにとってはシータが地平線。

いうまでもなくこれは比喩ですが、地平線にはそういう比喩へと誘わずにおかない要素が、確実にあるのです。

地平線も、愛も、同じように、支えるもの、許すものだからです。そう考えてはじめて、なぜ冒頭が地平線を覆う雲の光景ではじまり、物語が展開するとともに地下に潜り、ついには、天空の城という、地平線の失われた空間において、大活劇が繰り広げられることになるのか、よく理解できます。まるで、二人は互いに互いの地平線であることを発見するために、地平線の失われた空間を旅していたようなものなのです。

これはしたがって、すごい恋愛劇です。物語の最後、シータとパズーの二人が、ともに死を覚悟してムスカ大佐に決然と対峙し、声を揃えてラピュタの滅びの言葉「バルス」を唱える場面は、だからこそ感動的なわけです。悪を滅ぼすために二人は、生命をともに捧げようというのですから。「バルス」を唱えるまでのわずか数秒のあいだの、シータの瞳の変化が素晴らしいのは当然です【図版5－9、5－10】。不安、驚き、歓び、信頼、愛、そして決意が、

図版5-9　シータの瞳の変化が素晴らしい。最初は二つの白い星。

図版5-10　数秒のうちに瞳の二つの白い星が三つへと変化。

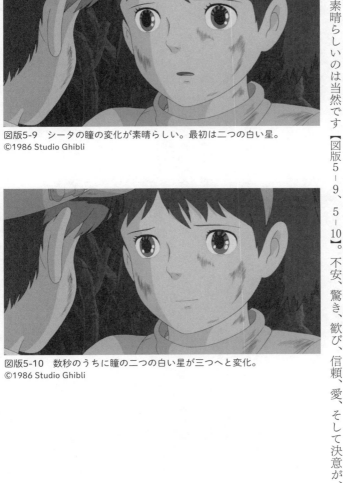

わずか数秒の、瞳に描かれた二つの、そしてやがて三つになる白い星のかすかな震え、ほんとにかすかな「うるうる」によって、描かれ尽くされている。

ムスカに銃口を向けられたまま、シータのもとに駆け寄るために三分間の猶予を求めたパズーは、シータと思い切り抱き合った後に、「シータ、落ち着いてよく聞くんだ。あの言葉を教えて。ぼくも一緒に言う。ぼくの左手に手をのせて」という。左手に輝く青いペンダント。ともに死のうというのですから、これはもう、最高の愛の告白です。先のシータの瞳の描写は、このパズーの言葉の後の、シータの無言の、しかし溢れるばかりの感情を表現しているのですが、バレエの用語でいえば、ここはもう、完璧なコリオグラフィー（振付）で、表情のみならず、二人の一挙手一投足が素晴らしい舞踊になっています。いずれ触れるつもりですが、宮崎は天才的なコリオグラファー（振付家）です。

これは、ああ、シータとパズーは、互いに互いの地平線であることを理解したんだと、見るものが確信する瞬間で、なんと、背後にはかすかに主題歌の旋律がハミングで聞こえるではありませんか。

二人の恋愛の機微をもっともよく理解するのが、海賊の女頭目ドーラであるのも、まことに心憎い。はじめは敵だったのがいつのまにか仲間になって、要所要所で、シータの女心をパズーに解説する役目を担ってしまうのも、じつに巧みな展開だと思います。ドーラの表情も、文字通り最初から最後まで、じつに的確で見応えがあります。シータを見て、自分の娘時代を思い出すよ、と呟くドーラに、え、シータもママみたいになるの？ と訊き返す海賊の息子たちの場面もまた、秀逸です。自由の基本とは視点を変える自由なんだ、ということがとてもよく分かる。

自由と笑いの仕組みは似ているのです。

それにしても滅びの言葉「バルス」を唱える直前、飛行石と天空の城を所有することで全人類を支配しようとするムスカに向かってシータが放つ言葉は、有名すぎて引用するのが気恥ずかしくなるほどですが、この文脈においてやはり引用しないわけにはいきません。なかでも記憶に残るのは、「いまは、ラピュタがなぜ滅びたのか、私、よく分かる。ゴンドアの谷の歌にあるもの」に続く、その歌の引用です。歌わずに語るという設定もいい。それこそ片山杜秀ふうに気取っていえば、シェーンベルクがこだわったシュプレヒゲザング（話す歌）とでもいうところです。

土に根をおろし、風とともに生きよう
種とともに冬を越え、鳥とともに春を歌おう

シータの台詞はさらに「どんなに恐ろしい武器を持っても、たくさんの可哀想なロボットを操っても、土から離れては生きられないのよ」と続きます。

地平線こそ人間を生かすものなのだ。

シータは、そう宣言しているようなものではありませんか。

これらのすべてが、ほかならぬ大地から切り離された天空の城ラピュタにおいて語られることが、効果を倍加していることは指摘するまでもありません。シータのこの語りの直前、

図版5-11　床が抜けることの不安は、地平線が存在していないことの不安と重なっている。

軍制上はムスカの上司である将軍閣下の率いる大軍勢が、ムスカの策略によって、ラピュタから雪崩《なだれ》を打つように落下してゆく場面があるのですから、なおさらです。空中にあることの不安は、とりわけこの将軍閣下とその周辺の兵士たちが、床が大きく開いて空中へと落下してゆくそのさまによって、もっともよく表わされています【図版5－11】。床が抜けることの不安は、地平線が存在していないことの不安と重なっているのです。

だからこそ、シータとパズーの二人が声を合わせて滅びの言葉「バルス」を唱えたことで空中要塞ラピュタが崩壊し、森と庭園だけが巨大な飛行石によって天高く昇ることになったその後にはじめて、真の地平線がまさに悠然と姿を現わすことになるわけです。

地平線はそれまでにも逃亡＝追跡劇のなかで描かれなかったわけではありません。しかし、地平線そのものとして姿を現わすのはこの段階においてなのです。

ちなみにいえば、ル＝グウィンの『ゲド戦記』には、地平線への問いというかたちではありませんが、人間存在への垂直な問いというかたちで、それに対応するものがあります。

『ゲド戦記』の第一巻「影との戦い」の、その影が垂直な問いの実質です。ゲドは最初から、自身の内部に影を秘めた存在、たんなる善人とはいえない、いわば悪者として描かれている。それは、宮崎の作品でいえば、「もののけ姫」のアシタカや、「ハウルの動く城」のハウルの、自らの意志を裏切ってまでも、力あるものへと変容してゆこうとする皮膚の姿、痣《あざ》や羽毛として描かれているものです。

影に苦しめられるのは、ゲドもアシタカもハウルも同じなのです。後に触れますが、宮崎は、影への問いから、地平線への問いへと照準を移してゆきます。それが、漫画『風の谷のナウシカ』から、アニメ「天空の城ラピュタ」へ、さらに「ハウルの動く城」へと移行する過程です。大空を背景に物語を展開したいと願う以上、当然のことです。

私には、「天空の城ラピュタ」から「ハウルの動く城」への展開は、恋愛劇の深化ということにおいて、ほとんど奇跡的な達成に思われます。その過程で、地平線の内面化が、完璧に果たされているからです。「ハウルの動く城」にいたって、影への問いと地平線への問いが融合する、あるいは影への問いが地平線への問いに包含されるにいたる、といっていい。

そういうことを考えさせるところが、ル＝グウィンや宮崎にはあるのです。

「天空の城ラピュタ」の物語は、飛行石が端的にそうですが、荒唐無稽です。けれど、非常にリアリティがある。たんなる寓意ではなく現実そのものに思えます。たとえば、飛行石すなわち科学技術力、と考えるのは少しも荒唐無稽ではありません。飛行石の科学技術力によって世界を制覇しようとするムスカの思想も、それを否定し、地平線に許されてある人間をこそ肯定しようとするシータの思想も、現在ただいまの世界の現実にそのまま当てはめることができるものです。アニメが封切られた一九八六年以上に、コロナ・ウイルスに制覇され米中戦争が取り沙汰されるまでにいたった二〇二一年の現在に、いっそうよく当てはまるといっていいほどです。

けれどそれが「天空の城ラピュタ」のリアリティではない。リアリティは、シータやパズーやその他の登場人物の心情のリアリティ、ああ、この心情の機微は現実にありうると思わせるところから来ています。それは基本的には、つねに地平線を確認せずにはいられない寄る辺ない人間の心そのものに、途方もない現実性があるということです。それは寓意ではありません。人間の現実そのままです。

地平線はどんなふうに姿を現わすか

真の地平線が悠然と姿を現わす「天空の城ラピュタ」の最後の場面に話を戻します。

シータとパズーが滅びの言葉を唱えたために、ラピュタは崩壊します。兵士に捕縛された縄を密かに切るというパズーの機転によって、崩壊直前に城から抜け出すことができたドーラをはじめとする海賊一味は、ラピュタ崩壊とともにシータも滅んだのだと思って嘆きますが、そこに、グライダーに乗ったシータとパズーが現われます。二人はもともとそのグライダーに乗ってラピュタに飛来したのですが、グライダーも二人も、ラピュタに纏いつくようにして成長した樹木の根に庇護されて助かったのです。

海賊たちは、襲撃用ボートともいうべき軽飛行機四機に分乗し、横一列になって二人を歓呼とともに迎えるわけですが、この横一列になった海賊たちがまず絵柄として地平線を暗示します【図版5－12】。ドーラと海賊たちこそ、シータとパズーという二人組を育てた地平線にほかならなかったのだということが分かる。

そしてそれに続いて真の地平線が姿を現わすのです【図版5－13】。空中要塞ラピュタの残

図版5-12　横一列の海賊たちが地平線を暗示。ドーラと海賊たちこそ、シータとパズーを育てた地平線だった。

図版5-13　夕陽を受けた雲のあいだから、広々とした地平線が姿を現わす。

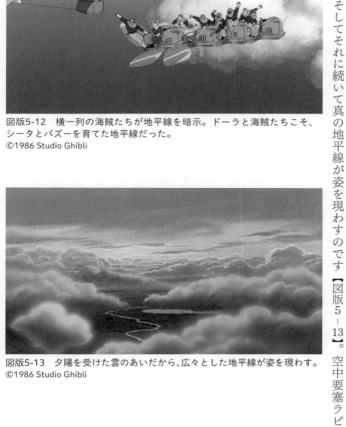

骸が海へと落ちるそのさまがまず海の水平線を暗示し、その水平線が横並びになった海賊たちに重なり、その海賊たちの横一列になったところにシータとパズーのグライダーが飛来する、という展開です。この地平線の変容はじつに巧みです。

海賊たちがわずかではあれちゃっかりラピュタから宝石類を持ち帰っていたという愉快な挿話もあって、物語は大団円となるわけですが、シータとパズーのグライダーがその海賊たちに別れを告げる瞬間にはじめて、地平線がまさに地平線として姿を現わすのです。それも、いまや暮れゆこうとする夕陽を受けた雲のあいだから、いかにも地球の海、地球の大陸、地球の平原らしい、じつに広々とした地平線が見えてくるという趣向です。

風を受けて地平線の雲のなかに消えてゆくグライダー。でも、雲は疑いなく地平線に支えられて浮かんでいる。映画冒頭の場面とはまったく違います。

冒頭、旋律だけが奏でられ、滅びの言葉が発せられるときにはハミングだけが聞こえてきた主題歌が、いまやはじめて歌詞つきで歌われます。宮崎駿作詞、久石譲作曲の『君をのせて』。ジブリの音楽については、もう一冊、本を書く必要があるほどなのですが、ここで歌詞を引用しないわけにはいきません。

〽あの地平線　輝くのは
どこかに君を　かくしているから
たくさんの灯《ひ》が　なつかしいのは
あのどれかひとつに　君がいるから

さあ　でかけよう　ひときれのパン
ナイフ　ランプ　かばんにつめこんで

〽父さんが残した　熱い想い
母さんがくれた　あのまなざし
地球はまわる　君をかくして
輝く瞳　きらめく灯《ともしび》
地球はまわる　君をのせて
いつかきっと出会う　ぼくらをのせて

終わろうとしている物語の全体を思い返すに、じつに適切な歌詞といわざるをえません。それにしても、宮崎がこの詞において、この映画の主題がじつは「地平線」だったんだと、のっけから宣言していることには驚くほかありません。

しかもそれは、「君をかくしているから」だ、というのです。

ギブソンにしてみれば、わずか十数行のなかに、地平線と遮蔽縁という二つの重要な主題が明示されていると思うことでしょう。バシュラールにしても同じ。地平線は空と大地を示唆しますが、鞄に詰め込まれる「ひときれのパン、ナイフ、ランプ」は、この四大の精霊の詩論家にとっても、とても親しいものであることは疑いを入れません。

崩壊する天空の城、それがそのまま二人の地平線の発見であったことはいうまでもありま

図版5-14　海賊たちが宝石類を取り出すという「いないいないばあ」と似たしぐさ。

せん。

地平線こそ恋愛の核心をなすものだったのです。

地平線を確認するということは、地平線を隠しているもの、遮蔽しているものは何か、をも計算に入れるということです。もこもこした雲の向こうにはいったい何があるのだろう、というように。実際、それこそ幼児が「いないいないばあ」に激しく反応する理由だといっていい。

「天空の城ラピュタ」の最後、無事再会したドーラに抱きしめられたシータが「おばさま、痛い」というと、ドーラが胸に隠した大きな宝石四個を取り出し、「情けないじゃないか、さんざん苦労して、これっぽかしさ」という。するとみんなも宝石類を取り出して掲げて見せる【図版5－14】。この何気ない展開にも、「いないいないばあ」と似たようなものがあります。だからこそ、みんなはまるで子供のように笑い、そしてその笑顔のままに別れてゆく。

無駄な場面はひとつもないのです。

何かは何かを隠しているかもしれない。隠しているかもしれないものをすべて取り去って、最後に見えてくるのが地平であり、地平線であり、水平線です。これこそ、人間の条件なのです。それを見出すこと。

もちろん、地平線、水平線の向こうに何かが隠されているかもしれません。二十万年前に誕生した現生人類が、おそらくは八万年前から五万年前にかけて東アフリカを出て、アラビアのインド洋岸から東南アジアへと適応放散してゆく原動力になったのは、そういう好奇心だったのかもしれないと思わせます。

図版5-15　ラピュタの滅びる時、ムスカはまず、眼が見えなくなった。

地平線を発明したのは人間の視覚である

無駄な場面はひとつもないといえば、ラピュタ中心部に置かれた巨大な飛行石が、シータとパズーによって唱えられた滅びの言葉「バルス」に反応して、轟音とともに強烈な閃光を発したその瞬間の場面もまたそうです。シータとパズーが樹木のもつれあう根のほうへと吹っ飛ぶと同時に、同じ衝撃を受けたムスカ大佐が両手で顔を覆って、

「ああ、眼が、眼が」

と叫ぶ場面です【図版5－15】。人類の独裁者になるはずのムスカは、ラピュタが滅びる瞬間、まず、眼が見えなくなる

のです。そして、樹木の根に守られることもなく、滅んでゆく。宮崎がこの場面を見逃してほしくないと思っていたことは、いかに悪役とはいえ、よろめきながら周囲をまさぐるそのムスカに、同じ言葉を繰り返し絶叫させていることからも分かります。「眼が、眼が」と特定の器官を連呼する以上、たんに勧善懲悪の思想にのっとってムスカに罰を与えたというようなことではありえない。

宮崎がこの場面を絶対に必要としたことは疑いありません。

この場面が重要なのは、地平線を発明したのが人間の視覚であることを明示しているからです。これは、ムスカが地平線を獲得する可能性そのものを失ったことを示している。

地平線を発明したなどといえば、驚かれるでしょう。いぶかしく思われるでしょう。顰蹙《ひんしゅく》さえ買うかもしれません。眼のあるなしにかかわらず地平線はあるではないかといわれそうです。かりに人間の視覚がかかわるにしても、それは発見であって、発明ではありえないといわれるかもしれません。

でも、そうでしょうか。

もちろん、あらゆる動物が周囲を確認します。が、垂直に立ち上がって周囲を見回し、天地の境界線を確認したうえで、足下を見るのは、人間だけではないでしょうか。他の動物はそこまでは必要としないのではないか。さらにいえば、地平線を必要とするのは人間だけではないのか。

この事実にこだわるのは、地平線なるものが、前章の最後に触れた、『風の谷のナウシカ』のナウシカの言葉「私たちが汚れそのものだとしたら……」、あるいは「もののけ姫」

の最後の言葉「いやあ、まいった、まいった。馬鹿には勝てん！」といった台詞が提起した問題に、直接的にかかわってくるからです。これらの台詞は作品世界から食み出してしまっているわけですが、それが重要なのは、人間が「地平線的存在」であることを示唆しているからです。

地平線がどんなふうに人間に登場してくるか、後にもう少し詳しく説明したいと思いますが、ここではとりあえず、地平線とは近くにあるものではない、ということを指摘するだけでいいでしょう。視覚にだけ許されてあるとはそういうことです。地平線は、触ること味わうこと嗅ぐことはもちろん、聞くことさえできません。見ることしかできない。

地平線は遠い。

それは距離の無限遠点を示唆する。

人は、遠い地平線を確認し、自身の世界の広さを引き受ける、あるいは広い世界に許されてある自分自身を自覚する。ここで重要なのは、地平線の遠さ、世界の広さは、自分の眼の高さによって決まってくるということです。だからこそ人は木に登り、櫓を築くのです。

地平線を発明したのは人間の視覚だというのはそういうことです。

人は木に登り、櫓を築くだけではない。塔を建て、さらには飛行をさえ企てるのです。飛行機の前身は騎兵だと述べたのは司馬遼太郎《しばりようたろう》ですが、騎乗すなわち馬に乗ることが地平線の拡張を意味し、その拡張が戦術の有利不利を決定することは指摘するまでもありません。望遠鏡も双眼鏡も、地平線を拡張するために発明されたのです。

たったこれだけの事実からだけでも、地平線がじつは人間の視覚によって発明されたものであることが想像できます。それだけではない。人間が地平線を発明したのは、まさにそれを乗り越えるためだったのだ、ということも想像できます。

人間は地平線的存在なのだということはそういうことです。人間とは、世界食《は》み出し存在なのだ。視覚は人間に、世界から食み出すきっかけを与えたのだといってもいい。そして、食み出したにもかかわらず大地に繋がっていようとして、人間は「地平線」を発明したのだ。

先回りしていえば、地平線を発明しそれを乗り越えること、それこそ視覚に潜んでいた能力であり、その能力を対象化し眼に見えるかたちにしたのが人間の言語なのではないかと、私は考えています。そして興味深いことに、宮崎のアニメーションはつねにこの問いを含みこんでいて、それが作品に素晴らしい奥行きを与えているのです。

「天空の城ラピュタ」のなかの、無駄な場面はひとつもないその例を、もうひとつ挙げます。それは最後の、シータとパズーのグライダーが地平線遠くに去り、オーケストラの奏でる旋律に乗って井上《いのうえ》あずみが主題歌『君をのせて』を歌いはじめる場面です。「〽あの地平線　輝くのは」で夕日に輝く雲の向こうにグライダーが消え、「〽どこかに君を　かくしているから」で群青の宇宙空間にまで達したラピュタの光景に切り替わるのですが、その瞬間、巨大飛行石に押し上げられて、いまや地球の弧が六十度ほどにも見えようかという高度にまで達したラピュタの背後を、不思議な星がすっと流れてゆくのです【図版5－16】。

それは環を持つ星、土星です。ラピュタはいまやほとんど盆栽のように見えるのですが、その頭部をかすめるように土星が過ぎてゆく。眼下には、六十度の弧を描くにしては凸凹しすぎる山々を持った地球が見える。デフォルメされた地球と、巨大なブロッコリーのようなラピュタと、小さく可愛らしい土星。キャストとスタッフの名が続くその間、地球はまわり、ラピュタは昇り、土星は過ぎる。一瞬、流れ星が横切る。

こんなことはありえない。

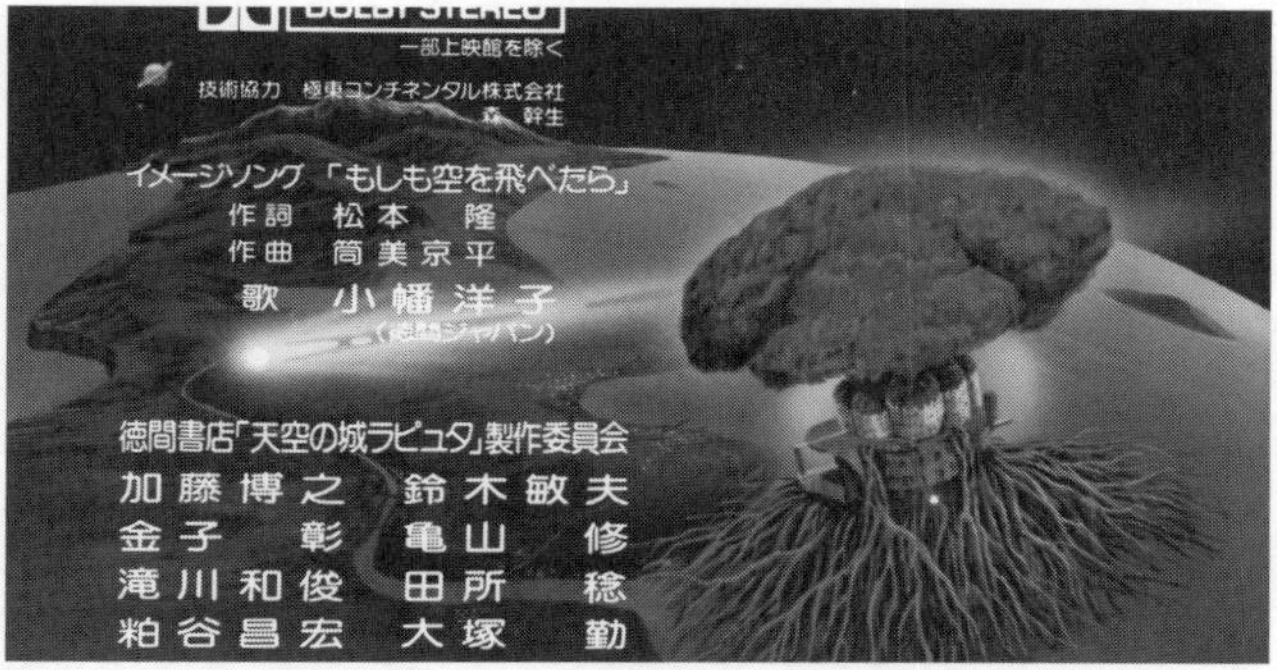

図版5-16　昇っていくラピュタの背後を土星が過ぎ、そして流れ星が横切る。

もちろん宮崎とそのスタッフのちょっとした悪戯心《いたずらごころ》にすぎないでしょう。でも、その悪戯心って何だろう。私にはそれは、このお話も、無数にある天体のなかのひとつの星で起こったちょっとした出来事にすぎないんですよ、というメッセージに受け取れます。そしてまた、地平線はいまや円い地球の弧にすぎない、人間はもはや宇宙の地平線を考えなければならないところまで来ているんですよ、というメッセージにも受け取れます。地平線をめぐるシータとパズーの物語の最後に付されたこの場面は、物語そのものを相対化するに十分な力を持っています。

主題歌『君をのせて』は、物語を思い出させ、感慨にふけらせますが、同時に、そこから引き離し、遠い眼で世界を、たとえばこの「天空の城ラピュタ」という物語をも、眺めさせもするのです。それは、ナウシカの「私たちが汚れそのものだとしたら……」、ジコ坊の「いやあ、まいった、まいった。馬鹿には勝てん！」といった台詞に、秘かに拮抗《きつこう》しているのです。

ここで起こっていることは距離の魔術です。地平線とは地球の弧であり、その弧は上昇するにしたがって円に近づくという事実、それは距離の魔術です。

重要なことは、距離もまた地平線と同じように人間の視覚によって発明されたということ。発見ではなく発明であるのは、距離もまた視覚によってはじめて客観化されることになるからです。だからこそ膨大な製作費をかけることで競い合うハリウッド映画は、これでもか、これでもかといわんばかりに広大な地平線を見せる映画を作る。エキストラの数で勝負するのは、映画「ロード・オブ・ザ・リング」がその典型ですが、俯瞰するカメラがより広い地平線を描くことになるからであり、その広さがエキストラの数で倍加して見えるからです。

人間は地平線を見るのが好きなのです。

地平線を眺めおろす快楽が、そのまま飛翔の快楽であることは、繰り返すまでもありません。宇宙空間に達したラピュタは、あるいはハリウッド映画に対するアイロニカルな賞賛なのかもしれません。確かに、ラピュタの背後をかすめる土星の姿には、どこかジコ坊を思わせるものがあります。

ここで、距離と地平線についてざっとお話ししなければなりません。

距離と地平線の発明が人間を人間にした

カンブリア紀に眼が誕生し、動物が一気に多様化したことは、第三章でお話ししました。

眼の誕生が動物を陸に導いたことはいうまでもありません。海のなかより陸の上のほうがよく見えるからです。水より空気のほうが視覚には有利なのです。しかも一足も二足も早く陸に上がっていた植物が酸素をも十分に用意していた。そして酸素に充ちた大気のなか、陸に上がった動物のその視覚が発達し、やがて地平線を発明する動物すなわち人間が登場します。それはほとんど覚醒といっていいものだったと思います。距離と地平線が同時に発明されたのですから。

聴覚、嗅覚、味覚、触覚にも地平があります。知覚できる範囲がある。それこそユクスキュルが発見したものです。けれど、地平線ではない。地平線はただ視覚にのみ許されてあるものです。

それは具象的であると同時に抽象的であり、感覚的であると同時に概念的です。ということは、抽象も概念も、視覚を通して人間に訪れたということです。逆にいえば、ただ人間だけが視覚を、抽象や概念を発見し発明する手段にすることに成功したということを物語っているのだと、私は考えています。これこそ「見えるものと見えないもの」(メルロ゠ポンティ)の起点にほかなりません。

以上は概略にすぎませんが、ここでとても重要なことは、このようにして形成された人間の地平線は、視覚によって画定されるけれども、視覚だけのものではないということです。聴覚、嗅覚、味覚、触覚もまたその地平線を得て安定する。視覚はいわば、聴覚、嗅覚、味覚、触覚をも秩序づけている、そういう役割を担っているわけで、これは別に諸知覚つまり五感の上下関係ということではなく、それらが最終的に空間的に秩序づけられることによって、内と外もまた対応関係を持って秩序づけられてゆく、そういう関係としてあったということです。

視覚の登場によって、聴覚も、嗅覚も、味覚も、触覚も明確に位置づけられ意味づけられ、旧に倍する働きをするようになったと思えば分かりやすい。世界が視覚によって、図式化され、空間化され、構造化されたのです。それは同時に文字化された——たとえば飛行石のペンダントに刻まれた文字——、少なくともその可能性を持ったということだ、と私は思っています。

聴覚記号は視覚記号なしには構造化されえなかっただろうと私は考えています。視覚に障害があっても、このことは変わりません。テーブルの上の料理の配置を、アナログ時計の長針短針の位置関係で説明されて難なく理解する盲者の例を考えてください。そのようなものとして構造化された以上、視覚障害がかりにあっても、世界が視覚的に空間化されたことを前提に、諸感覚、諸知覚のすべてが進んでゆくのです。その秩序がそのまま言語の秩序に反映されているのだと、私は思っています。ヘレン・ケラーの例が圧倒的な力で迫ってくるのはそのためだと思います。

視覚は空間を、ひとつの組織だった対象、ひとつの仕組みに変えたわけですが、それは逆にいえば、すべての知覚を、世界という空間の仕組みに見合うように配置し終え、全体を、ギブソン風にいえばプロウプリオセプションすなわち「自己受容運動知覚」(辞書にはまだないようですが、一般に、固有感覚、深部感覚とも訳されているようです)の対象として捉え直した、それに対して身構え終えたということになるわけですが、そこで、諸知覚のなかでも最後に登場した視覚が要《かなめ》の位置を占めることになったのは、ただ視覚だけが見返されることのできるものとして容易に把握されえたからだと私は思います。これが自己というものの起点なのだと思う。

人は見返されることによってはじめて見返すと思えばいい。人ははじめから、見ている相手、見返されている相手に似たものとして自己を把握するのだと思えばいい。だからこそ「もののけ姫」として知られるサンは自分を「山犬」と見なす。自分を育てた、つまり見守ってきた「山犬」に自分自身を見たわけで、そういう設定を素直にうべなう観客を思えば、誰もがそれを人間的真実として疑っていないことが分かります。

見る、見られるは普通のことですが、聞く、聞かれる、嗅ぐ、嗅がれる、味わう、味わわれる、触る、触られるというように、対象との関係が、いわば次第に曖昧になってゆきます。どっちが触っているの、どっちが触られているの、というように、です。

見る、見られるは違います。どっちが見ているの、見られているの、で混乱することはない。見ることにおいて主体と客体が明瞭になるのは、そこではじめて距離が歴然と対象化されるからです。それは見比べることができるようになったということです。ものを並べて見て、長さを比べ、大きさを比べる。どちらが長く、どちらが大きいか、それが誰の眼にも同じように見える——つまり客観的に見える——ことが明らかになったということです。測定されうるもの、数値化されうるものになったということは、そういうことです。

人間は視覚によって、視覚の自覚によって、世界から切り離されたというのはそういうことです。

視覚によってはじめて距離が――それこそ主観的にも客観的にも――明確になり、見ている対象の眼から自分を見返すということ――彼我が入れ替え可能であるということ――が普通のこと、いや、必要不可欠のことになったということ、視覚によって空間が客観的なものになったということは、そういうことです。

見ることにおいて主体と客体が明瞭になっただけではない、それは同時に、主体と客体が入れ替え可能であって、入れ替えの可能性がなければそんな発見など無意味だ、ということも明らかになったのです。

動物がつねに、追う、追われる関係、見る、見られる関係にあることはいうまでもありません。それこそ動物の条件です。人間はその条件を極点にまで追いつめることで距離という客観性を発見したのだといってもいい。跳び越えられる距離を測ることによって、洞窟や河川との位置関係で住処を設定するというように、です。そしてその客観性はただ、自分は誰でもありうる、誰もが自分でありうるという事実、自他は入れ替え可能であるという事実によって裏打ちされている。そういうものとしての距離の発明がそのまま言語の発明の基盤になったのだ、と私は思います。

もっと実感的なかたちでいえば、人間は見ることを徹底することによって、新しい空間に目覚めた。人間を世界から切り離した視覚、その視覚によって現前することになった新しい世界、新しい空間は、はじめ、凄まじい恐怖として人間の前に立ち現れたのだと、私は思います。言語はそれに対抗する手段、つまり、いわば呪術として、魔法として登場したのだと、私は思います。いや、言語はそのまま呪術であり魔法であったのだとさえいっていい。

空中に浮かぶ「第三の眼」、そして死

世界がよそよそしく恐ろしい空間に変わってしまった。シータではないけれど、異空間に連れ去られるようなものです。

いや、それ以上に恐ろしいのは、自分は誰でもありうる、誰もが自分でありうるという、眩暈《めまい》にも似た感覚だっただろうと思います。そうでなければ、まるで「これが自分だ」と言い聞かせるように自分で自分を傷つける、あるいは人が自分を傷つけるのを認めるような、つまり刺青のようなことはしなかったと思う。自他の入れ替わりが可能になるためには、空中に浮かぶ「第三の眼」——私の考えではギブソンのいうプロウプリオセプションすなわち「自己受容運動知覚」を外在化つまり具体的に眼に見えるようにしたもの——を必要としますが、この浮遊感覚、つまり自分はいわば誰でもないという宙に浮いたような感覚は、恐ろしいものだっただろうと思います。

それは、手持ちカメラで撮影した映像が船酔いに似たものを感じさせるのに似ています。普段の生活では船酔いなど感じません。現実の床は揺れていないのですから、これは三半規管の働きではありません。そうではなく、自分のいる空間を三次元的な概念空間として把握し、そのなかのどこに自分が位置しているか、「第三の眼」から眺めているため感じないのです。手持ちカメラと同じようにブレるはずの視野も、その概念空間のなかに位置づけられているからブレないのです。動くものが動かないものに結びつけられている。そう考えなけ

れば船酔いが感じられない理由が分からない。鉄棒やあん馬で自在に回転できるのは、この「第三の眼」がしっかりと固定されているからです。宮崎は伊達に主人公の女の子たちに何度も逆立ちさせているわけではないのです。「第三の眼」がなければそんなことはできない。世阿弥《ぜあみ》のいう「離見の見《りけんのけん》」は誰でも持っているのです。

同じ問題が、距離と地平線が発明された段階、つまり人間的空間、概念空間が発明された段階でも起こったのだと私は思います。この新しい空間の与えた恐怖は凄まじかったと思う。

溺れるものは藁をも摑むといいますが、それが道具としての手の発見に繫がったのだと私は思う。猿は手でものを摑む。鳥も足でものを摑む。けれど、手と指を、ものを指す道具として、次にはものを数える道具として使った——つまり何よりもまず自分の手そのものをものと見なした——のは、人間が最初だったし、いまのところ、最後だったのだと私は思います。見比べてそれが一対一に対応することに気づき、その事実は誰の眼にも明らかであること、すなわちものは数えることができるという客観的な事実であることに気づいたとき、人は、抽象という次元、概念という次元を発見し、発明した。これはつまり、人間が、人間的客観性——要するに「第三の眼」——にもとづいた概念空間のなかに住まいはじめたということです。発見、発明というのは、それを対象化したということ、眼に見え、頭に思い描くことができるものにしたということです。だからこそ住まうこともできたのです。

この客観的事実としての概念空間というのは文字通り恐ろしい力を発揮しはじめます。客観的な大きさを持つ事物、客観的な遠さを持つ距離だけではない。客観的な事実としての記憶をもその空間に引き入れるからです。前回と同じことを繰り返す、昨日と同じことを繰り返す、昨年と同じことを繰り返すというときのその同じことが、誰にとっても同じこと、すなわち集団にとっての事実として認識されるようになるからです。家族が共同体へと離陸する瞬間だと、私には思われます。

でも、もっとも恐ろしい力とは死です。

死の観念です。

自分は誰にでもなれること、逆にいえば誰もが自分になれることが、客観性の基盤だといいました。そしてそれが文字通り恐ろしい力を発揮することになるといいました。それはどういうことかといえば、自分もまたいずれ死者になることを意味するということです。いずれ死ぬだろうことを意味する。これは眼前に迫った死、すなわち地震、雷、火事、洪水、あるいは恐ろしい動物の接近といった具体的な死の恐怖とは違います。そんなものは我を忘れて絶叫していれば過ぎる。

想像された死は、想像を絶する。死を体験したものはいないからです。死は誰も体験しえない。意識の持続は自明だが、意識の消滅は自明ではない。自分には自分は死なないとしか思えないのです。だからこそ、もやもやとした不安として身近にあり続ける。ところが、先に述べた「第三の眼」は絶対に消滅しない。当然です。それは生命体ではなく、生命体とは別個に存在しているからです。だけど自分の身体は老い衰えいずれ死ぬ。この矛盾は大昔だけではない、いま現在も人間を苦しめる矛盾です。理屈に合わないのです。昔流行した実存主義ふうにいえば、「不条理」です。

生命体とは別個に存在している「第三の眼」が実在に等しい力を発揮しはじめることで、社会が存在し、歴史が存在するようになった。ここでは詳しく述べる余裕がありませんが、ラカンが象徴界といい、ポパーが世界3と呼ぶような次元の成立です。ほかならぬその矛盾を中心に社会が、歴史が成立し、そのほうが実在として人間の世界を形成するようになったということです。たとえば「現実が許さない」というときのその現実は、物理的現実であるよりも、歴史的現実、社会的現実——たとえば金がないとか——であることのほうが多く、そんなものはほんとうは幻想にすぎない。誰もが知っているにもかかわらず、その幻想のほうがいわゆる人間的現実というものになってしまうわけです。

これが、人間が魂の次元を実感するようになった経緯だと、私は思います。自分とは魂の次元のことなのだ。そして魂はどのようなものにも乗り移ることができる。つまり空を飛ぶことができる。魂のイメージが古今東西ほとんど変わらないことに注意すべきです。

視覚による距離の発明から死という不条理の発見までは、原理的には一直線です。それはすべて同時に起こったと考えることができます。

放恣《ほうし》な想像力と科学の客観性は同時に起こったと考えなければなりません。非合理と合理は連れ立って現れるのです。飛翔の夢と距離の数値化は一緒に現われたのです。

この距離という条件が数値化されることによって、いまやミサイルまで登場することになるわけですが、それは地平を拡大する人間の性癖の現われのほんの一例にすぎません。このいわば人間的矛盾もまた、宮崎の重要な主題のひとつであることはいうまでもありません。宮崎が、戦争すなわちさまざまな戦いを描かざるを得ないのは、それがもっとも端的に、数値化された距離とその意味を明らかにするからです。

ちなみに、漫画『風の谷のナウシカ』と小説『ゲド戦記』の大きな違いのひとつは、死についての考え方にあります。

ここでは手短にいうほかありませんが、宮崎の漫画においては、死は明瞭にひとつのイデオロギーすなわち虚偽意識、幻想として描かれています。実在する世界、実在する社会を安定させるための、あるいは安定させるはずの幻想として、いわば批判的に描かれている。イデオロギーである以上、それは見せかけの安定のもとに負の働きをするかもしれないのです。ところが、ル＝グウィンの小説では死は幻想ではない。負の働きをするかもしれないけれど、イデオロギーではない。それはほとんど古代日本神話の黄泉《よみ》の国と似たようなものとして描かれ、地平線の果てにではあっても同じ地平に、幻想ではなく、まさに実在するものとして描かれている。

興味深いのは宮崎の、死はイデオロギーである、という考え方です。

それはほとんど麻薬のように諦め——脱力——へと誘う甘美なものとして描かれている。驚嘆します。アニメーション「風の谷のナウシカ」にも、小さな王蟲を放そうとしない幼いナウシカが父母の幻影に叱責される場面に死は色濃く漂っています。幼児の歌声が響く印象的な場面です。死に抗《あらが》うこと、「生きよ」という指示に従うこと、それが宮崎の根本的な思想ですが、それを際立たせるべく、死の誘惑はいたるところに描かれている。否定されるべきもの、けれど甘美なものとして描かれている。

管見では、死はイデオロギーであると明瞭に打ち出した作家はほかにいないのではないか。死の国を描いた作家は無数にあります。夢や幻想として描いた作家も無数にいる。けれどイデオロギーとして描いた作家は、私はきわめて珍しいと思います。いかなる社会、いかなる文明も、死のイメージ、死後の世界のイメージを持つが、それはつねにイデオロギーとして機能している、と断言している作家はほとんど皆無ではないでしょうか。私にはこれが、宮崎のル＝グウィンに対するひとつの返答だと思われます。

これは重要な問題ですので、後に再び触れなければならないかもしれませんが、漫画『風の谷のナウシカ』七分冊版の第七冊、トルメキア軍と土鬼《ドルク》軍の憎悪を仲裁しようとして騎士ユパが倒れ、トルメキアの皇子二人と疲労困憊したナウシカを乗せた巨神兵オーマが、死したキツネリス・テトを埋めるべき場所に着地したそこが、典型的な死の空間、死の宮殿になっています。詳細は省きますが、そこでトルメキアの皇子二人——準主人公ともいうべき皇女クシャナに比べると凡庸な敵役にすぎない二人——が、巨大な図書室に入って膨大な楽譜を発見し、狂喜します。

「ここは失われたはずの音楽と文学の宝庫です」

「人間が創り出した音楽のすべての記録が、火の七日間を避けて、ここに保存されていたのです」

「まったく素晴しい」

無心にピアノを連弾する二人の皇子の姿はまるで楽園そのものですが、ナウシカはこの涅《ね》槃《はん》のような場所に漂う不穏なもの、不気味なものを見逃しません。これは人間の生の現実から眼を背けさせるひとつの仕掛けではないか、と疑うのです。マルクスというよりは、フォイエルバッハの『死と不死について』あるいは『キリスト教の本質』に近い考え方です。見逃してならないことは、しかし、宮崎がここで、死のイデオロギーを示すために、図書館の比喩を使い、音楽の比喩を使っているということです。「失われたはずの音楽と文学の宝庫」という語は「失われたはずの漫画とアニメーションの宝庫」という語にたやすく置き換えられることに注意してください。

表現とは畢竟《ひっきょう》、死の問題ではないか、それは生からの逸脱ではないかという問いは、宮崎自身にも鋭く突き刺さっているわけですが、それは進化の途上で「第三の眼」を持ってしまった人間、持たざるをえなかった人間を、不可避的に訪れる問いにほかなりません。世界食み出し存在になってしまった人間の条件、というより、端的に言語の条件にほかならない。ひとつの命題はその命題を発したものにまず当てはまるという問題、自己言及の問題です。すべてが入れ子型の構造をもってしまう。

その仕組みの代表が死の問題なのです。

死の問題にこういう決着をつけた――というよりは開かれた問いのかたちに置き直した――後に、宮崎はむしろ自己の問題に向かいます。それが巨神兵であり、自身の身体を新しいものに着替えてゆく土鬼の神聖皇帝であり、「墓所の主」という不可思議な生命体です。ル＝グウィンは影を通して自己の問題を考えていますが、宮崎は人造人間を通して自己の問題を考えるようになります。

その昔、J・D・バナールの『宇宙・肉体・悪魔――理性的精神の敵について』を読んで、亡くなった天才たちの脳を繋ぐ巨大人工頭脳の着想に呆れたことがありますが、しかしコンピュータが意識を持つ話は枚挙にいとまがありません。いまでもレイ・カーツワイルのように『スピリチュアル・マシーン』すなわち自身の脳の機能をそっくりそのままコンピュータに移すことで不老不死を考える人がいないわけではありません。

自己とは何かという問いをこのような文脈で考えてゆくことが、宮崎に続くアニメーターによって引き継がれたことはいうまでもありません。けれど、宮崎には脳と身体とりわけ知覚器官は緊密に連携していて、厳密には切り離しえないと考えているところがあります。

私もそう考えています。とはいえこれは軽々には語りえないことです。それが漫画『風の谷のナウシカ』が結末を開いたかたちで終わっている理由だと思いますが、この問題についてはしかし、「ハウルの動く城」のようなかたちで応えることもできたわけで、現に宮崎はそういう方向へと向かったように見えます。

乳児にとっては「母」こそが世界の地平

視野が入れ替え可能だということは、母子関係を考えることによって、より実感的に理解できます。それは、私たちはものを考えるときに自己を起点に考えるけれど、その起点ははじつは母親だったのではないか、と考えてみることです。つまり自己とははじめから、一個の他者だったということです。というより、一個の関係だったといったほうがいいかもしれません。

この考え方は、前章で述べたデカルトの出発点である「自己」に対する疑いとして登場します。

母は乳児の段階から子に話しかけます。それも他人に話しかけるというよりは、子の立場に立って、つまり子になったつもりで話すのです。何々ちゃんは何々が好きだもんね、という母の言葉を、子がそのまま「何々ちゃんは何々が好きだもん」と反復するのが、言葉のはじまりです。ということは、子を演じている母を反復して演じられたその子の役を引き受けるのが自己の起点だということになります。まず母が子になり、子になったその母を模倣し反復することによって、子が子になる。実体的なものはどこにもない。いわば、演じられたものを引き受けて演じ返すのが自己という現象だということになる。他者との関係を内在化させることが自己という現象なのだ、と。

これは、人間ははじめから「入れ子構造」になっている、ということです。

この事態は、とても興味深いことに、「ハウルの動く城」のなかの、火の悪魔カルシファーがハウルに、何度も悪魔のかたちをとっていると人間の姿に戻れなくなってしまうと忠告する場面に、すごくよく表現されています。人間は、引き受けて演じているうちに、演じている当のものになってしまう存在だということですが、魔法使いの場合はそれが極めて具体的に示されることになるわけです。魔法で繰り返しイヌになったりタカになったりしていると、イヌやタカになったまま元の身に戻れなくなってしまうぞ、というわけですから。同じ考えはル＝グウィンの『ゲド戦記』のなかでもしばしば述べられています。

人は躾《しつけ》で決まる、教育とは恐ろしいものだ、とはよくいったものです。

もちろん、これは母の眼が内部に繰り込まれるというのは便宜的な表現であって、母というよりは養育者、保育者といったほうがより正確でしょう。けれど、誰かが母と同じ役割を果たすことに変わりはありません。そうでなければ乳児は死んでしまいます。自己が他者を媒介に自己を形成すること、そこで入れ替え可能性を身体的な次元で会得しなければならないこと、それにあたっては「第三の眼」が決定的に介在すること、そのことに変わりはありません。

興味深いことは、この段階ですでに地平線の萌芽が見られることです。授乳されている育児にとっては母こそが世界の地平にほかなりません。乳房をまさぐって乳を呑むことはその地平を確認すること、その地平から見られた自分を自分として確認することであり、それがすなわち知覚運動だということになります。それこそギブソンのいう「自己受容運動知覚」の実践ということになります。距離の発明も、地平線の発明も、この原初的な行為の延長上に成立しているということになる。

まず、母が子の視点に立って世界を眺め、その眺めを自己のものとして引き受けるかたちで、子が自己になってゆく。

乳児は乳を呑むことによって、つまり地平を知覚することによって、自己を形成しているといってもよい。人はつねに地平に見返されているわけですが、それこそ人間的快感の最たるものなのだ、と、地平線の専門家ともいうべき宮崎はいつでも囁《ささや》いているように私には思われます。地平との戯れこそが自己という運動なのだ、自己は不動の実体などではない、と。

前章でギブソンを紹介したなかで、ダニエル・デネットの『心の進化を解明する』を引いて、デネットはアフォーダンスを支持しながらもギブソンに批判的であるむね触れましたが、それは主にデネットがギブソンもまた視覚優位であると断じていることを指しています。乱暴な言い方をあえてすれば、視覚優位とは、男性優位、西洋優位、白人優位そのほか、無意識のうちに自分の都合のいいものを中心に考える、そういう批判されるべき考え方のひとつだと思われている。デネットもそういう文脈で使っている。

これまでの記述を読むと、私もまた事態を視覚優位のもとに述べているように見えるかもしれませんが、そうではない。諸感覚のなかでただ視覚だけが共通の基盤としての空間という位相を提起しえたということであって、それは優位とか劣位とかの問題ではありません。ここでは詳しく触れるわけにはいきませんが、それはポパーやゴンブリッチに友人として影響を与えた思想家——そして経済学者でもある——ハイエクが探究した『感覚秩序』（原題『ザ・センサリ・オーダー』）の問題にほかなりません。邦訳に解説を寄せている西山《にしやま》千明《あき》は『知覚秩序』の訳語を妥当としていますが、私もそう思います。

ハイエクが論じているのは神経組織において階層性がどのように発生してきたかという問題ですが、観念の世界が実在へと転化する機微——経済がその典型——が神経組織のありようすなわち物理現象にもともと根差していることを論証したものです。重要なのはハイエクがポパーの世界3概念に先行してその基礎づけをしているということです。視覚に重点を置いていませんが、しばしば共感覚を問題にしています。黄色い声、苦い響きといって誰も怪しまないのは諸感覚が同根であることを示唆しているわけですが、具体例を取り上げてゆくと視覚に行き着きます。

視点を変えれば歴然としてくることなのですが、ほんとうはこの視点を変えるということ――先にいいましたがそれが自由です――が視覚によってはじめて可能になったということの重大性こそが、問題とされるべきことなのです。経済とはほんらい視点を変えることが利益すなわち価値を生むということの発見にほかなりません。シュンペーターのいう新結合も技術革新も視点を変えることなのです。聴点を変える、嗅点を変えるなどとは誰もいわない。見方を変えるに匹敵するのは考え方を変えるという言い方だけでしょう。

興味深いことは、メルロ＝ポンティの『知覚の現象学』が一九四五年、ギブソンの『視覚ワールドの知覚』が一九五〇年、ハイエクの『感覚秩序』が一九五二年と、接近方法こそ違え、同じ主題を追究する本がほぼ時を同じくして刊行されているということです。本書冒頭で触れたゴンブリッチの『芸術と幻影』は一九六〇年。いずれも、大局的には、視覚を頂点として諸知覚が体系化されてゆくその秩序を、環境すなわち生態との関係から捉えようとする試みです。知覚は生命体に備わっているというよりは、外部世界すなわち物理現象との関係によって形成されてきたとする考え方が共通しています。知覚を扱いながら、彼らはみな人間の政治経済社会文化の基礎を探求していたのです。

人間的な感覚秩序はただ視覚によってのみ可能になったのだというのが私の考え方で、おそらくギブソンもそう考えていたと思います。知覚に優劣をつけて面白がっているわけではない。距離を客観的なものとして測ることができるようになったということは、自分を離れて世界を見るということ、自分の眼を自分から切り離すことであり、見るという行為を自立させたということにほかなりません。

この一種の離れ業なしに空間の観念および概念は成立しえません。そして、空間概念を形成したこの一種の離れ業こそが、言語を可能にしたのだと私は思っています。あらゆる言語において能動と受動が根幹をなす理由です。誰もが私だ、私は誰でもありうるということ、私はあなたであり、あなたは私であるという交換可能性なしに言語は言語でありえません。この眩暈を覚えるほどの飛躍が、空間概念を可能にしたのだと私は思う。

逆にいえば、そういう空間概念が言語を発明させずにはおかなかったのだ。なぜなら、繰り返しますが、怖かったからです。新しい空間が広大なひろがりとして見知らぬかたちで現われた、それは豊かさをもたらしますが、それ以上に恐怖と不安をもたらします。当たり前のことです。何が潜んでいるか分からない広がりが、距離の概念とともに、以前の数十倍、数百倍にもなったわけですから。

死だけではありません。距離の概念は無限の概念をもたらさずにおかなかったと考えれば、この恐怖が具体的に実感できます。地平線は、近づけば遠ざかるもの、すなわち無限遠点として把握されたのですから。

この恐怖に満ちた空間において、言語がまずお呪《まじな》いとして登場したことは間違いないだろうと私は思います。話し言葉としてではありません。大地や樹木や石や棒に刻まれた印として登場しただろうと思います。いまここにこのようにしている自分という現象をしっかりとそこに止めるものとして登場した。それこそ芸術表現の最初の姿だったと私は思う。自分を鎮めるお呪いが、他人を鎮めるお呪いにもなったのです。

くどいようですが、これは重要なことなのです。

宮崎がなぜ魔法使いにこだわるかの理由といっていい。

測ることができる距離は、同時に、測れない距離すなわち無限をもたらしますが、それだけが恐怖や不安を与えるわけではない。むしろ、誰にとってもそれは同じだという交換可能性のほうが、恐怖や不安を与えたに違いない。誰が測っても同じだということは、君の足幅で測っても私の足幅で測っても同じだということであり、その長さをこの棒の長さで測ることもできるということと同じことです。この、いわば便利さの裏面に張り付いている、私は誰でもありうるという事実こそ、お呪いとしての固有名詞すなわち自分の名を発明させた当のものだろうと、私は思います。

それこそ、ル＝グウィンの『ゲド戦記』に登場する魔法使いたちが真《しん》の名にこだわる理由にほかなりません。ル＝グウィンの母シオドーラ・クローバーが書いた民俗学の名著『イシ』において、北米最後の野生インディアンといわれたイシが、ついには自身の真の名を明かさなかった、それが理由なのだと私は思います。イシとは彼の部族において人間という意味だったのです。

真の名を明かさないのは、しかし、これはもちろん少しも珍しいことではない。私たちは、清少納言《せいしょうなごん》や紫式部《むらさきしきぶ》のほんとうの名を知りません。清少納言や紫式部は、父兄の役職名を借りた仇名のようなものでした。真の名を明かすことは、明かした相手に身を委ねることに等しかったのです。彼らは真の名を教えることを忌避した。名にはそれだけ魔術的な力があると考えられていたのです。

名だけではない。言語そのものが呪術的な力を持つと考えられていた。それも、つい数百年前までは、そういうものと思われていたのです。いや、いまだってそうでしょう。プラカードもポスターも、それに類するものだと私は思います。あるいは国家権力の個人情報収集に関していまや国際的に騒がれていますが、根本においては同じことです。それは、あなたの生命の全体が何ものかによって所有されるということなのですから。

デネットは、言語学者ビッカートンの『アダムのことば――いかに人間は言語を作り、いかに言語は人間を作ったか』を引いて言語の起源を論じたりもしていますが、残念なことに、デネットやビッカートンたちの基本には言語はコミュニケーションだという考え方があります。しかし、これはチョムスキーが力説していることですが、言語はコミュニケーションのために発生したのではない、その側面がかりにあるにしても、その働きは付随的に生じただけなのです。私はチョムスキーの考え方のほうが圧倒的に正しいと思う。

私は長くビッカートンは優れた言語学者だと思っていました。人に先んじてピジン・イングリッシュとクレオールの関係に注目し、人間は与えられた素材すなわち文法構造の崩壊したような混血言語からでさえ、整合性を持った新たな文法構造をたやすく生成できるという事実を発見した学者です。これはチョムスキーの考え方と背反しません。でも、ある段階から人類学的かつ社会学的な言語観へと移行し、ついには摩訶不思議《まかふしぎ》な言語起源論を発表するに及んで、首を傾《かし》げてしまいました。

現生人類はその初期において猛獣の食い残した屍肉《しにく》をあさっていたが、猛獣が獲物を倒した現場を見た人間が、仲間にそれを告げ知らせるために言語を必要としたというのです。威嚇して猛獣を追い払うにはたくさんの仲間を呼んでこなければならないからです。デネットはこれを、ビッカートンは蜜蜂のサイン言語を言語起源説に援用したのだと見ていますが、私は啞然としました。コミュニケーションを最初から前提にしているからです。けれど、コミュニケーションは事後的に与えられた概念にすぎません。

もちろん、言語はコミュニケーションの役に立ちます。けれどそれは、自分が自分に何を考えているのかを教えるための、つまり自己コミュニケーションとしてであって、いわゆるコミュニケーションに役立つものと見なされたのは、あくまでもそのはるか後であったと、私は考えます。これは年代的に跡づけてどうのこうのという問題ではありません。現にいま、そのようなものとして使われていると考えていい。

人は、自分自身に語りかけ、自分自身を励ますために言葉を使っている、そのほうが圧倒的に多いと、私は思います。あらゆる文学、あらゆる芸術は、自分自身との必死の対話にほかなりません。だからこそ、人は感動するのです。人は、作り手といわれるその作者の自分自身の領域に乗り移って、それと同じ感動を味わっているのです。

宮崎駿の話から離れているわけではありません。次章では、このような問題こそ、「ハウルの動く城」の背景をなしているのだということをお話ししたいと思います。

ハウルには三人の母がいるというお話です。

第六章　地平線と火の接吻の物語——「ハウルの動く城」

母から地平線へ、地平線から母へ

距離も地平線も人間の視覚が発明したのだと、前章でお話ししました。そう考えてはじめて、「天空の城ラピュタ」から「ハウルの動く城」へといたる過程が、恋愛の地平線の、完璧な内面化であることがよく分かるのだ、と。

というより、地平線を発明することによって、人間は内面世界を手に入れることができた、つまりその地平線を頭脳空間のなかで拡張、拡大する――たとえば想像し欲望する――ことによって、異次元ともいうべき内面空間を作り上げ、人類は文化そして文明を手にすることになった。宮崎駿の「天空の城ラピュタ」から「ハウルの動く城」への過程はそのことを浮き彫りにしている、といったほうがいいかもしれません。その過程をたどり直すことが、じつはそのまま地平線というものの謎を解いてゆくことになっているのだ、と。

実際、距離と地平線というのは、考えれば考えるほど、不思議なものであることが分かります。

たとえば地平線は、見ることも指差すこともできるけれど、触ることも摑むこともできません。実体ではないのです。物理的な対象ではない。それは近づけば遠ざかり、遠ざかればついてくる。いわば蜃気楼《しんきろう》のようなものですが、しかし、主観的ではなく客観的なものです。眼が不自由な人とさえ共有できる概念であり、共同体を形成するうえで決定的な役割を果たしています。

もちろん国境とか村境とかを意味するわけではない。そういう要素――つまり異国や異境という要素――もないわけではないけれど、地平線はむしろ、概念としては「無限」にきわめて近い。というか、地平線を発明するということは「無限」を発明することだったのではないかと、私は思っています。

地平線は概念として「無限」に近く、距離は概念として「零」に近い。距離は測られなければ意味がありませんが、測るためのその基点はつねに零として認識されます。どこかに零という定点がなければ距離は測れません。でも、その基点、すなわち「いまここにこのようにしてあるわたし」なるものが、「零」すなわち「無」、「存在しないもの」として認識されるということは、考えてみればとても不思議なことです。近づけばつねに遠ざかる無限と同じほどに不思議なことで、それは前章でお話しした「私という現象」は「第三の眼」がなければ成立しえないという事実と似ています。

こうして、距離と地平線の発見、零と無限の発見が数学を可能にしたという仕組みと、「私という現象」の仕組みは、ほんとうは同じ事態の表裏なのではないかという問題が浮上してくることになります。

数学という論理体系が発明されるためには零と無限という文学概念が不可欠だったということと、私という概念が発明されるためには距離と地平線が不可欠だったということとは同じことです。発明とはいっても、もちろん恣意的なものではありません。物理的な世界と対応している。零と無限のどちらも、じつは物理的世界と対応するために発明されたものであり、だからこそ誰から見てもそうだという客観性をもっています。

私はこの全体が、外的世界に対する内的世界、すなわち内面性の発明なのだと考えています。この内的世界が拡張し、拡大して、いわゆる文化や文明が形成されるのだと考えている。内面性というと、人それぞれの内側だと思われるけれど、そうではなく、それはまず人間の幻想というか、人類的規模の——とはいえ原型は三人で十分なのですが——幻想の発明なのであって、その後にその基盤の上に、諸個人、人それぞれという幻想の次元が出来てくるんだと考えています。

詩人・吉田《よしだ》一穂《いっすい》に「母」という詩があります。一九二六年の第一詩集『海の聖母』の巻頭に掲げられたものです。

あゝ麗はしい距離《デスタンス》、
つねに遠のいてゆく風景……

悲しみの彼方、母への、
捜り打つ夜半の最弱音《ピアニッシモ》。

この詩の美質を最初に見抜いたのは北原白秋だといわれていますが、さすがです。二行二連からなる短詩ですが、母と地平線の関係を鮮やかに描き出しています。遠ざかるものはつねに美しい。母はその代表です。成長するとは、母のもとを離れてゆくこと、なのですから。

その「悲しみ」が「哀しみ」であり、「愛《かな》しみ」であることは指摘するまでもありません。真夜中、手探りで密かにひっそりとピアノの鍵盤に手を触れる、それが母への「愛しみ」のかたちなのです。そういうかたちで「つねに遠のいてゆく風景」すなわち地平線への限りない「懐かしさ」が「母」へのそれと重ね合わせられている。読者はこの二行二連でそのことを心情的に納得してしまう。腑に落ちてしまうのです。

母と地平線が重なり合う理由

母と地平線はどうして重なり合うのでしょうか。

前章で自分というもの、つまり「私という現象」なるものは、じつは繰り込まれた母のことなのだ、人間はそういうかたちでしか——子に乗り移った母にさらに子が乗り移るという一種の入れ子構造のかたちを通してしか——自分というものになれないのだ、ということをお話しして、だから母が子の地平線つまり世界になるのだといいましたが、そういうこんがらがった説明を避けるためには、端的に、大地を媒介にすればいい。

大地を母にたとえ、母を大地にたとえることは、比喩として古今東西広く行われていることです。地平線はその大地の辺縁《へり》です。これだけで十分に母と地平線が重なり合うものであることが分かります。人は大地から生まれ大地に帰る。その大地の辺縁が地平線です。

比喩の説明としてはこれで十分かもしれませんが、しかし、もう少し先に進まなければなりません。

地平線は発明されたものなんだというのは、人間の生活環境であるその大地の性質が、他の生命とりわけ動物にとってのものとは、ちょっと違ったものになってしまったということです。

他の動物に地平線はないと私は考えています。必要がないのです。周囲の事物の配列だけで十分だからです。魚類には地平線も水平線もありません。鳥類は地平線とともにあるようですが、最近の研究では、むしろ磁場を感知する能力などのほうが重要であると考えられているようです。人は鳥のように飛びたいと考えて飛行機まで発明してしまいましたが、その鳥の飛び方と人間の飛び方とにはどこか根本的な違いがあるのかもしれない。つまり、鳥は地平線を人間のようには見ていないかもしれないのです。

簡単にいえば、地平線の発明によって人間は大地を、生活環境すなわち生態系以上のものにしてしまったのだと、私は思っています。いわば破れ目をもった生態系、食み出しへと誘う生態系のようなものにしてしまった。要するに、ここではないどこか——零と無限——へと誘うものにしてしまったということです。

これは、二足歩行して直立し、脆弱な頸の上に、肥大した脳によっていっそう重くなってしまった頭を載せた人間の、宿命ともいうべきものかもしれません。人間の生態系は、他の動物の生態系とはちょっと違うものになってしまった。その違いを象徴するのが地平線の発明にほかならなかったのではないでしょうか。

ジェームズ・ギブソンの言い方に倣えば、他の動物は生態系の範囲を示す遮蔽縁だけで十分に満足できるが、人間はその背後の地平線まで確認しなければ満足しないようになってしまった。簡単にいえば人間は、それこそ宮崎駿や黒澤明が愛好して止《や》まない物見櫓《ものみやぐら》——たとえば宮崎の「もののけ姫」や黒澤の「用心棒」に典型が登場します——を作らなければ満足しないような存在になってしまった。そしてその視野の限界ともいうべき地平線の向こうが、いったいどうなっているのか探究しなければ満足できない存在になってしまった——たとえば「もののけ姫」のアシタカのように——ということです。

二足歩行によって、身体の大きさに比して他の動物のほぼ二倍の高さから世界を眺め渡すようになった人間は、知的好奇心においても二倍の、いやおそらくはそれ以上の強さをもつようになってしまった、と思えばいい。私はこの知的好奇心、つまりここにはない何か、それまで見たことのない何かを見たい、知りたいという欲望が、観念のはじまり、幻想のはじまり、価値づけのはじまりであり、文化、文明のはじまりになったのだと考えているわけです。

繰り返しますが、地平線こそ人間の起源なのです。

だけど、もしもその地平線が発明されたものならば、母もまた発明されたものだということになるのではありませんか。

その通りです。

私は、人間は母をも発明したのだと考えています。生理的な次元での母のほかに、文化的な次元での母があるのだということを、人間は、それこそ「私という現象」を形成する過程で発明してゆく、そしてそれを第二の自然にしてゆく、それが人間というものの出来方なのだと考えているのです。

母は懐かしい、それは遠のいてゆく風景つまり地平線のようなものだ。けれどこの遠くへと誘う地平線は、遠くへの憧れを強めれば強めるほど、基点となった母への懐かしさをさらにいっそう強めてゆくという逆説を、吉田一穂の詩を引きながら、先ほどお話ししました。中心に懐かしさがあるのは不思議です。哲学者で懐かしさの起源を論じた人などいません。誰も重要な感情だとは思っていないのです。でも、そうではない。

懐かしさの起源は懐《なつ》くことにあり、懐くこと、愛着することは、そこから「私という現象」が屹立することになる母との関係、養育者との関係から生じるわけですが、私がここで主張していることは、人間はこの養育という関係そのものを文化に、つまり幻想の領域へと転換していったということです。幻想へと転換してゆくということは、母を母という役割、父を父という役割、子を子という役割に転換してゆくということ、要するに役割として発明し直してゆくということです。そしてその中心にある懐くこと、懐かせることを、ひとつの技術、ひとつの演技にまで高めてしまった。本能的な行為ではなく、教えることができるもの、習わなければならないものにまで高めてしまった。

懐くことは自然と文化のちょうど中間に位置しています。これが、母も、母なる大地もつねに懐かしさとともにある理由です。

ここで起こっていることはきわめて興味深いことです。それは、親の子に対する愛情、いわゆる母性愛とか父性愛とかをも発明の対象にしてしまったということなのですから。

母性愛など本能の典型のように語られているわけですが、そうではない。本能と思われている欲望をも、人間は対象化し操作可能なもの、つまりひとつの役割へと解消してしまったのです。これがあったからこそ、人間は犬を飼い、馬を飼うことが可能になったのだと、私は考えています。人は、犬を我が子のように可愛がるし、馬を兄弟のように遇します。我が子、兄弟への愛情というほとんど生理的にして本能的といっていいような欲望をも、人間は、それを対象化することによって、操作可能なものに変えたのだと思う。

人間だけが動物を家畜化できた理由です。

それは人間のほうからその動物のほうに歩み寄り、乗り移ったからであって、逆ではありません。人間のほうが犬になり馬になり、鶏になり鸚鵡《おうむ》になったから、向こうも人間になってくれたのです。それができたのは、自ら母になり、子になり、父になり、兄弟姉妹になることができたからです。

人間は、地平線を発明した段階で、母も子も父も兄弟姉妹も、みな新たに発明し直したのだと私は思っています。親分、子分、あるいは義兄弟という関係性も、ですから、萌芽的にいえばすべてこの現生人類の初期の段階で発明されてしまっているのです。義理の関係、つまり何かを何かと見なし、そう見なすことを共有できるようになった瞬間から、むしろその義理の関係のほうが実在になってしまった。この仕組みは言語の仕組みにとても似ています。それそのものといってもいいほどです。犬や猫には義理の関係はない。けれど彼らも人間とのあいだには義理の関係を持つ。それが飼われるということです。名を与えられるということです。

この母の発明が、家族の発明へ、父の発明へ、親族の、部族の、国家の発明へと拡張してゆくことは疑いありません。そうであるに違いないことは、理想の母、理想の家族、理想の父、理想の国家という言葉が少しも奇異に響かず、概念として世界中で通用していることからも容易に見てとれます。

母と地平線という問題のなかに、人間の政治経済社会文化の秘密がすべて秘められているといって過言ではありません。

地平線にめぐまれない女性

以上のすべてを、宮崎駿のアニメーション「ハウルの動く城」は濃密に語っています。私は宮崎のアニメに駄作はひとつもない――驚嘆すべきことです！――と思っていますが、芸術作品の水準としていえば、「ハウルの動く城」が「風立ちぬ」と並ぶ最高傑作のひとつであることは間違いないと思っています。あらゆるショットが生きている。シークエンスを止めて静止画像として眺めても飽きることがありません。もう、五、六回は通して見ていますが、そのつど新たな発見があります。

冒頭からして素晴らしい。

何よりも、主人公ソフィーの表情が素晴らしい。これはとても重要なことです。

ご覧になった方はすぐにお分かりになるでしょうが、宮崎作品の流れとしていえば、「未来少年コナン」（一九七八）、「天空の城ラピュタ」（一九八六）、「ハウルの動く城」（二〇〇四）

の三作は一連のものです。三部作といっていいほどです。

「未来少年コナン」のカップル、コナンとラナ、敵役のレプカの延長上に、「天空の城ラピュタ」のカップル、パズーとシータ、敵役のムスカが登場します。天空の城ラピュタが科学都市インダストリアの延長上にあることも疑いありません。構図としては「ハウルの動く城」のカップル、ハウルとソフィーも、また、敵役というほかない荒地の魔女、それ以上の敵役としての王室付き魔法使いサリマン先生も、前二作に比べて一段と複雑さ——深さ——が増しているとはいえ、それらの延長上にあるといっていいと私は思っています。物語の基本が重ね合わせられうるからです。

この三作に地平線という概念を投げ入れると、それらがいわば「三段跳び」のような飛躍を遂げていることがはっきりします。三作ともに実母が登場しないにもかかわらず、というより登場しないからこそ、「母と地平線」をめぐる三部作になっている。

ちなみに、「母と地平線」という主題に、宮崎がいわば本能的に、あるいは直感的に惹かれていることは、それに先立ちあるいは並行する三つの連続アニメ「アルプスの少女ハイジ」(一九七四)、「母をたずねて三千里」(一九七六)、「赤毛のアン」(一九七九)にもまた同じ主題が潜んでいることからもはっきりと見て取れます。地平線はもちろん、三作ともに不在の母が大きい意味を持っているのです。不在の母という主題も全人類的なものです。

連続アニメ三作の監督演出はいずれも高畑勲ですが、「母と地平線」にかかわる部分においては宮崎が、場面設定、画面構成など、非常に強く関与していることは間違いないと私には思われます。第二章で「赤毛のアン」のシリーズ・オープニングとバシュラールを取り上げ、第三章でギブソンの思想に触れながら、飛ぶことと地平線の意味を問題にしましたが、私はそれも宮崎の作品として取り上げています。いまやそこに母の問題が加わってくるわけです。

「未来少年コナン」「天空の城ラピュタ」「ハウルの動く城」は、どんなふうに「母と地平線」をめぐる三部作なのでしょうか。

とりあえず地平線という主題がどのように変容したかを見ますと、「未来少年コナン」においては外界にすぎなかった地平線が、「天空の城ラピュタ」においては一度失われたものになり、最後にパズーとシータの二人によって見いだされるものになる。そしてさらに「ハウルの動く城」にいたって、それが完璧に内面化されたものになるということでしょう。

乱暴に要約してしまえば、たんに世界の辺縁としてあった地平線が、一度失われ、その後に、人間によって発明された新たな地平線として再び登場することになる、ということです。そういう三つの段階が、「未来少年コナン」「天空の城ラピュタ」「ハウルの動く城」なのであり、それを「三段跳び」と称したわけです。「ハウルの動く城」にいたって地平線が人間的地平線となって、地平線的存在である人間の本質が回復される、とでもいえばいいでしょうか。

「未来少年コナン」においては、地平線はつねに背景として見られうるものとして描かれています。インダストリアの地下もそこから抜け出せば地平線が見えるだろうことは簡単に想像できますし、事実、そう描かれている。ところが「天空の城ラピュタ」においては地平線が隠されてしまう。むしろ、前章で説明したように、地平線の横軸よりも、天空の城と地下の採石場、あるいは地上の城と地下牢を結ぶ縦軸のほうが強調されているように見えます。滅びの言葉によって天空の城ラピュタが崩壊し、飛行石だけが樹木とともに宇宙の彼方へと飛び立ってゆくその瞬間に、はじめて地平線がその姿を現わすのです。

「ハウルの動く城」ではどうでしょうか。

「天空の城ラピュタ」のオープニングが雲に覆われていることは前章で、お話ししました。同じように「ハウルの動く城」も地平線を覆い隠す一面の濃い霧からはじまります。濃い霧のなかから巨大で奇怪な、けれどとてもユーモラスな「動く城」――まるでジュゼッペ・アルチンボルドなら描くだろう「機械」という肖像画のその顔だけが四本足で歩いている感じ――が姿を現しますが、やがて霧が吹き払われると、中欧の高原といった趣の景色が見えてきます【図版6－1】。

見えてくるのは、地平線というよりは山稜《さんりょう》なのですが、決して見通しが悪いわけではありません。ところが、視野が山裾から街へと移り工場の煙突が見えはじめると同時に、画面中央を上から下へと汽車が走ってきて、その黒煙が画面いっぱいに広がってゆくのです。そして、視点が仰角に変わって、その黒煙に覆われそうになっているひとつ

図版6-1　映画の冒頭、霧のなかから「動く城」が地平線とともにその姿を現す。

図版6-2　画面中央を上から下へと黒煙を噴き上げた汽車が走ってくる。

図版6-3　次に映し出されるのは、黒煙に覆われそうになっているひとつの窓。

の窓を映し出す【図版6－2、6－3】。次の瞬間、煙のために外が見えなくなった窓の内側の部屋へと、つまり屋外から屋内へと場面が転換します。

　煙が覆う窓に向かって、一人の地味な若い女性が針仕事をしています。後ろから映し出されるその女性が主人公のソフィーであることは、これが動画の最初の台詞になるのですが、

「ソフィーさん、お店閉めました」と隣室から中年の女性に声をかけられることで分かります。また、帽子屋であることも、重ね置かれた帽子から分かります。ソフィーは飾りを付けることで帽子の最後の仕上げをしているのです【図版6－4】。屋外より屋内のほうが暗いのは当然ですが、ソフィーの部屋が隣室よりもさらに暗いのが印象的です。

図版6-4　煙が覆う窓に向かって針仕事をしている一人の地味な女性の姿。

ソフィーが経営者の娘であり、父は亡くなり、派手好きの義母に代わって店の管理とお針子のようなことをしていることが、この後の会話から分かるのですが、それ以上に重要なことは、たったこれだけの展開から、ソフィーがいわば「地平線にめぐまれない」女性であることがよく分かるということです。

ソフィーは自分自身のための地平線を持っていないと思わせる。父が亡くなった以上、そして父の後妻である義母が遊び好きで仕事嫌いである以上、お店は長女である自分が引き受けるほかはない、でも、それは決して自ら望んだことではない。

そういう事情が、はじまって数分のショットから十分に想像できる。

まったく天才的としかいいようがない。

まず霧に隠れた地平線、そこからハウルの奇怪にしてユーモラスな城が登場し、霧が晴れて山稜が見え、見えたと思うや黒煙に掻き消され、その黒煙にいつも邪魔されて山稜が見えないだろう窓に向かって仕事をしている地味な少女の後ろ姿が映し出される。

この映画の主題が、地平線とこの若い女性との関係にあることが、一瞬で分かるように出来ているのです。

表情――自分が自分をどう見ているか

次のショットが、主題としてある地平線をさらに強調します。

「ソフィーさん、お店閉めました」といった中年の女性が店の店員であることはすぐに想像できます。続く「ソフィーさんも行けばいいのに……」という台詞から、ソフィーが遊び好きでもお喋り好きでもないことが分かるのですが、中年の女性のほうを真正面から見つめるソフィーの表情がいい。

ソフィーの最初の肖像です【図版6－5】。

線画でこれだけの表現ができるというのが、私にはほとんど驚異なのですが、つましく内省的で誇り高くしかも賢いことがすぐに分かります。化粧っ気がなく着飾ってもいないことが、顔立ちのその印象をいっそう強めます。

「これ仕上げちゃう、楽しんできて」

とソフィー。

ここで再び、ソフィーの眼から、開かれたドアの向こうが見えるカット。

「じゃ、行ってきますね」

「行くわよ！」

「あー、待って」

図版6-5　声をかけた中年女性を正面から見つめるソフィーの表情。

「これ、おかしくない？」

「ねえ、見て、ハウルの城が来てる」

「えーっ、ハウル？　どこどこ？」

「ほら、あんなに近くに」

隣室のその会話に促されたように、窓の向こうを眺めるソフィーのカット。そして窓の外、山稜の霧に見え隠れしながら動くハウルの城のカット。そのカットに、売り子たちの声がかぶってきます。

「やあねえ」

「ハウル、町に来てるのかしら」

「逃げちゃった」

ハウルの動く城が霧に紛れたのです。

「隠れただけでしょう。軍隊がいっぱい来ているから」

ここで再びソフィーの顔。内省的な印象、物思いする印象が強まります。

「ねえ聞いた？　南町のマーサって子、ハウルに心臓とられちゃったんだってね」

「怖いねえ……」

「大丈夫、あんたは狙われないから」

　笑い声の後に、先の中年の女性の声で「早くして」。その間、映し出されるのは、会話を耳にしながら手を休めないソフィーの姿です。

　数分の会話にもかかわらず、その情報量の多さには驚かされます。店じまい後の店員たちのおしゃべりに、この国が戦争に入るかもしれないこと、魔法使いハウルのこと、その怖さ、美女好みらしいという評判にいたるまで、物語にとって必要な基本情報がみな入っている。しかもそのすべてが、ソフィーがそこからは距離をおいているらしい店員たちの、ちょっとした「わいわいがやがや」にすぎないのです。

　この間に強調されるのは、ソフィーの表情です。

「ハウルの動く城」が傑作であることの理由のひとつは疑いなく、このソフィーの表情、顔かたちにあります。ソフィーが自分のことを美人だとはまったく思っていないことが分かるのです。率直にいって、私はソフィーの顔は美しいと思うのですが、ソフィー自身は少しもそう思っていない、そのことが分かるように顔の造作が出来ているだけではなく、表情からもそれが分かるように出来ている。ほんとにすごい。

　眉が太いのです。

　まるで『堤中納言物語《つつみちゅうなごんものがたり》』の「虫めづる姫君」のように。

　私にはそれが魅力にしか見えないのですが、本人はそれを、自分が美人ではないことの

「しるし」のように思っている。そういうソフィーの内面を、観客にさらにはっきりと印象づけるショットが登場します。

鏡のショットです。

「わいわいがやがや」しながら店員たちが出て行った後、いっときおいて、地味を絵に描いたような格好のまま、大きな洋菓子店に勤めはじめた妹を訪ねるべく店を出たソフィーが、出がけに覗く鏡の前での仕草と表情が、信じられないほど見事なのです。

一瞬のことなのですが、この場面はほんとに秀逸です。

帽子をかぶって、まず、顔を斜めにしてにっこり微笑む。可愛いと、少なくとも私は思います。でも次の瞬間には顔をしかめる。のみならず、帽子の両端を引っ張って顔を見えなくしてしまう【図版6-6、6-7】。アニメーションでこんな微妙な表現ってできるんだろうか、いや、現にできているじゃないか、女優の表現よりもはるかに完璧に、と唸ってしまう。

この動きのリズムというか呼吸は、当然ですが漫画では表現できません。動画にしかできない。

前章で、言語とは他者とのコミュニケーションのためにできたのではない、もしコミュニケーションという語を用いるとすれば、むしろ自己とのコミュニケーションのためにできたのだといいましたが、鏡の前でのこのワン・ショットは、表情という言語による自己とのコミュニケーションの典型といっていい。

人間は表情を文化に引き上げました。国や民族によって表情は違います。豊かな表情を好む文化もあれば、無表情を尊重する文化もある。表情こそ内面性を表現する。

鏡に向かったこの数秒間の仕草によって、ソフィーの自己認識のありようが手に取るように分かります。アニメーション学という学問があるなら、ぜひその対象にしていただきたい。というのも、前章で触れた「天空の城ラピュタ」のシータの表情の変化にも増して、この表現は優れているからです。ほとんど進化、いやむしろ深化しているといっていい。

図版6-6　帽子をかぶって、顔を斜めにしてにっこり微笑むソフィー。

図版6-7　その直後にソフィーは帽子の両端を引っ張り顔を隠してしまう。

シータの場合はその感情の揺れ動きがそのまま表現されているわけですが、ソフィーの鏡の前でのこの動きにおいては、ソフィーがソフィー自身をどう見ているか、どう考えているか、つまりソフィーの自己との関係の仕方が表現されているのです。「あたしだって」という思いと、「やっぱり、そんなに綺麗じゃないわ」という思いがさっと交錯して、見る側は一瞬のうちにソフィーの内面が分かってしまう。

このような内的対話が、前章でお話ししたように、その始原において、母との対話を繰り込むようにして始められたことはいうまでもありません。

天にも昇る気持ち

目を見張るのはその後の展開です。

町は出征する軍隊を見送る人々でほとんどお祭り騒ぎ。「ソフィーさんも行けばいいのに……」という店員の言葉はこのことだったのだなと思わせ、その喧騒がまた、ソフィーの沈んだ地味な雰囲気を際立たせる。ソフィーの内気さと頑固さがよく出ています。

広場に出て市電に乗ったソフィーが降りてメモを頼りに路地裏を歩いてゆくと、二人の兵士に通せんぼされ、からかわれます。そこに、色男というほかない美男子ハウルが颯爽《さっそう》と現われる。ここで一瞬主題曲の旋律。「やあ、ごめん、ごめん、捜したよ」と、ソフィーの肩に手を回します。「何だ、お前は?」と兵士たち。

「この子の連れさ。君たちちょっと散歩して来てくれないか」

ハウルが人差し指をすっとあげると二人の兵士はそれこそ魔法にかかったように行ってしまう。その仕草から、優しいけど遊び人といったハウルの性格が見て取れます。

「許してあげなさい。気はいい連中です。どちらへ？　私が送ってさしあげましょう」

「いえ、チェザーリのお店へ行くだけですから」と、ソフィーは断るのですが、ハウルが声を落として「知らん顔をして……　追われてるんだ。歩いて」と切迫した口調でいうと、驚き緊張した表情のまま、自然に手をハウルの腕に入れてしまっている。

ハウルの優しさと強引さに呆気にとられ茫然とし、驚いたまま一緒に歩き始めるその前に、一度ぎゅっと眼を閉じる仕草も素晴らしい【図版6－8】。「人助けなんだから」と自分に言い聞かせたに違いありません。その後の、目を大きく見開いて「いったい私は何をしているんだろう」と思っているような、緊張に満ちた表情も完璧です。

ハウルが「追われてるんだ」といったのは嘘ではありませんでした。背後の壁から次々に不思議な生き物が液状に滲み出てきたかと思うと、帽子をかぶった黒いオットセイのような人型になって追い駆けてきます。「ゴム人間」です。路地という路地から次々に出てきて、あっという間に群れとなって迫ってくる。ハウルは、この世のものではない何か、魔法の怪物たちに追われていたのです。

「ごめん、捲き込んじゃったね」とハウル。こんどは前からも大勢迫ってくる、あー、つかまっちゃう、と思った瞬間、ハウルはソフィーを抱えたまま、「このまま」と小さく叫び、町のはるか上空に飛び上がって、屋根の上すれすれに歩きはじめる。

ソフィーに声をかけた美青年はほんとに魔法使いだったんだ！

空中に舞い上がった瞬間、身が竦《すく》んで、足も引っ込んでしまったソフィーに、ハウルは優しくいいます。

「足を出して、歩き続けて」

驚きと緊張でソフィーは目を丸くし、ほとんど叫び出しそうになりますが、でもそれこそ声も出ない。

「怖がらないで」

ハウルはソフィーに、まるでワルツをエスコートするように囁きかけます。

主題曲『人生のメリーゴーランド』が高鳴ります。

霧のなかから動く城が現れる動画タイトル部分でもすでに使われているのですが、そこではどこかもの哀しかった演奏が、ここではワルツであることを強調した楽しく高揚した気分の演奏に変わっています。「天空の城ラピュタ」とは違って、「ハウルの動く城」では主題曲がふんだんに使われているのです。第三章でも触れましたが、少なくとも私はこれはショスタコーヴィチの『ジャズ組曲第二番』の「ワルツ第二番」に匹敵する名曲だと思います。でも、スタジオジブリの映画音楽はそれだけでとても大きな主題ですので、いずれもう一冊、本を書かなければならなくなるでしょう。

図版6-8　ハウルと歩き始める直前に、一瞬眼を閉じる仕草のソフィー。

足下には人々であふれる街の広場。浮遊感が怖いほど感じられます【図版6－9】。次のショットでは、広場の上空、空を歩くソフィーとハウルが仰角で映し出されます。でも、誰も気づかない。広場の喧騒と、上空の点にしか見えない二人の空中歩行の対比が見事です。ハウルに空を歩くのが「上手だ」といわれて、緊張しながらも一瞬嬉しそうな表情を返すソフィー。わあ、一瞬であれ人に身をゆだねるというのは人にすごい変化をもたらすんだ、と思わせるほど、その表情はとてもすっきりしています。帽子を仕上げていた冒頭のくすんだ表情と比べてご覧なさい。何かに目覚めたように透明になっているのです【図版6－10】。

この場面はほんとうに素晴らしい。

二人は広場に面したバルコニーに着地します。

「ぼくは奴らを引き付ける。あなたはちょっと待ってから出なさい」

「はい」と答えるソフィーの瞳はもう、完全に恋するものの瞳です。バルコニーの手すりからさっと背後に飛び去って垂直に落下してゆくハウル。はっと思って手すりに出て下を覗くソフィー。さっと引いて仰角になったカメラ・アングルはバルコニーが四階の高さにあることを示しますが、もちろんハウルはすでに影も形もありません。

天にも昇る心地、という言葉がありますが、文字通りそれが実現したのです。眼と眼をじっと見交わしたわけでも、話し込んだわけでもないけれど、ハウルはともかく、ソフィーがハウルに恋したことは疑いありません。表情の変化だけからでもそのことが分かります。私は類まれな表現力だと思います。

宮崎駿が対象に乗り移るようにして絵を描きコンテを描いていることは、できあがった絵なり動画なりを見れば分かります。驚いたり怒ったり、笑ったり悲しんだり、同じ表情をしながら登場人物を描いているに違いないと思う。「肖像画はモデルよりも絵描き自身に似る」とはよくいわれることですが、じつはそこにこそ描くことの本質があるといっていい。描くこともまた対象に乗り移ることだからです。ソフィーを描くとき、宮崎駿はどんな顔し

図版6-9　広場の喧騒を下に見ながらの二人の空中歩行、誰も気づかない。

図版6-10　緊張しながらも、とてもすっきりと嬉しそうな表情を見せるソフィー。

てたんだろう、と、つい思ってしまいます。

「ハウルの動く城」冒頭のこの場面は、人がどんなふうに恋に陥るか、表情だけで描き切っています。

場面はチェザーリのお店に移り、それこそ「きれい」を絵に描いたような妹のレティーが、ファンのような買い物客を振り切るようにして上の階に駆け上がってきます。

「お姉ちゃん。どうしたの？　ベランダに下りて来たって、天使にでもなっちゃったの？」

レティーに向き合ったソフィーの顔は完全に夢見心地の表情。「私、夢見てるみたいなの……」というソフィーの言葉そのままです。その放心したような表情は、会話するために移った階下の菓子工場の片隅でも変わりません。

「エーッ、それ魔法使いじゃないの？」

「とってもいい人だった……。私を助けてくれたの」

「それでお姉ちゃん、心を取られちゃったってわけ？　その魔法使いがハウルだったら、お姉ちゃん心臓食べられちゃってるよ」

「大丈夫よ。ハウルは美人しか狙わないもの」

「またそんな……。あのね、世のなか物騒になってるんだから。荒地の魔女までうろついてるっていうよ」

妹との会話のあいだも、ソフィーがなお夢見心地なのは変わりません。レティーは、以前から思っていた疑問、ソフィーがほんとうに帽子屋になりたいのかどうか、問いただします。父が大切にしていた店であり、自分が長女である以上、しようがないと思っているのなら、止めたほうがいいと思っているのです。最後の台詞が効いています。

「お姉ちゃん、自分のことは自分で決めなきゃだめよ」

じつはこの妹の言葉が以後のソフィーの生き方を決めているといっていい。

宮崎駿の脚本には無駄な言葉がないと思わせられますが、事実、レティーが話題にした「荒地の魔女」にしても、このすぐ後に登場するのです。ハウルを自分のものにしておきたい「荒地の魔女」は、ハウルがまた新しい恋に手を出したと勘づき、店じまいしたソフィーの帽子屋を訪れ、ソフィーに呪いをかけて老婆に変えてしまう。原作と読み比べれば分かりますが、事態はまさに宮崎アニメならではの速度で、物語がほんとうに語りたかったことを実現すべく、足早に展開してゆきます。

ダイアナ・ウィン・ジョーンズの原作にはハウルとソフィーの出会いの空中歩行はありません。しかも、アニメーションのこの空中歩行の場面においてさえ、高度があるにもかかわらず、宮崎はソフィーに屋根屋根は見せても地平線は見せることはしていません。かえってそのことから、この恋が密接に「地平線」の問題、とりわけ「母と地平線」の問題にかかわっていることが分かります。母を失い、父を失い、ソフィーにはいまや、遊び好きの義母と美人の妹がいるだけなのです。ソフィーには欠けているものばかりです。

人には人それぞれの地平線が

「ハウルの動く城」はじつによくできています。私は、二十世紀に誕生し二十一世紀へと展開したアニメーション、とくに日本のアニメーションは、後世においていまよりもさらに高く評価されるだろうと思いますが、「ハウルの動く城」については何冊も研究書が刊行されるだろうと思っています。内容が稠密で夥しい情熱が注ぎ込まれ、細かい分析に耐えるからです。たとえば、これまでにもバシュラールについては何度か触れましたが、「ハウルの動く城」では、火、水、大気、大地の四大元素が見事に出そろっています。火は、ハウルの城を動かしている火の悪魔カルシファー、水はソフィーの溢れ出る涙、大気は霧、雲、煙、そして飛翔すべく広がる大空、大地は取り換えられる地平線。すべて、より深く理解されることを待っています。

しかしここではそういう詳しい論を展開するだけの余裕はありません。とりあえず、前章で予告したハウルの三人の母について語らなければなりません。

まず、「ハウルの動く城」の三つの地平線について。じつは正確には四つの地平線なのですが、最後のひとつは空間ではなく時間の地平線になっているので、別格。

荒地の魔女のために老婆に変えられたソフィーは、翌朝、意を決してハウルのもとに向かいます。意を決したことは、おそらくソフィー自身にさえ隠されているのですが——自分の意識としてはどこでもいいから身を隠そうと思っただけなのです——、ハウルの動く城が現に動き回っている山稜を目指したことから見ても、ハウルのほうへと近づこうとしていたことに疑いはありません。

じつは、ハウルもソフィーも、おそらく宮崎駿自身と同じように、自分がなぜそれに惹かれているのか、最初は明確には分かっていないのです。原作からの逸脱にしてさえそうです。何かに突き動かされて、こうするしかないというかたちで逸脱し、展開してゆく。それが作品の魅力の根底をなしています。自分がほんとうは何を欲していたのか出来上がってからしか分からない。出来上がっても分からない。そして作者が亡くなるといよいよ分からなくなる。謎が深まる。誰もが物凄く惹かれるけど、完璧には分かりきれないのです。これが名作の条件です。作者が完璧に把握している作品にはむしろ限界がある。

ソフィーだけではない。ハウルだって、自分がなぜソフィーに声をかけて一緒に空へと舞い上がり、空を歩くことにしたのか、最初は分かっていなかったに違いありません。荒地の魔女がソフィーのポケットに忍び込ませておいた警告の書を読んではじめて、自分の恋心に気づいたというところでしょう。動画だけを見ればそうとしか思われません。城に勝手に入り込んだ翌朝、ハウルの幼い弟子マルクルのために料理を作っている老婆ソフィーに、ハウルは「あんた誰?」って訊くくらいなのですから。

ただ、ソフィーが魔法にじつに鋭敏な感性を持っていることだけは知っていた。当たり前です。普通の恋だって気が合わなければ成立しません。声をかけてしまったとはそういうことです。ソフィーは火の悪魔カルシファーと話すことができますが、ハウルはソフィーがそういう女性、つまりハウルの内面を知ることができる女性だということを無意識のうちに知っていたと考えるべきです。

さて、ソフィーは老婆になったにもかかわらず、ハウルのほうへ近づこうとして山麓を登り始めます。その途次、呪いにかけられてカカシにされた正体不明の何者かを藪のなかから助け出し、今晩泊まる宿を運んできてくれないかなと、冗談まじりにいうと、後にカブと呼ばれることになるそのカカシが、ハウルの動く城をほんとうに連れて来るという展開です。カカシが重要な存在になるだろうことが、このことからだけでも分かる。

休みたかったソフィーは、鍵がかかっていないのを良いことに、その城に入り込んで、カルシファーのいる暖炉の前の椅子に腰かけ、驚くことにそのカルシファーと二言三言話した後に、眠り込みます。

ハウルと思いがけない空中歩行をした翌日はそうして暮れたわけですが、翌々日の朝、ソフィーは、ハウルの幼い弟子マルクル——原作とは違って十五歳の少年ではなく七、八歳の男の子で、そのことが後に大きな意味を持ちます——が来客に応対している物音で目を覚まし、自分がまさに魔法使いハウルの動く城のなかにいることを実感します。

城の扉は四ヵ所に通じていたのです。ひとつはソフィーが入り込んだ山麓、ひとつは王国の首都、ひとつは港町、そして「ハウルさんしか知らない空間」。扉がどこの空間に通じているかは扉近くの円盤の四分割され四色に塗り分けられたその色に示されています。王国の首都は赤、港町は青、ソフィーが入り込んだ山麓は緑で、「ハウルさんしか知らない空間」とマルクルがいった場所は黒です。

まるで空間移動エレベーターのようです。エレベーターの階を示すのが色になるわけですが、首都は首都の地平線すなわち王宮からの眺望を持ち、港町は海の水平線を持ちます。山麓は丘から山へと続く雄大な光景を持つ。ただ、黒はちょっと様子が違っていて、それは時間エレベーターのように、ハウルの過去に繫がっているようなのです。

ソフィーの目を覚まさせた来客は、港町の扉から来訪した町長や首都の扉から来訪した将校で、いずれも王宮へ出頭せよという王の命令を携えていました。戦争が始まったので魔法使いにも魔女にも召集がかかったのです。同じ命令が二ヵ所に来たのは、ハウルが首都ではペンドラゴン、港町ではジェンキンスと名乗っていたからです。

ソフィーはここで、魔法使いの自由、少なくともハウルの自由はつねに新しい地平線を目指すことにかかっているらしいと気づきます。扉の仕組みに感心し、何度か試して外を眺め、マルクルに「いいかげんにしてください、怒りますよ！」と叱られるところにそれが出ています。その後に、マルクルの朝食に温かいものを作ってあげようと、カルシファーの火を利用するのですが、そこにハウルが帰ってきます。

ハウルは、ソフィーがカルシファーの火を利用していることに驚き、ソフィーに「誰にでもできることじゃないな。あんた誰？」と尋ね、ソフィーは「私はソフィーばあさんだよ、ほら、この城の新しい掃除婦さ」と答えます。ハウルは朝食づくりを代わりながら――ヘラを取ろうとして一瞬手が重なります――「掃除婦って誰が決めたの？」とさらに尋ね、ソフィーは「そりゃ、私さ。こんな汚い家はどこにもないからね」と答えます。

この展開も巧い。ハウルが帰ってきて、ソフィーは空中歩行以来はじめて会うハウルを一瞬凝視するのですが、すぐに老婆の仮面のもとに隠れるその呼吸も絶妙。言葉のうえではソフィーの答えはハウルへの答えにはなっていませんが、妹に「自分のことは自分で決めなきゃだめよ」と言われたことへの答えにはなっているのです。それもほとんど完璧な答えになっている。自由意志参加なのだといっているのですから。ハウルがベーコン二つ、卵六個を追加し、マルクルに皿を三枚用意させるのも、そう。ソフィーが入城試験に合格したことを無言のうちに物語っています【図版6－11】。マルクルはもうすっかりその気になっている。絵と言葉が互いに補い合っているのが絶妙です。

図版6-11　ハウルはベーコン二つ、卵六個を追加、マルクルに皿三枚を用意させる。

朝食のテーブルに座った後、ハウルがソフィーに、荒地の魔女がソフィーの知らないうちにそのポケットに忍び込ませた手紙を出させる場面も秀逸です。空中歩行以来、ソフィーがすっかり魔法使いたちの世界に取り込まれてしまったこと——それこそハウルが「ごめん、捲き込んじゃったね」と予告していたこと——を物語っています。荒地の魔女はソフィーとハウルの恋が本物であることをすでに見抜いていた。だからこそソフィーを老婆に変え、変えられたことをソフィーが逆に契機にして成長してゆくという展開になるわけですが、でも、もう細部を語る楽しさに浸っているわけにはいきません。ただこの展開でも、登場人物すべての表情がじつに的確に描かれていることは指摘しておかなければなりません。

食事後、荒地の魔女の仕業に改めて怒り心頭に発したソフィーは、怒りの勢いのまま大掃除を始めるのですが、この大掃除の場面でもっとも重要なのは、それまで「地平線にめぐまれなかった女性」がいまや初めて、人間にはそれぞれ「自分の地平線」というものがあるらしいことに気づくことにあります。まだ発明とまではいえないけれど、自分には自分の地平線がありうるんだという事実に目覚める。しかもそれが火の力に密接に関係していることにも気づくのです。

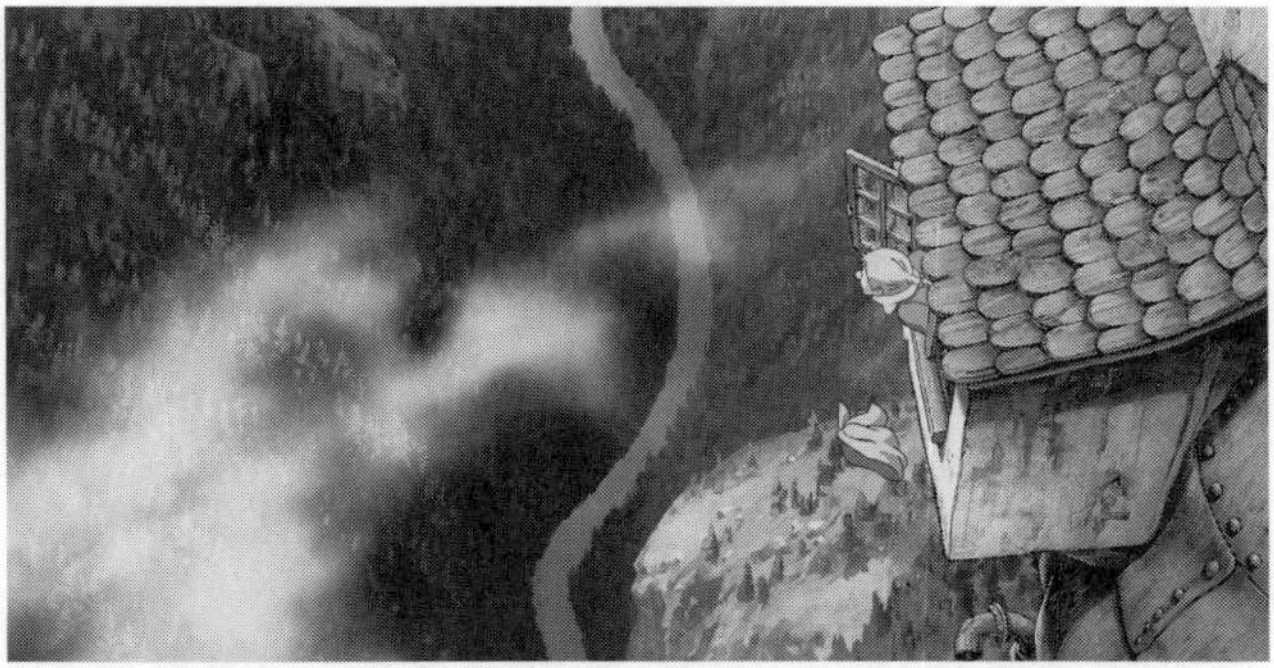
図版6-12　窓を開けると、眼下にはアルプスのような雄大な光景が広がっていてびっくり。

掃除をしようとしてバス・トイレを開けたソフィーは、その汚さに呆れ返りますが、窓を開けてびっくり仰天、そこにはまるでアルプスのような雄大な光景が、それも眼下に広々と広がっていたのです【図版6−12】。あまりの感動に、ソフィーはカルシファーに声をかけ、「この城、あんたが動かしているの？　すごいよ、カルシファー、あんたの魔法は一流ね、見直したわ！」と叫びます。動く城というより飛ぶ城――これも伏線――になっている。褒めることこそ人間関係の秘訣。褒められたカルシファーも上機嫌になりますが、このやりとりも感動を増幅させます。

何がすごいか。

音楽性です。光景そのものが音楽を持っている。ひとつひとつの作画に潜む旋律について細かく指摘したくなるほど、まるで絵そのものがオーケストラとなって音楽を響かせているのです。もちろん『人生のメリーゴーランド』の

図版6-13　波打ち際に座り、はじめて自分の地平線と向き合っているソフィーの後ろ姿。

旋律も実際に響くのですが、そしてそれも素晴らしいのですが、絵そのものが響いている。素晴らしいオーケストレーションを感じさせる。人間にとっては地平線そのものが音楽なのだと気づかせます。宮崎駿の指揮、指導もさることながら、色彩という個々の楽器を操って音色を響かせる作画チームの、そのチーム・ワークの手腕に感嘆します。音楽はそこから来ているのですから。

ソフィーはもっとよく眺めようと二階のベランダに走り出る。猛烈な風も臨場感いっぱいで、動く城が位置する高度を感じさせます。マルクルも走り出てきて一緒に雄大な光景を眺めます。「星の湖《うみ》っていうんだよ」というマルクルのどこか得意気な調子がさらに感動を増幅させます。二人は城のベランダ下の穴に挟まったカカシのカブを救い出し、彼の手も借りてたくさんの洗濯物を乾かし、その後、テーブルと椅子を出して湖のほとりで昼食を取ります。それから時間を経たのでしょう、波打ち際の椅子に座ったソフィーの後ろ姿が再び映し出されます【図版6－13】。迎えに来たマルクルに話すともなく話すソフィー。

「不思議ねえ、こんなに穏やかな気持ちになれたのははじめて……」

ソフィーは自分がはじめて「自分の地平線」に向き合っていることを感じているのです。寸分も後悔することはない、と。でも、ソフィーにはまだ、自分で自分の地平線を作らなければならないという仕事が待っています。

三人の母とその地平線

場面は一転して、闇夜を飛行し、こちらにまっすぐに向かって来るハウルが映し出されます。背景は一面の火の海で、闇夜のなか、都市が爆撃され、空中戦が展開されているさまが見えます。悪魔のような黒い鳥の姿になったハウルも戦っていますが、戦闘を阻止し被害を食い止めようとしているように感じられます。

真夜中、港町の扉から疲労困憊して入ってくるハウル。「あんまり飛んでいると戻れなくなるぜ」とカルシファーが声をかけます。

「ひどい戦争だ。南の港町から北の国境まで火の海だったよ」

「オイラ、火薬の火は嫌いさ。やつらには礼儀ってものがないからね」

カルシファーの性格すなわち思想が分かる一言。

「ハウルの動く城」のもうひとつの主題が戦争であることが分かります。戦争の地平線なるものも存在するということが分かる。もちろん、冒頭から「戦争が始まった」とは語られているのですが、戦闘の現場が描かれるのは初めてです。ハウルが国王に呼び出されているのもそのためだということが改めて思い起こされます。でも、ハウルの心を占めているのは戦争だけではない。じつはソフィーでもある。ソフィーと戦争がどうかかわるのか、これもまた大きな主題です。

そのことは、「風呂に湯を送ってくれ」とカルシファーにいいながら、カーテンの端からソフィーの寝顔を覗くハウルの視線からも分かります【図版6-14】。ソフィーはもとの若い姿に戻っていて、それを見るハウルの表情には、はっきりと愛の兆しが感じられます。眠っているあいだは元に戻るのではなく、愛のまなざしのもとでは元に戻るのだと、一瞬、思わせられます。

翌朝、マルクルを伴って、港町の市場に買い物に出かけたソフィーは、ぼろぼろになって帰ってきた戦艦を見ようとする人々の群れを見て、戦争そのものを拒絶するかのようにその場から逃げ帰ってきます。街には荒地の魔女の手下の「ゴム人間」までいるのです。

ところがなんと、帰ってきてほっとしたソフィーとマルクルのもとに、ハウルがワーッと大声をあげて走り下りてきます。ソフィーが棚をいじったために、呪《まじな》いの手順が狂って髪の染め色が変わってしまったというのです。戦士の別な一面ですね。

「もう終わりだ。美しくなかったら、生きていたって仕方がない」

いやはや、色男は度し難いといった台詞ですが、ハウルが大げさにそう叫ぶと、城が振動しはじめます。カルシファーは止めろと叫び、マルクルはソフィーに、ハウルが闇の精霊を呼び出しているんだといいます。ソフィーは「ハウル、もうやめよう、染め直せばいいじゃない」といって肩に触れますが、ハウルから出てくる緑の液体が手に付いただけでなく、それがどんどん出てきて止まらないのです。するとソフィーは一転、猛然と怒りだす。甘えるのもいい加減にしろ、と思ったのでしょう。

「もう、ハウルなんか好きにすればいい。私なんか、美しかったことなんか一度もないわ」

ソフィーは「こんなとこ、もうイヤ」と叫んで外に出ると、そこは荒野で雨がじゃんじゃん降っている。開けたところが山麓の出口だったのです。雨のなかで大声を出して泣くソフィーに、カカシが優しく傘を差しかけます。

図版6-14　カーテンの端からソフィーの寝顔を覗くハウルの表情。愛の兆しが感じられる。

ここでの強い言葉は「私なんか、美しかったことなんか一度もないわ」です。ソフィーの内面つまり自己認識が露呈しています。けれど同時に、基盤の危うさをも露呈している。美の基準は国によって時代によって違うからです。人によってさえ違う。傍目にどう映ろうと自分を美人だと思っている人もいます。それこそ、冒頭の帽子屋の店じまいの「わいわいがやがや」でも話題になっていたことです。ソフィーは「美しかったことなんか一度もない」と過剰に思い込むことで逆に傲慢になっているのではないか、その事実を思い知らせるように荒地の魔女が彼女を老婆に変えたのではないか、という疑いさえ兆します。

マルクルがソフィーを呼び戻しにきます。入ってみると、死んだようなハウルから膨大な緑の液体が出ていて、カルシファーの火まで消しそうになっている。「死んじゃっ

たかな」というマルクルに、ソフィーは「大丈夫よ、癇癪《かんしゃく》で死んだ人なんかいないわ」とい
い、緑のねばねばした液体を出すハウルを背負って風呂場まで運び、マルクルにハウルを
洗ってくれるように頼み、自分は掃除をはじめます。ハウルとソフィーの関係、保護者と被
保護者の関係が逆転しはじめているのです。

外の港町では戦争が進行し、街の人々が不安げに噂し合っています。

さて、この戦争にハウルとソフィーはどうかかわるのか。

綺麗になった部屋の、綺麗になったベッドに横たわるハウルのもとに、ソフィーがミルクを持って来ます。ハウルは寝ているのだと思ってソフィーが出ようとすると、ハウルが呼び止めます。「ぼくは本当は臆病者なんだ」というのです。荒地の魔女も、はじめ面白そうだと思って近づいたのだけれど、怖い存在であることに気づいて逃げ出したというのです。そのうえいまや王にまで呼び出されて困っている、と。魔法使いの学校に入るときに王の命令には従うという誓書を書いているので断れないというのです。

ソフィーは、王のもとに出かけて、戦争を止めろと進言すればいいではありませんか、とハウルに答えます。ハウルは弱々しく苦笑しますが、一転して「そうかあ！ ソフィーが代わりに行ってくれればいいんだ。ペンドラゴンのお母さんということでさ。息子は役立たずのろくでなしですっていってくれればいいんだ！ マダム・サリマンも諦めてくれるかもしれない」と叫びます。

たいへんなことになってしまったわけですが、ここで事態がとても明瞭になります。

王のもとに出かけるのは、王の顧問である王室付き魔法使いのサリマン先生に会うという

ことです。ハウルは彼女の最後の弟子なのです。魔法使いとしては、いわば母と子。そして、同じように召集されているだろう荒地の魔女も、恋人としてハウルを狙っているとはいえ、年齢的にいえば、関係は母と子のようなものです。そのうえハウルは、ソフィーに、自分の母親として王宮に行ってくれと頼むわけですから、ソフィーのなかにも母親的なものを見たということでしょう。おそらく、髪の染め方が巧くいかなかったからといって癇癪を起こしたハウルをきつく叱ったソフィーのなかに母親を強く感じたのだ、ということでしょう。ハウルの甘えは事実、子供っぽいというほかありません。

前章でハウルには三人の母がいると述べたのはこのことです。登場人物を一覧すれば見やすい図式ですが、しかし、サリマンには王宮から眺めた王国の地平線があり、荒地の魔女には文字通り荒地という地平線があるのに対して、ソフィーはそうではありません。アルプスを思わせる星の湖の光景がありますが、それはハウルの分身というべきカルシファーが連れて行ってくれた場所で、地平線というものがあるということを教えてくれたにすぎません。つまり、ソフィーだけが自分自身の地平線をまだ持っていないのです。

もちろん、ソフィーはいまやハウルを自分の地平線であるかのように、感じはじめているのです。それは、ハウルがいまやソフィーに潜在的な母を見たのと同じことです。前章で「天空の城ラピュタ」では、シータにとってはパズーが、パズーにとってはシータがそれぞれの地平線になっていると述べたのと、まったく同じことが起こっているのですが、「ハウルの動く城」では、あえていえば、その根拠は何かと、さらに一歩踏み込んで問われている。つまり、「天空の城ラピュタ」の到達点が、「ハウルの動く城」では出発点になっているのです。さっきの三段跳びの比喩でいえば、ホップ・ステップ・ジャンプの、そのジャンプのはじまりです。

ソフィーはハウルの、そしてハウルはソフィーの、その秘密の核心にまでは踏み込んでいない。ソフィーもハウルも、そう感じています。おそらく宮崎駿自身も、そう感じていると思われます。つまり、ソフィーがハウルの地平線に、ハウルがソフィーの地平線にかかわるその必然と当為は何かと問われているわけです。ソフィーにとってそれは、ハウルとカルシファーの関係を解くことなのではないか、ハウルにとってそれは、ソフィーと戦争の関係を解くことなのではないか。宮崎はそんなふうに当たりをつけたように見えます。物語はとうに原作を食み出しています。宮崎は作品が自分を超えて語ること、展開してゆくことを望む作家ですが、何らかの方向性は示さなければなりません。

これが、王宮でソフィーがサリマン先生と対決しなければならない真の理由です。ソフィーは、自分自身に対して、「美しかったことなんか一度もない」にもかかわらず、ハウルを愛し、ハウルにも愛されたいと思っている理由を語らなければならない。

こうしてソフィーは王宮へ出かけます。ハウルはソフィーが出かけるとき、ソフィーの指にお守りのための指輪を嵌め、「大丈夫、ぼくが姿を変えてついていくから」と囁きます。指輪は後に王宮からの脱出の際に大働きしますが、でも、ソフィーが発明しなければならなかった地平線、というより、全身体で実行しなければならなかった地平線は、王宮での対決などをはるかに超える、並外れたものだったのです。指輪はそのときになってはじめて真価を発揮することになります。

母たちの対決

とても厄介な務めを押し付けられたソフィーはそれでも気丈に王宮へと向かいます。途中で犬がついてきますが、ひょっとしてハウルかもしれないと思うと邪険にはできません。しかもそのうえ荒地の魔女にまで会ってしまう。やはり王に呼ばれているというのです。そちらはどうしてと問われたソフィーは、掃除婦としての就職活動だと答えます。いい加減に魔法を解いてくれとソフィーはいいますが、魔女に、魔法をかけることはできても解くことはできないのよ、と、軽くいなされてしまいます。

ソフィーも魔女も、王宮までの長い階段を自力で上らなければなりません。ソフィーは犬まで運ぶことになる。足が短くて階段を上ることができないからです。二人は王宮に入りますが、魔女は奇怪な装置のある部屋に留まり、ソフィーは犬に導かれるようにして入った廊下から、小姓に、まるでガラス製の体育館のような豪華で広い謁見室に案内されます。そして、王室付き魔法使いのサリマン先生と向き合う。見ると先ほどの犬がサリマンの足許にチョコンと座っているではありませんか。犬はハウルどころか、じつはサリマンの使い犬ヒンだったのです。長い石段を抱いて上ったわけですから、腹が立つのは当然。

サリマン先生は悪人顔ではありません。むしろ美しい威厳ある老女です。さすが王室付き魔法使いというべきか、いかにも知的で、荒地の魔女とは対照的です。荒地の魔女が情念的ならば、サリマンは理知的。いわば母の二つのタイプが並んでいるわけです。

そのサリマンが言うには、ハウルは自分の最後の弟子であり、弟子のなかでももっとも優秀だったのだが、悪魔と契約を結んで堕落した、いまや非常に危険な存在なのは、「心をなくしたのに力がありすぎる」からだというのです。自分の跡継ぎになるべき存在だったのに、このままでは荒地の魔女のようになってしまう、と。

そこに、小さく萎んで見る影もなくなった荒地の魔女が運ばれてきて、ソフィーのそばに座らされます。先ほどの部屋で魔法の光を浴びせられ、実年齢、おそらくは百歳を超えようかとも思われる年齢に戻されてしまったのです。いまや魔力なし。昔は素晴らしい魔法使いだったのに、悪魔と取引してこうなってしまったと、サリマンによって説明されます。

「ハウルがここに来て王国に尽くすなら、悪魔と手を切る方法を教えます。来ないなら力を奪い取ります、この女のように」

と述べるサリマンに、驚いたことにソフィーは、毅然と立ち上がってこう答えるのです。

「お言葉ですが、ハウルがなぜここに来たがらないのか、分かりました。ここは変です。招いておきながら年寄りに階段を上らせたり、変な部屋に連れ込んだり、まるで罠だわ。ハウルに心がないですって、確かにわがままで臆病で、何を考えているか分からないわ。でも、あの人はまっすぐよ、自由に生きたいだけ」と、ここでさっと顔が若返ってゆくのが素晴らしい。そして「ハウルは来ません、魔王にもなりません、悪魔とのことは自分で何とかします、私はそう信じます！」と断言するのです。

ソフィーの言葉には愛がこもっています。非論理的で強引なところが、いっそうそう思わせる。そして、その愛の言葉によってでしょう、元に戻った若いソフィーはとても美しい。

呪いを解く鍵はじつはすべて愛にあるのではないかと感じさせる一瞬です。

「お母さま、ハウルに恋をしているのね」

サリマンのその一言に図星を衝かれてはっとなった瞬間、ソフィーは老婆に戻ります。ソフィーは自分の姿かたちが変化していることに気づいていないようです。同時に、ハウルの名を聞いて一瞬正気に戻ったらしい荒地の魔女がソフィーの裾を引っ張りながら「ハウルが来るのかい？」と尋ねます。「ハウルは来ません」と答えるソフィーに、サリマンは断言します。

「ハウルは来ますよ、ハウルの弱点が見つかったわ」

弱点とはもちろんソフィーのことですが、この断言も奥が深い。息子をめぐる三人の母の対決です。

さて、大きい謁見室に続く庭に小型飛行機が着陸し、王が登場します。謁見室に入ってきて、サリマンに、息抜きに一飛びしてきたと言い、魔法使いハウルの母君と紹介されたソフィーに向かって、一席、魔法批判を弁じます。なかなか鋭い。

「せっかくだがな、私は魔法で戦に勝とうとは思わぬのだ、確かにこの王宮にはサリマンの力で、敵の爆弾は当たらない、そのかわり周りの町に落ちるのだ、魔法とはそういうものだ、なあ、サリマン」

「今日の陛下は能弁ですこと」

サリマンがそう答えたところに本物の王が登場し、それまでの王がハウルの魔法だったことが分かります。

一言二言で本物の王が退場した後、ハウルは元の顔立ちに戻って丁寧に挨拶し、ソフィーを伴って引き揚げようとします。が、そのハウルに向かって、サリマンは「逃がしませんよ」と鋭く言い放ち、杖の一打ちをもって強力な魔法を使う。あたりが一瞬、海になり、次には空中に、さらに宇宙に変わります。

サリマンはそのうえハウルに向かって「お母さまにそなたの正体を見せてあげよう」と、いっそう強力な魔法を行使する。全力でその魔力を打ち破って王宮の外に出たハウルは、ソフィーとともに先ほどの小型飛行機に乗って飛び立ちます。ハウルはソフィーに、指輪の光を頼りにカルシファーの待つ城に戻るよう指示し、自分は残ってサリマンの追撃を断つと告げ、分身の術さながらに別れて飛び立ちます。ところが、荒地の魔女も、またサリマンの使い犬ヒンまでも、ソフィーに付いてきてしまう。懐《なつ》かれちゃったのです。

一行はソフィーの操縦でどうにかこうにか城に帰りつき、翌日にはハウルも帰ります。ハウルが帰る前、ソフィーはハウルに愛を告白する夢を見ます。夢は内心の吐露。サリマンの前で堂々と語った以上、ソフィーはもう自分自身にその事実を隠し切れなくなっているのです。とはいえ、これ以上、物語を詳細に追う余裕はありません。もう、ソフィーの大いなる地平線へと一直線に向かわなければなりません。

「私、きれいでもないし……」

サリマンの追っ手から逃れるためには、ハウル一家は引っ越ししなければなりません。

首都のペンドラゴン名義の家も港町のジェンキンス名義の家も、サリマンが派遣した軍隊に攻め込まれますが、ハウルはすでに蛻《もぬけ》の殻にしていました。その二つに代わるものとしてハウルが選んだ引っ越し先は、驚いたことに、ついこの前まで、ソフィーの帽子屋だった家でした。

ハウルはそこで花屋を開こうというのですが――戦時中の花屋！――、ここで細かく物語を追うわけにはいきません。

重要なことはそこで、ハウルがソフィーに、水面が鏡となって空を映すためにまるで空中に浮かぶように見える花の湖水高原――「星の湖」と違ってどこか怖いような非現実感を漂わせています――をプレゼントするということです。扉脇の階数を示す色は首都に与えられていた赤。扉から外に出た瞬間、ソフィーはその美しさに「ワァー」と叫んだまま、言葉が出ません。

「ぼくの秘密の庭さ」とハウルは言います。

感動のあまり無言のまま佇《たたず》むソフィーは、声をかけられて、「不思議ね……　私、前ここに来た気がするの……　涙が出てきちゃった……」と言います。最後の場面への重要な布石です。

ソフィーの顔は元の若さに戻っていますが、もちろん髪の色は灰色のまま。丘陵を登って見下ろすと、そこには水車小屋が建っています。

「まあ……　ちっちゃな家」

「ぼくの大事な隠れ家さ、子供のころの夏に、よくあそこで、ひとりですごしたんだ」

「ひとりで……」

「魔法使いのおじが、ぼくにこっそり残してくれた小屋なんだ。ソフィーなら好きに使っていいよ」

小屋へ向かって下りてゆくハウル、立ち止まるソフィー。

「どうしたの？」

「怖い。小屋へ行ったら、ハウルがどこかへ行っちゃうような気がするの。ハウル、本当のことをいって。私、ハウルが怪物だって平気よ」

「ぼくはソフィーたちが安心して暮らせるようにしたいんだよ。ここの花を摘んでさ、花屋さんをあの店で出来ないかなあ……　ね。ソフィーならうまくやれるよ」

「そしたらハウルは行っちゃうの？　私、ハウルの力になりたいの……　私、きれいでもないし、掃除くらいしか出来ないから……」

ハウルは驚いて目を見張ります。

「ソフィー、ソフィーはきれいだよ」

ハウルがそう言った瞬間、ソフィーは老婆に戻っています。

宮崎駿の脚本には無駄がありません。「ハウルが怪物だって平気」といいながら、ソフィーがまだ自分が「きれいでもない」ことにこだわっていることが分かる。

ハウルはもう「ソフィーたちが安心して暮らせるようにしたい」と断言しているにもかかわらず、ソフィーのほうはいわば見てくれを気にしていることになる。理屈でいえば「ソフィーが老婆だって平気」という次元があることを、ソフィーは自分自身にも言い聞かせなければならないはずです。それこそサリマンの「お母さまにそなたの正体を見せてあげよう」という言葉に対抗できる唯一の根拠なのですから。

夢のようなこの花の湖水高原に突然、現実の空中軍艦が闖入《ちんにゅう》してきて、ハウルはソフィーを大急ぎで元の扉まで連れ帰り、カルシファーやマルクルのもとに戻します【図版6－15】。

図版6-15　まるで空中に浮かんでいるような花の湖水高原に、突然空中軍艦が闖入してきた。
©2004 Studio Ghibli・NDDMT

この場面が重要なのは、最後の場面への見事な伏線になっているからです。少年ハウルはまさにこの高原、秘密の花園のようなこの高原で、流れ星だった火の悪魔カルシファーと契約を結び、カルシファーに心を渡してその火の力を得たのでした。

荒地の魔女がソフィーのポケットに忍ばせてハウルに渡すようにした手紙の文面、「汝、流れ星を捉えし者、心なき男、お前の心臓は私のものだ」は、この事実を述べていたのです。サリマンのいう「心をなくしたのに力がありすぎる」という言葉にしても同じ。

サリマンにしてみればハウルはカルシファーの火の力を国家のためにではなく自分一個のために使っているように見えたのでしょう。でも、ソフィーの眼にはそうは映っていなかった。ソフィーには逆に、ハウルは心があって力がない存在に見えていたのです。にもかかわらず、戦争とともに、ソフィーたちを守ろうとしてハウルが傷ついてゆくことに、ソフィーはもう完全に耐えられなくなっていた。

そこで、ハウルが選んだ家すなわち昔の帽子屋にはもういられないとソフィーは思います。町のなかにいたのでは、敵が爆撃してくるだけではない、サリマンの手下たちにも襲われるのです。カルシファーの動く城のほうがいい。以前と違って小さくなっても、いや、小さくなればなるほどかえってそのほうがいい、そしてハウルも同じようにそこに隠れ住んでくれたほうがいいと考えた。「あの人は弱虫でいるほうがいい」というのはそういうことです。ほとんどもう庇護者の気分。

魔力を失った荒地の魔女を連れ帰ったのは、国家を標榜するサリマンよりも個人にかまける荒地の魔女のほうが良いと思っていたからだとさえいえます。このソフィーの原理はマルクルにおいていっそう鮮明になります。

マルクルは存在そのものが思想です。

「ぼくら、家族?」

数日後、サリマンがソフィーの義母を使ってソフィーのもとに「のぞき虫」を送り込もうとします。荒地の魔女が早速見つけてカルシファーの火で焼いてしまうので問題ないのですが、そのソフィーの義母が、自分は金持ちと再婚したのでいまや一緒に住むことが出来る、移ってこないかと、その気もないのにソフィーに話すのを、マルクルが耳そばだてて聞いていました。階段から眼だけ出して聞いているマルクルの表情がいい。

「ハウルの動く城」ではマルクルは一貫して可愛い。それにしても可愛いとは何か、宮崎駿における「可愛さ」の研究はいずれ誰かがしなければならないでしょう。

そのマルクルが、義母が帰るやいなや、「ソフィー、行かないで、ぼく、ソフィーが好きだ、ここにいて」とソフィーに抱きつきます。この前後も素晴らしい。

マルクルにおいてはソフィーがほとんど現実の母になってしまっている。

「私もよ、マルクル、大丈夫、行かない」

「ぼくら、家族？」

「そう、家族よ」

「よかった」

と続くのですが、マルクルはすっかりソフィーに懐《なつ》いてしまったのです。

家族の本質は懐くことにあるのではないか？

不思議なことに、火の悪魔のカルシファーはもとより、カカシのカブも、犬のヒンも、荒地の魔女さえも、ソフィーに懐いてしまった。そうしていわば義理の家族を形成してしまった。ソフィーは結果的に家族の原理を貫徹しているように見えます。

指摘するまでもなく、ソフィーが、戦場に出かけようとするハウルに向かって「待って、ここにいて。ハウル、行ってはダメ」という台詞は、マルクルがソフィーにいう台詞とまったく同型です。

「次の空襲が来る」

「逃げましょう、戦ってはダメ」

「なぜ？　ぼくはもう十分に逃げた、ようやく守らなければならないものができたんだ、君だ」

と続くわけですが、ここにすでにサリマンの思想の萌芽があるとさえいえます。「守らなければならないもの」は「君」だけではなく、「国家」でもありうるからです。対するにソフィーの家族主義は徹底しています。何よりもまず逃げようというのです。

夜、空中で爆撃機と戦うハウルを何度も見ているソフィーはいまや決断します。町の家の扉の指示円盤を、山麓に回して、外に出ます。最後に、ソフィーが火を載せる器にカルシファーを持って出た瞬間、ハウルの動く城が音をたてて崩れます。建物を維持しているカルシファーを持ち出したのですから当然です。ソフィーは崩れた瓦礫《がれき》のなかに入って、暖炉を見つけ出し、カルシファーをそこに再び据えて、壊れた城をもう一度動かすように頼みます。ハウルのもとへ連れて行けという依頼です。カルシファーは渋りますが、ソフィーのおさげ髪を捧げ物にしてもらって馬鹿力を発揮し、瓦礫のなかから使える部分だけ再構成して小型の動く城を作り、移動します。

けれど、ハウルが戦っている真下くらいに来たときに、予想もしなかった事態が起こります。なかば認知症になった荒地の魔女が、カルシファーの中心部に青く輝くハウルの心臓を発見し、魅入られたように鷲摑みにしてしまうのです。荒地の魔女は火に包まれます。熱い熱いと絶叫しながら、なおハウルの心臓を離しません。ソフィーは火を取り上げようとしますが、熱くてできません。窮したソフィーはバケツの水をかけてしまいます。火は消えますが、万事休す。ソフィーは虚脱します。

もちろん、小さくなった動く城は、カルシファーの災難によってさらに崩壊し、いまやひっそり青く輝くだけのハウルの心臓をなお離そうとしない荒地の魔女の乗った脚つき筏《いかだ》を残すのみで、部品はすべて四散します。筏には魔女のほかにマルクルとカブが残り、ソフィーと犬のヒンは四散した瓦礫のなかに取り残されます。

こうして、最後の場面へと移るわけです。

瓦礫のなかから起き出すソフィー。背中だけが映し出されますが、それだけで茫然としていることが分かります。そばにヒンがいます。

「ヒン、たいへんなことしちゃった」

向きを変えると、ソフィーの顔は完全にもとに戻っています。そして、両眼下半分に涙が目一杯たまっている。その「うるうる」の具合が半端じゃない。

「カルシファーに水をかけちゃった」

涙が眼から溢れぼたぼたと落ちます。まさに涙の洪水。

「ハウルが死んだらどうしよう」

少女のように大声で泣きますが、大量の涙に反応して指輪が光線を出します。もちろん、王宮に出かけるとき、ハウルがお守りに嵌めてくれたあの指輪です。ヒンが光線に気づいて騒ぎますが、ソフィーはなかなか気づかない。ようやく気づいたソフィーは、涙顔のまま、その光線に尋ねます。

「ハウルが生きているの？　生きているなら場所を教えて」

ソフィーは光線に導かれて、瓦礫に埋もれた城のドアを開きます。開くと黒い遮蔽板《しゃへいばん》があって、光はそこで止まってしまいますが、見えないだけで、光はその先に進んでいるような感じがします。事実、押すと手が入っていきます。物質をすり抜けるのですから異次元への入り口です。時間の膜のようなものだと思わせる。

指輪の青い光をたよりに闇のなかを歩いてゆくと、以前、ハウルに案内された水車小屋のなか、書きものをしていたらしいテーブルの前に出ます。夜ですが薄明るい。遠くからトランペットの音が響きます。

金管は火と光、弦は水と風。

水車小屋の扉を開けると、星がいくつも流れています。指輪が反応して指を締めつけます。同時に大きく強く輝く流星が湖の向こうに落ち、一面が明るくなる。その明るみのなかを少年のハウルが歩いています。ソフィーが「ハウル……?」と呼んだ瞬間、水車小屋の背後のほうから夥しい流星が飛び出しハウルのほうへと流れてゆきます。

「私、いま、ハウルの子供時代にいるんだ」

ソフィーはそう叫びながら湿地の草原へと走り出します。

湖の上を走る流星の光、水面に落ちて輝く光、光はまるで人間のように走り回っています。湿地に足を取られ、どうしようと思っているソフィーの面前で、ハウルへ向かって大きな流星が落ちてぶつかります。あたり一面が昼のように明るくなる。その輝きを両の手のひらに載せて見つめるハウルの姿。思いを決めたようにハウルがその青白い光を呑みます。火の雫が飛散します。光を呑み込んでしまったハウルはウッといって俯《うつむ》きますが、次の瞬間、胸から火を取り出しています。カルシファーに違いありません。

その瞬間、ソフィーの指輪がパチンと砕け、地面が大きく割れてソフィーはそこに飲み込まれてゆきます。ソフィーは大きな声で叫びます。

「ハウル！　カルシファー！　私はソフィー、待ってて、私、きっと行くから、未来で待ってて！」

過去へ戻ったソフィーは、ハウルとカルシファーの契約の現場を見たのです。

ソフィーは落下し、それにヒンが付いてきます。まるで宇宙空間を浮遊しているようで、いまやヒンのほうがソフィーを案内しはじめています。ソフィーは不思議な空間を歩きながらなぜか涙が止まりません。

こうして、ソフィーは元の空間に戻ります。ヒンに導かれて、入ってきた元のドアから出るのです。ソフィーとヒンが出ると、ドアは瓦礫に飲み込まれるように消滅します。ソフィーの真正面に仮死状態のハウルが黒い羽毛のかたまり状態で立っています。黒い羽毛しか見えないのですが、ソフィーにはそれがハウルであることがすぐ分かります。

図版6-16　ソフィーは思いを込めて、羽毛をかき分けて仮死状態のハウルに接吻する。

羽毛をかき分けると、はたしてそこに凝固したようなハウルの顔があります。見開いたままの眼に向かって、ソフィーは言います。

「ごめんね、私グズだから…… ハウルはずーっと待っててくれたのに」

ソフィーが思いを込めてハウルに接吻します【図版6−16】。

「私をカルシファーの所へ連れて行って」

すると、仮死状態のハウルが動き出します。動き出してソフィーとヒンを脚に乗せ、明け方の空へ向かって飛び立ちます。

そう、グズだったのです、自分が綺麗かどうかなど考えるより先に、したいこと、しなければならないことをすべてすべきだったのです。ハウルの子供時代にすでに約束していたことだったのですから。「私、きっと行くから、未来で待ってて！」と。

地平線を背景に火と接吻すること

カルシファーの筏には、カカシのカブ、マルクル、魔女が乗っています。カルシファーがハウルの心である青い火にまで萎《しぼ》んでいても、なお二本足で歩いているのです。

そこにハウルが着きます。着いた瞬間、羽毛が飛散し、もとのハウルだけが残ります。マルクルが待っていたかのように飛んできて、ソフィーに「死んじゃった？」と尋ねると、「ううん、大丈夫」とソフィーはためらうことなく答えます。自信があるのです。いや、ほとんど威厳があるといっていい。

青い火を離さない魔女に向かってソフィーが「おばあちゃん、お願い」と言います。「あ

図版6-17　最後の一連の場面におけるソフィーの表情、すべてが美しい。

たしゃ知らないよ、何も持ってないよ」と魔女は答えますが、ソフィーに優しく抱かれると、「仕方ないね、大事にするんだよ」と言ってソフィーに青い火を返します。ソフィーは魔女の頬に接吻します。

「カルシファー、心臓をハウルに返したら、あなたは死んじゃうの？」

「ソフィーなら平気だよ、多分。オイラに水をかけても、オイラもハウルも死ななかったから……」

　この最後の一連の場面におけるソフィーの表情は細部にいたるまですべて美しい【図版6－17】。

　ソフィーは「やってみるね……」といって一度目をつむり、「どうか、カルシファーが千年も生き、ハウルが心を取り戻しますように……」と祈りながら、青い火をハウルの胸に埋め込みます。すると、光が波のように揺らいだ後に、流星が飛び出す。

「生きてる！　オイラ自由だー」

　カルシファーはそう叫んで天空を舞うように飛び去ってゆきます。

　ハウルも息を吹き返します。「動いた、生きてる！」とマルクルが叫んだ瞬間、しかし、筏は脚がもげて崩れ、尾根から崖下へと落ちてゆきます。

「カルシファーの魔法が解けたんだ!」とマルクル。

ものすごい勢いで落下する筏を止めようとカブが奮闘し、谷底へ墜落する瞬間を食い止めますが、カブの一本足が折れて筏は墜落、しかし岩にひっかかって奇跡的に平衡を保って止まります。

「カブ、大丈夫? すぐ新しい棒見つけてあげるね。カブ、ありがとう」

ソフィーは思わずカブを抱きしめキスしますが、その瞬間、カカシの衣裳は雲散霧消し、美しい貴公子が登場、「ありがとう、ソフィー」と優雅にお辞儀します。

「私は隣の国の王子です。呪いでカブ頭にされていたのです」

まるでバレエ『眠れる森の美女』の逆ヴァージョンですが、カブはソフィーのハウルへの愛の強さを目の当たりにして、ソフィーのことをあきらめ、帰国して戦争を止めさせようと誓って帰ってゆきます。

もうこれ以上、物語を追う必要もないでしょうが、ここでも、宮崎駿は、作品を作品から食み出させることを止めていないことは断っておく必要があります。

カブは去りぎわに「心変わりは人の世の常と申しますから……」と言い残します。いわばソフィーにさえも心変わりがありうるということです。ただし、これに反応するのは百歳を超えたと思しい荒地の魔女であり、「あら、いいことというわねえ。じゃあ、あたしが待っててあげるわ」と猛烈なウィンクをします。宮崎駿は自身の作品を最後に相対化するのは作家の礼儀だと心得ているようですが、この最後の場面が示唆するのは、もうひとつ、年齢の問題です。それもまた「ハウルの動く城」の重要な主題なのですが、見逃されやすい。

とはいえ老齢化社会の問題ではありません。ここで示されているのはむしろ、年齢もまた文化の問題であり、それは生理的現実であると同時に文化的虚構であり、演じられうるし、演じられなければならないという思想です。「ハウルの動く城」においては、老婆にされたソフィーだけでなく、他の二人の女性、サリマンも荒地の魔女も、概念としては老婆に配される存在であることは忘れてはならないでしょう。

サリマンはソフィー一行の最後の一部始終を、使い犬ヒンの報告として水晶玉を通して知りますが、ヒンに向かって「何です、今頃連絡してきて。あなた何をやってたの。ハッピーエンドっていうわけね。この浮気者！」と叱りつけます。その後に、小姓に向かって「総理大臣と参謀長を呼びなさい。このバカげた戦争を終わらせましょう」と命じます。ここでも宮崎駿は作品を食み出してそれを相対化しています。

映画は、一度自由になって飛び立ったカルシファーが戻ってきて、今度は自由意志でソフィーたちと一緒に住みたいといい、「ハウルの動く城」ならぬ「ハウルの飛ぶ家」を提供したという絵柄で終わるのですが、じつはその飛ぶ家の俯瞰画面がきわめて興味深いのです。いわば「天空の城ラピュタ」のミニチュアです。小さいけれど庭があって、そこでマルクルとヒンが遊び、屋内の暖炉ではカルシファーが燃え、そのそばに魔女がいる。ベランダにソフィーとハウルが並んでいる。フーム、これは典型的なマイホームであるぞ、と思わせられます。でも、素晴らしい家族。

大空に消えてゆく「ハウルの飛ぶ家」の姿を眺めていると、サリマンのいう「ハッピーエンド」の一語がいささか皮肉気に響くのは否定できません。もちろん、皮肉ともとられうる展開を用意したのは宮崎自身だということを忘れてはならない。作品の外部を思わせるこの視線は宮崎自身の視線なのですから。

もうひとつ、サリマンの最後の台詞「このバカげた戦争」という表現も重要です。戦争そのものが、ハウルを引き寄せ心変わりさせるために仕掛けられた罠にすぎなかったのではないか、と思わせるほど個人的な調子を帯びているからです。そんな個人的なことで途方もない災厄をもたらしていいんだろうかと思いますが、しかしサリマンならば逆に、それじゃあ、そうではない災厄ってどれだけあるというの、と聞き返すでしょう。世界史を見直してご覧なさい、いや、いま現在を見直してご覧なさい、と。

サリマンとハウルは、戦う、守るという点で似通っていて、戦争の美学、戦争の地平線において重なり合う面を持っています。対するにソフィー、マルクルにはそういう面はいっさいなく、ただひたすら家族生活を温かく維持しようとしている。荒地の魔女はむしろ個人主義的であることにおいてソフィーの側に近い。この図式において、作品が大きくソフィーの側に傾いていることは疑いありません。ソフィーの「あの人は弱虫でいるほうがいい」という思想です。この思想は強い。

振り返ってみましょう。

ソフィーは、不思議な扉からタイム・トリップし、ハウルの子供時代に帰ってハウルとカルシファーの契約を見、現在に引き返してそれを解消させます。ハウルはカルシファーに心臓を与えることによって彼を支配し、その途方もない力を無制限に使っていたわけですが、ソフィーがカルシファーに水をかけることで結果的にそれを解消させたのです。とはいえ、契約はハウルにとってもカルシファーにとっても良くないことだと、ソフィーにはもともと思えていたに違いありません。ソフィーはこうしてハウルが戦争に介入すること——とはいえ攻撃兵器を無力化することだけだったように見えるのですが——をも止めさせます。

一見、個人的な恋愛の成就に見えます。

でも、それだけでしょうか。

違います。

ソフィーがタイム・トリップするときの神話的な動画の迫力は、ハウルとカルシファーの契約の光景が、そのまま人類が火を操るようになった原初の光景と重ね合わせられうることを語っています。ソフィーはハウルの子供時代に戻っただけではない、人類の子供時代に戻ったようなものなのです。

火という現象はあまりにも強く、そういうことを考えさせずにおきません。火こそ人類に並はずれた幸福と不幸を同時にもたらしたものなのです。

人類が火の発見、火の発明によって他の動物を大きく引き離したとは言い尽くされていることです。バシュラールによれば、文字の発見、言語の発明もそれに寄り添っている。ハウルとカルシファーの契約を間近に見たソフィーは、瀕死のハウルとカルシファーを助けるために、その契約を解消させました。しかし、二人を解き放ったうえ、再契約させた、あるいは再契約したのです。

その再契約こそ、ソフィーが発明した彼女の地平線にほかならない。それこそ、意識を回復したハウルの最初に発する言葉に「ああ、ソフィーの髪の毛、星の光に染まっているね」

が含まれる理由なのです。星すなわち火の悪魔カルシファーなのですから。

いまや「ハウルの動く城」のなかでもっとも強く印象に残る場面について触れなければなりません。

「動く城」を「飛ぶ家」に変えたのはカルシファーに違いありませんが、そのカルシファーが自由意志で戻ってきたとき、マルクルは「カルシファーだ」と叫び、ハウルは「戻って来なくてもよかったのに」と気遣い、カルシファー自身は「オイラみんなといたいんだ、雨も降りそうだしさ」と叫びます。そして最後に、ソフィーが、

「ありがとう、カルシファー」

といって、その火に接吻するのです【図版6－18】。

むろん、「動く城」で体験したこと全体に対する感謝の言葉と受け取れますが、まるで全人類を代表して太古からの「火」の力に感謝の意を表してもいるようです。そう見て少しも奇異でないのは、ソフィーにはハウルに「心」を返す儀式を執り行ったときの威厳がなお漂っているからです。

それだけではありません。一方は夜、他方は昼と、絵柄は大きく違いますが、ソフィーはここで、かつてハウルがカルシファーと行った契約を完璧に反復しているのです。ハウルは呑み込み、ソフィーは接吻する。行為の基本はほとんど変わりません。宮崎駿はここには反復がなければならないと強く思ったに違いありません。

ソフィーは人間と火の再契約を自分の地平線であると決めた。まさにそれこそ、この接吻の背景に驚くほど雄大な地平線が描かれなければならなかった理由なのではないでしょう

か。地球上のどの場所をモデルにしたのか知りませんが、「星の湖」も美しかったけれど、この最後の場面に描かれた地平線はさらにいっそう雄大です。ソフィーは、その雄大な地平線の中心で、自由になったカルシファーと接吻し、再び契約を結んだのです。

この接吻の背景には雄大な地平線がなければならないと、宮崎駿は確信したに違いありません。わずか数秒のことですが、そう思わせるほど地平線は立派なのです。

図版6-18　雄大な地平線を背に「ありがとう、カルシファー」と言って火に接吻するソフィー。

再契約したその火は原子力の火かもしれない。でも、カルシファーはソフィーに懐いたけれど、原子力はいまなお人類に懐いているようにはまったく見えません。けれど、ソフィーにおいて何か新しいことがはじまったことは疑いありません。とすれば、ソフィーは第三の火、人類がいまなお発明していない、まったく新しい火のために接吻したのではないでしょうか。それこそ彼女の新しい地平線のはじまり、新しい自由なのではないでしょうか。「ソフィーとハウルの飛ぶ家」はそのことを象徴しているのではないでしょうか。

そういう意味では、「ハウルの動く城」は、「未来少年コナン」や「天空の城ラピュタ」のみならず、「風の谷のナウシカ」や「もののけ姫」で提起された根本的な問題——

人類の文明という問題――を、地平線という主題のもとにいっそう深く探究しているといっていいと思います。ソフィーには未来があり、自由があります。

「ハウルの動く城」という作品は、自分自身が地平線と火の接吻の物語であることを十分に知っているのです。

繰り返します。ソフィーは第三の火、人類がいまなお発明していない、まったく新しい火のためにカルシファーに接吻したのだと、私は密かに確信しています。そういうかたちで、人類に新しい地平線の可能性を示唆したのだ、と。

それはおそらく、家族をもう一度新しい眼で見つめ直すことと密接にかかわっているに違いありません。懐かしさとはいったい何なのだろうという問いとともに。

考えるための手がかり、きっかけになるかもしれないことをひとつだけ挙げておきます。

シュンペーターの最初の著書『理論経済学の本質と主要内容』の冒頭に、「シュンペーター未亡人、ヨハナ・フォン・ケラー夫人に本書を捧ぐ」という献辞が銘記されています。むろんシュンペーターのお母さんの名です。シュンペーターの養育のために、年上の貴族フォン・ケラーと再婚したその母に、最初の著書が捧げられたわけです。シュンペーターといえば技術革新すなわち新結合がいわれ、創造的破壊が論じられるわけですが、それらの概念がどういう背景から生まれたか、この献辞からストレートに分かります。刊行時、シュンペーターは二十五歳の若さでした。鍵は自己とのコミュニケーションですが、媒介は家族です。詳細は省きますが、シュンペーターはマルクスの階級理論を家族論で粉砕しているのです。

ソフィーの火の接吻の意味はじつに奥行が深い、と私は強く思います。

第七章

内面空間としての地平線——「千と千尋の神隠し」

内面とは解釈空間である――「天空の城ラピュタ」から「ハウルの動く城」へ

「未来少年コナン」（テレビ放映、一九七八）、「天空の城ラピュタ」（一九八六）、「ハウルの動く城」（二〇〇四）は、「恋愛の地平線」三部作といっていいものだと繰り返し述べてきました。それは「恋愛の地平線」が内面的に掘り下げられてゆく過程なのだ、と。

具体的にいえばこういうことです。

「未来少年コナン」から「天空の城ラピュタ」への過程は、恋愛が登場する過程です。もちろん、「未来少年コナン」のコナンとラナは似合いのカップルですが、二人の恋愛が主題になっているわけでは必ずしもありません。あくまでも、インダストリア行政局長レプカの独裁的な世界征服の野望を打ち砕いて、人類の未来を守ろうとするコナンやラナといった人々の戦いの物語であって、二人のほのかな恋心はその物語にそれとなく添えられた花といったところです。二人は出会って、苦難にめげず、心を合わせ、戦いに打ち勝つ。

しかし、「天空の城ラピュタ」になると違います。これはもうはっきりと、パズーとシータの愛の物語になっているのです。

そのことはもう、パズーが、天から降ってきた少女シータを、文字通り天からの贈り物のように両手で受け止める場面に明らかです。浜辺に打ち上げられたラナを見つけるコナンという設定とはかなり違います。

宮崎には、たとえば授かるなら授かるという語からひとつのイメージがただちに思い浮かんでしまうような能力があるのではないでしょうか。誰もが持っているけれど気づかないだけかもしれませんが、授かるという語とともに、横たわったままゆっくりと降下してくる少女と、それをしっかりと受け止める少年のイメージが浮かんできてしまったに違いないと思わせるところがあるのです。次々に浮かび上がるそういうイメージが奇想天外な物語を誘い出してしまうのかもしれない。なぜなら、物語として納得させられると同時に、しかしそれ以上に、ひとつひとつのイメージがそれぞれ絵として独立して立ち上がってきてしまうからです。詩、それもその奇想天外さにおいてシュルレアリスムを思わせますが、私にはきわめて貴重な資質に思われます。

パズーは、この天からの贈り物を海賊の追跡から必死になって守ろうとしますが、贈り物すなわち飛行石のペンダントを胸にかけた少女シータともども、国家の特務機関であるムスカ大佐一味によって捉えられ、大きな城に幽閉されてしまいます。まもなく、パズーは牢獄から解放されますが、それはシータがムスカ大佐に、パズーは飛行石の件とはまったく無関係で、自分はただ落下地点でたまたまパズーに出会ったにすぎないと語ったからです。じつは、パズーの父は冒険家で「天空の城ラピュタ」を写真に撮った唯一の人間であり、そのこともあってパズーは、両親亡き後も空飛ぶことに強く憧れていたのですが、そしてそれはパズーの自己紹介によってすでにシータのよく知るところだったのですが、そんなことはおくびにも出しませんでした。

いわれてみれば表向きはその通りなのですから、牢獄から釈放されたパズーは、シータがムスカとパズーの面前で語ったその言葉、「パズーは無関係だ」という言葉に意気消沈して我が家に帰ります。ところが、びっくり仰天、我が家はすでに海賊の女親分ドーラとその息子をはじめとする一味に占領されているではありませんか。

しかし、この予想外の展開が、パズーにとってはもうひとつの素晴らしい贈り物になったのです。なぜなら、そこでドーラが、「馬鹿だね、お前は。お前のことを飛行石と無関係だといったのは、愛するものを厄介事に巻き込みたくなかったからに決まっているじゃないか。それが女心というものだよ」と、シータの心理を解説してくれたからです。

パズーは一転、勇気百倍、飛行石つまりはシータを追いかけようとする海賊一味に自分も加えてくれるようドーラに頼み込み、こうして「天空の城ラピュタ」探検へと向かう物語が本格的にはじまるわけですが、ここでその物語と同じほどに重要なのは、何といってもこのドーラの言葉に違いありません。

これはつまり、恋愛とは人間の内面空間のはじまりなんだよ、と教えてくれているようなものだからです。愛するからこそ口を閉ざすってこともあるんだよ、と。だからこそ、深く考え込まなければならないという心の空間が成立するんだよ、と。

恋愛こそ内面空間のはじまり。ここから「天空の城ラピュタ」の、二人いっしょに叫ぶ滅びの言葉「バルス」、つまり愛の成就まではほとんど一直線といっていいほどなのですが、この内面空間の厚みと豊かさのすべてを引き受けるようなかたちで展開しているのが「ハウルの動く城」なのです。

「天空の城ラピュタ」と「ハウルの動く城」の間には二十年近くの開きがあって、その間に「となりのトトロ」、「魔女の宅急便」、「紅の豚」、「もののけ姫」、「千と千尋の神隠し」と、いずれも重要かつ魅力に溢れた五つの作品が入ります。参考のため、宮崎が監督した作品の主要なもののみ一覧します。

一九七三　「パンダコパンダ 雨ふりサーカスの巻」
一九七八　「未来少年コナン」（テレビ放映）
一九七九　「ルパン三世　カリオストロの城」
一九八四　「風の谷のナウシカ」
一九八六　「天空の城ラピュタ」
一九八八　「となりのトトロ」
一九八九　「魔女の宅急便」
一九九二　「紅の豚」
一九九七　「もののけ姫」
二〇〇一　「千と千尋の神隠し」
二〇〇四　「ハウルの動く城」
二〇〇八　「崖の上のポニョ」
二〇一三　「風立ちぬ」

さすがに壮観です。さまざまなことを考えさせますが、恋愛の内面性の探究ということでは、「天空の城ラピュタ」の恋愛物語の直系は、やはり「ハウルの動く城」に違いないということです。ドーラに代わって荒地の魔女が、こんどは女主人公ソフィーに向かってその内面空間を教えてくれるからです。

教えてくれるといっても言葉によってではありません。行為で教えるのです。

街でハウルに、ほんの行きがかりで、というように声をかけられたソフィーは、あろうことか、エスコートされたまま地上はるか屋根屋根の上まで飛び上がり、それこそ空中歩行をともにすることになるわけですが、この天にも昇る気持ちはそのまま恋に落ちる気持ちにほかなりませんでした。恋の初体験にボーッとしながらも、けなげに店に帰ったソフィーは、店を閉めていたにもかかわらず強引に入ってきた荒地の魔女に魔法をかけられ、一瞬のうちに老婆に変身させられてしまいます。

空中歩行の次は老婆に変身させられ、と、ソフィーにしてみれば、ほかならぬ自分のことでありながら、何が何だか分からなくなるような事件の多い日だったわけですが、それにしても、荒地の魔女のしたことは、それがハウルに声をかけられた若い女の子に対する嫉妬から出た行為であったにせよ、いや、嫉妬から出た行為であったからこそ、「お前は恋に陥ったのだよ」と教えてくれたようなものだったのです。

「天空の城ラピュタ」では、パズーはドーラにシータの本心を教えられます。

「ハウルの動く城」では、ソフィーは荒地の魔女に、ソフィー自身の本心を教えられる。

他人が自分の本心を教えてくれる。

これこそ内面空間の神髄というべきものでしょう。自分というものを考えるきっかけにほかならないからです。そうだったのか、という覚醒がさらに深い考察に導きます。

もちろんこれはちょっと入り組んでいる。いや、「天空の城ラピュタ」に比べれば、はるかに複雑です。ソフィーが実際にどう思っているのかは、直接には語られないのですから、事態は複雑なまま先へ先へと進行するのですが、しかし、翌日、目を覚ましたソフィーが、意を決したようにまっすぐに丘陵へ、すなわちハウルの動く城のほうへと向かうことを考えれば、心はともかく身体では、荒地の魔女の教えてくれた通りであると納得していたことは明らかでしょう。ソフィーは城に引き寄せられるというより、みずから城に向かうのですから、なおさらです。

シータの内面は、ある意味では単純です。ドーラが解説してくれた通り、パズーに好意を抱いていたからこそ、パズーを厄介事に巻き込まないようにしたのです。いわば愛の告白のようなもの。だからこそ二人はやがて心をひとつにして滅びの言葉を称えることができたのです。これはそれこそ恋愛一直線。

ソフィーの場合は違っています。この心の高ぶりはいったい何だろう。恋かもしれない。けれど、相手の気持ちが分からない以上、口に出すことはやめよう。いや、私は少しも綺麗ではないのだから、つまり相手が自分と同じ気持ちを持つなんて金輪際ありえないはずなのだから、ぜったいに口に出してはならない。いまこうしてハウルの動く城のなかに入り込んだのも、醜い老婆に変身させられて、「私だって」という気持ちをいっさい封じ込めることができたからなのだ、というところでしょう。いっさい封じ込めることができたからこそ、掃除婦としてほとんど傍若無人に振る舞えるようにもなったのです。

さあ、いったい何が問題なのでしょうか。違いはいったい何なのでしょうか。解釈です。恋の内面空間は、解釈の次元で成り立っているのです。解釈つまり謎解きこそが内面空間の実質なのだといっていいほどです。

「天空の城ラピュタ」においては、ドーラがパズーにシータの内面を解釈してくれました。それがパズーにとって嬉しかったのは、パズー自身が恋に陥っていたからです。ドーラはそれを見抜いて教えてくれたのです。たったそれだけのことであるにもかかわらず、「未来少年コナン」と違って「天空の城ラピュタ」には内面空間がはっきりと描かれているといえるのは、シータが、本心を隠して無関心を装ったからです。解釈の次元すなわち内面が登場するのはまさにここにおいてなのです。

けれど「天空の城ラピュタ」における解釈の次元はなお単純です。いわばまだ恋愛の一次方程式のようなもの。xが決まればyが決まるといったようなところです。

「ハウルの動く城」は違います。二次方程式になっている。変数がハウルとソフィーの二つになっているだけではなく、ソフィーがソフィー自身をどう思うかという関係、すなわち自己関係いわば二乗の関係までも含んでいるのです。荒地の魔女が教えてくれたのはソフィーが恋に陥っているということであって、ハウルがどうかではありません。しかも、ソフィーは、相手が同じ心を持つ可能性がないのならば諦めよう、恋は物乞いではない、と思うような女性なのです。それはもう、冒頭から明らか。強い自尊心、強い自立心があるのです。宮崎駿好みといっていい。いや、人はすべて自尊心をもっているのですから、人類好みというべきかもしれません。

ソフィーのこの自尊心の強さはその後の展開からも明らかです。空中歩行の翌々日、ハウルの動く城で再びハウルと対面したとき、ソフィーは「ソフィーばあさん」と名乗り、「この城の新しい掃除婦」だと自己紹介します。

普通ならば、一昨日会って一緒に空中歩行したじゃない、そのおかげで荒地の魔女に老婆に変身させられてしまったのよ、どうしてくれる、と難詰しかねないところです。

でも、そういう気持ちはいっさい抑える。いっさい抑えてハウルの傍にいることを選ぶのです。もちろん、好きになってしまったからです。それで十分、と、自分に言い聞かせている。ハウルの本心を探ろうなどという気持ちさえない。抑えに抑えたその気持ちが、たとえば、癇癪を起こして闇の精霊を呼び出し緑のねばねば液体まみれになって意識を失ってしまったハウルに向かって叫ぶ台詞に噴出しています。「もう、ハウルなんか好きにすればいい。私なんか、美しかったことなんか一度もないわ」というのがそれです。

屈折してるよ、と思われかねませんが、けれど、この叫びが素晴らしいのは、ソフィーの内面空間のありよう、その資質を見事に表わしているからです。これこそ、正真正銘の、内面の告白にほかなりません。

ソフィーは長い間、自問自答を繰り返してきたに違いありません。出がけに鏡の前でにっこり微笑んで見せたのと同じことですが、それは自分の容姿をどう受け取るかということであり、自分の心、魂がそれをどう解釈するかということです。ソフィーの内省的な資質がここではそのまま恋の内面空間に変容しているのです。その内面空間は微妙に屈折していて、したがってシータのそれよりはるかに複雑です。さまざまな解釈を要求する。けれど恋の内面空間とは、解釈に解釈を重ねるにしたがっていっそう光沢が深みを増してゆくような、そういう空間なのです。文学や芸術とまったく同じ仕組を持っている。いや、文学や芸術は恋愛空間——信仰空間も近代においては同じ——にこそ胚胎したのです。

宮崎駿が天才的なのは、この内面空間、解釈のための空間を、そっくりそのまま地平線の問題と重ね、その奥行きをアニメによって見事に示したところにあります。

その手がかりになるのが「千と千尋の神隠し」にほかなりません。

「千と千尋の神隠し」と「となりのトトロ」

宮崎駿のアニメ作品で驚くべきことは、ほとんどすべての作品において地平線がきわめて重大な役割を果たしているということです。

「未来少年コナン」「天空の城ラピュタ」「ハウルの動く城」という三作品だけではありません。「風の谷のナウシカ」や「風立ちぬ」といった作品においては、真の主人公は地平線そのものではないかと思わせるほどです。

真の主人公ではないまでも、地平線は、「ルパン三世　カリオストロの城」においても、「となりのトトロ」においても、とても重要な役割を果たしています。

詳しく触れることはできませんでしたが、「ルパン三世　カリオストロの城」が「未来少年コナン」と「天空の城ラピュタ」を結ぶ位置にあることはいうまでもありません。というか、成長のひとつの過程です。三作ともに、島のような城と地平線をめぐる物語なのです。三作ともに、主人公の傍には可憐な乙女と行動的な女傑が配置されています。そしてまた、ルパン三世が相棒と乗る車は、走るというよりは、まるで小型飛行機のようにほとんど飛んでいますし、つねに地平線と遊び戯れるのです。その地平線は、ルパン三世、コナン、パズーの思いと微妙に重ね合わせられています。

「となりのトトロ」では、なんといっても「ネコバス」がそうです。「ネコバス」はまるで現実と幻想の境界線としての地平線を走る乗り物、いや、ほとんど地平線そのもの、現実と幻想の境界線そのもののように見えます。ここでは、幼年時代が地平線と重ね合わせられているといっていいほどです。

「魔女の宅急便」や「紅の豚」のように、空を飛ぶ魔女やパイロットを主人公にした作品においては、もちろん地平線は決定的な意味を持ちますし、「もののけ姫」のような、どちらかといえば地平線があからさまには描かれていないように見える作品においてさえ、ひしひしと迫ってくるものとして、見えない地平線がつねに暗示されています。「もののけ姫」では、決して俯瞰できないけれども、中世、戦国時代の地平線が——ひとまわり広大な縄文時代の地平線とともに——背後からまるで物語の枠組を構成するかのように暗示されているのです。

けれど、内面的なことを直接的に語るということでは、「ハウルの動く城」のひとつ前の作品「千と千尋の神隠し」に描かれた地平線あるいは水平線が、図抜けているといわなければなりません。「ハウルの動く城」の地平線エレベーターともいうべき扉の仕掛けがすでに予告されています。人間は、それとは知らずに、違う地平線に足を踏み出すこともあるのです。それもしばしばある。

「千と千尋の神隠し」の主題は、愛ではあっても恋愛ではありません。主人公の女の子と男の子すなわち千尋とハク——もとは琥珀川の龍——に、シータとパズー、ソフィーとハウルの面影がないわけではありませんが、恋愛においてではありません。むしろ兄と妹といった色彩のほうが強い。物語はあくまでも異界に迷い込んだ女の子に力点があるのであって、主題もいわば異界そのものにあるといっていい。千尋とハクの表情もむろん素晴らしいのですが、息を呑むのは夜になって生き返る廃墟の壮大な建物であり、橋であり、その下を通る電車であり、そして「八百万の神々」と称する異様な生き物たちの姿です。

もちろん、これもお話ししはじめれば一冊の本になってしまいますが、この文脈でいっそう明瞭になってくるのは、「千と千尋の神隠し」に先駆けるのが、姉と妹の物語である「となりのトトロ」だということです。目線を低くとっただけで——これも地平線エレベーターの一種です——世界は違って見えてくるという思想において、両者はまったく共通しています。

「となりのトトロ」冒頭近く、妹のメイが庭の野菜畑のトンネルを通して向こう側を眺める場面がありますが、そのトンネルがそのまま「千と千尋の神隠し」で、千尋が父母とともにくぐるトンネルに引き継がれています。メイも、千尋と同じように、神隠しに遭ったようなものなのです。メイの体験は姉のサツキの視線のもとに描かれていますが、千尋の体験は千尋自身の体験として内側から描かれている、それだけの違いにすぎません。宮崎はここで、子供は日々神隠しに遭っているようなものなんだ――私の体験でも確かにそうです――という思想を開陳しているに等しい。

とはいえ、もっとも注目すべき点は、宮崎が、その異界の異界性を、とりわけ地平線、水平線を描くことによって、まことに鮮やかに示してみせたということです。「千と千尋の神隠し」が「となりのトトロ」以上に物語の展開が激しいのは、その地平線の鮮烈さのしからしむるところでしょう。「となりのトトロ」の森もすごいけれど、「千と千尋の神隠し」の異界はさらにすごい。

両親とともにトンネルをくぐって別空間に出たそのときの、見上げられた空の青、丘の草の異様なまでの緑が、もうそれだけで、あ、これは普通の空間じゃないな、と感じさせます。街の廃墟の無人空間、その沈黙の深さまでもが、音楽でも効果音でもなく、画面そのものから聞こえてくるようです。事態は、千尋が、結局はそこで働かなければならなくなった温泉旅館の、その最上階から見渡す光景において頂点に達するといっていいと思います。「千と千尋の神隠し」の異界性はおそらく、画面に描かれたものすべてがどこかしら、あるいは何かしら過剰であることにもとづいています。もっとも良い例は、花々が密集している花園で、画面全部が花で埋め尽くされたそのただなかから千尋なりハクなりが姿を現わす場面です。まさにこの世のものではありません。

けれど、「千と千尋の神隠し」の異界性を象徴的なまでに示しているのは、あくまでも地平線であり、陸から見られた水平線です。「油屋」と称される巨大な和風高層建築の温泉旅館もさることながら、海上をまるで幽霊のように走ってゆく「海原電鉄」と称される列車とその線路──「ネコバス」の変容形──がまさにその地平線と水平線を担っているように見えます。あたり一面が海になってしまったその広大な空間のなか、水面下に見える線路の上を二両編成の電車が走ってきます。その車両の姿、窓外の景色、車内の光景、とりわけその不思議な日差しは、まるで永遠──無時間──が実体化されたようで、見るものをして自分たちが地平線そのものを走っているような気分にさせます。そんなこと不可能なはずなのに、地平線に触らせてくれているようなものです【図版7-1】。

「千と千尋の神隠し」はトランジット、通過するものの物語です。「となりのトトロ」もそうです。物語は引っ越しと転校からはじまります。ですから、どちらもいつのまにか地平線が違っているというお話です。ここはどこだろう。自分はどこにいるのだろう。ここでは地平線への問いと自己への問いが自然に重なっています。そして、歩くこと、走ること、飛ぶこと、あるいは自転車、自動車、列車、要するに移動することが、そのまま、世界の新しい解釈、自己の新しい解釈に繋がってゆくことが示されるのです。

地平線が自己への問いによって生み出されたものであることがこれで分かります。というより、人間は自己への問いを目に見えるものにするために地平線を発明したようなものです。自分は何ものでいったい何をしようとしているのか、と。そして最終的に、私はこの地平線に愛されているのか、肯定されているのか、ひょっとすると憎まれているのではないか、と。

人間とは地平線を問い続けるものであるといっていいほどです。しかもそれは、潜在的にではあっても、つねに懐かしいものであり、懐くべき対象でもある、というのが宮崎の思想だと私は思います。さらにそれは、区切るものであることによって、最終的に死の表象でもありうるものです。宮崎ふうにいえば、あの地平線を越えれば、いまはなき懐かしい父母に出会うことができるのではないか、と。

あの世とこの世を結ぶもの、あるいは隔てるものとしての地平線をこれほどまでに徹底して描いた——そして探究した——芸術家は、アニメ作家はもちろん、画家にもいないと、私は思います。だからこそ、死をイデオロギーとして描けたのです。

図版7-1　海上をまるで幽霊のように走ってゆく「海原電鉄」
©2001 Studio Ghibli・NDDTM

フリードリヒ、ベックリン、セガンティーニ

同じようにこの世の異界性を強く感じさせる作品として、たとえば、ルネ・マグリット（一八九八～一九六七）の「光の帝国」シリーズなどがあります——「海原電鉄」の「沼の底」駅から銭婆の屋敷までを案内する街灯の雰囲気がそっくりです——が、マグリットの絵の主流がそこにあるわけではまったくないと、私は思います。

ほかにも、宮崎より四歳年長の漫画家・つげ義春《よしはる》に『ねじ式』をはじめとする一連の作品がありますが、地平線の問題というよりは夢の問題を扱っていると私は思います。「千と

千尋の神隠し」は一瞬の、しかしずいぶん長い白昼夢でもあるわけですから、対比するのはとても興味深いと思いますが――たとえば旅館の時間、旅の時間――、いまはそこまで話を広げるだけの余裕が、残念ながらありません。

むしろ、あの世とこの世を結ぶ地平線という視点から見渡してみると、天国、地獄、煉獄を具体的な主題として描いた画家は別として、カスパー・ダーヴィト・フリードリヒ（一七七四～一八四〇）、アルノルト・ベックリン（一八二七～一九〇一）、ジョヴァンニ・セガンティーニ（一八五八～一八九九）といった、独特な地平線を描いた画家たちの名が浮かんできます。この三人の画家たちに共通して感じられる「死の地平線」とでもいうべき雰囲気は、まさに地平線の比較文化とでもいうべき見地から、それだけでも十分考察に値すると思いますが、しかし宮崎の地平線とは趣がまったく違うのです。

たとえばフリードリヒの『氷の海』（一八二三～二四）、ベックリンの『死の島』（とくに一八八三版）、セガンティーニの『死』（一八九九）などが見るものをはっとさせるのは、その彼岸からの視線――死の視線――とでもいうべきもので、ぞっとさせるほどの――場合によっては病的なまでの――力を感じさせますが【図版7－2、7－3、7－4】、「千と千尋の神隠し」に描き出された「海原電鉄」が感じさせる「懐かしさ」のようなものは、ほとんどまったく感じさせません。むしろ「懐かしさ」のすべてを剝ぎ取った荒寥とした世界が姿を現わしている。画集をひもとけば分かりますが、この三人には、いわば死に取り憑かれた作家たちとでもいったようなところがあります。

それに対して宮崎の「海原電鉄」には、懐かしさのみならず優しさ、いわば死者と生者へ

図版7-2
カスパー・ダーヴィト・フリードリヒ
『氷の海』
［ハンブルク美術館蔵］

図版7-3
アルノルト・ベックリン
『死の島』
［1883年版、ベルリン美術館蔵］

図版7-4
ジョヴァンニ・セガンティーニ
『死』
［サンモリッツ、セガンティーニ美術館蔵］

の慈しみのようなものさえ漂っているように見えます。もちろん怖さ、不気味さも感じさせますが、同時にものすごいノスタルジアをも感じさせる。第五章で、漫画『風の谷のナウシカ』に関連して、宮崎は死をイデオロギーとして――つまり生きているものたちのための幻想として――捉えているのだと述べたわけですが、それぞれドイツ、スイス、イタリア出身のこれら三人の画家たちは、死をほとんど実体として――つまり死の世界、あの世なるものは実在するというように――捉えているところがあります。

宮崎の場合は生死をあたかも反転するものであるかのように捉えています。そこでは地平線はまるで生死の回転扉であるかのように――生者の幻想なのですから――描かれているのです。場合によってはユーモラスにさえ思えるのはそのためです。ちなみに、フリードリヒ、ベックリン、セガンティーニといった画家にふさわしいのはむしろルーグウィンの『ゲド戦記』であって、そこに宮崎とル＝グウィンの違いもまた見ることができると思います。

この摩訶不思議な「海原電鉄」を人格化すると「崖の上のポニョ」(二〇〇八)のポニョになるのではないかと、私は思っています。地平線ならぬ水平線を体現しているのがポニョなのではないかと思えるのです。ポニョの登場とともに陸と海は境界線を失います。いわばあの世とこの世の境界線が失われる。宮崎は「崖の上のポニョ」では地平線そのものと戯れているように見えます。「崖の上のポニョ」が「パンダコパンダ　雨ふりサーカスの巻」(一九七三)にはるかに呼応していることを考えると、宮崎における地平線の主題がその初期からいかに本質的なものとしてあったか、よく分かります――じつは地平線と水平線には決定的な違いがあるのですが問題が大きすぎて機会を改めて論じるほかありません――。

もちろん、空を飛ぶことに憧れた少年としては当然のことかもしれません。でも、それだけではない。宮崎には地平線が人間の根本的な条件であること、人間とはいわば地平線的存在であることが、表現者を志したその段階ですでに自明の事実として——まるで身体的な思想として——あったのではないかという気がするほどです。「風立ちぬ」冒頭の、堀越二郎少年の飛行の夢の場面、川に沿って飛び、橋をくぐる場面など、地平線との戯れそのものに見えます。飛行機から見える地平線が人々のいる光景として生き生きと描かれていて、まるで見ることの嬉しさがそのまま映像になったようです。

劇場用のアニメだけではありません。場面設定をはじめ全面的にかかわった「アルプスの少女ハイジ」（一九七四）、「母をたずねて三千里」（一九七六）、「赤毛のアン」（一九七九）といった連続テレビアニメにおいても、そうです。オープニングを見るだけでもすぐに分かりますが、必ず地平線が出てくる。

それが強く印象づけられるのは、たいていの作品において、主人公が何らかのかたちでほとんど必ず飛ぶからです。飛ばない場合でも、それこそ「翔ぶが如く」（司馬遼太郎）に、走る。「母をたずねて三千里」のマルコがそうです。見直してみて驚きますが、歩くのは一割で、九割は走っている。まさに飛ぶように走っているのです。走る以上は当然ですが、地平線は明瞭に描かれている。

風景画は内面の発露とは言い古されたことです。西洋絵画においては新しい主題であっても——肖像画の背景として描かれたのが最初といわれています——、東洋絵画においては山水画ひとつに明らかなように古い主題です。地平線はともかく、山水画に描かれた風景が解釈の対象になっていたことは指摘するまでもありません。

恋愛が内面空間を形成してしまうのは、そこに解釈の次元が介在してくるからだと述べました。そこから一転して地平線の主題に入ってしまったわけですが、そこにひとつの必然性があるのは地平線もまた解釈の対象としてあるからです。地平線は発見されたのではない、発明されたのだ、それはきわめて人間的な現象であり、人間とは地平線的存在なのだとまで述べたのは、まさにそこにおいてなのです。

地平線は問いであり、答えである。たとえば「もののけ姫」を見れば、地平線そして地平線を隠す山々――遮蔽縁――が問いであり答えであったことが分かります。古来それは神々の領域として崇められたのです。飛ぶこと、走ることは、宮崎にあっては、神々の意思をどのように解釈するかということの具体的な表われにほかならないと思います。

前章において述べたのは、ソフィーのその内面的な恋愛空間が、そのまま壮大な地平線の問題として描かれているという事実であり、そのことによって人間は、内面空間――私はあの人をあの人は私を愛しているのだろうかというような問いが広がってゆく空間――を広大な世界そして宇宙に広げたということです。あの人は神でも母でもありえます。

本章で述べてきたのは、「天空の城ラピュタ」から「ハウルの動く城」までのあいだには「となりのトトロ」から「千と千尋の神隠し」にいたる作品が入るけれど、それらもまた、内面の深化拡大に大きな力を発揮してきたということです。画面そのものが内面の表現になっている。宮崎にそれができたのは、飛翔の力を身体的に知っていたからだ、と、私は思います。

地平線が内面空間に転じる仕組み

飛ぶことと地平線とは切っても切り離しえません。それを立証したのはジェームズ・ギブソンの生態学的視覚論です。ギブソンは第二次大戦中に空軍パイロットの離着陸訓練に心理学者としてたずさわり、その学問の基礎となる事実を発見し、その後、大学に戻って研究を深め、いわゆる生態学的視覚論を全面的に展開しました。

ギブソンの発見の要諦は、パイロットは空間把握を遠近法にもとづいて行っているのではない、地平線との関係において行っているのだということです。そしてそれはパイロットだけではない、あらゆる人間が行っていることだというのです。知覚を、静止した実験室においてではなく、動き回る身体行為の最中にあるものとして位置づけることによって、地平線の重大性を発見した。

地平線はしたがって、遠近法の水平軸のように静止したものとして把握されるのではなく、動きの最中、外界を埋める事物の濃淡や粗密によって把握される。つまり、草原なら草原の遠近は手前が粗っぽく、遠ざかれば遠ざかるほど密になって最後には一本の線になるその濃淡、粗密によって把握される、というのです。

ギブソンのこの発見に魅了されたのが、美術史家のエルンスト・ゴンブリッチでした。ゴンブリッチ自身が書いているわけではありませんが、ギブソンの発見そのものに対応する絵画としてはグスタフ・クリムト（一八六二～一九一八）の風景画が良い例になる、と私は思っています。

クリムトは線遠近法いわゆる透視図法によって描いているわけではまったくありませんが、その風景画は目眩を起こさせるような遠近を感じさせます。遠くは密で近くは粗ということがどういうことか、クリムトの風景画を見るとたいへんよく分かる。まるでギブソンの地平線概念の説明図のようです。

興味深いのは、地平線を画面上部に設定することによって、画面におけるもっとも手前、つまり画面下部には、ほとんど真上から見ているように大地というか、たいていは草花が描かれているということです。要するに、画面が、遠くと近く、少なくとも二つの焦点を持っていて、ときに胸苦しくなるほどの不思議な広がりを感じさせるのです。

典型的な例は『ぶな林』（一九〇二）、『けしの咲く野』（一九〇七）、『ばらの咲く果樹園』（一九一一～一二）などですが、この多焦点のために見るものは不思議な浮遊感を覚える。遠くはともかく、近くは、こちらが地上から十センチか二十センチほど浮き上がって空中から見下している感じがする。

クリムトのこの構図は、期せずして、ギブソンの『視覚ワールドの知覚』（一九五〇）の図25「人工のきめの勾配と連続する距離の印象」の構図とまったく同じです。クリムトはギブソンが十四歳のときに亡くなっていますし、ギブソンがクリムトの絵に関心を持っていたなどということも聞いたことがありません。両者のこの呼応には驚くほかありません【図版7－5、7－6】。

何が起こっているのか。クリムトの絵は、二つ以上の焦点を示す――すなわち人の視点は

図版7-5
グスタフ・クリムト
『けしの咲く野』
［ウィーン、オーストリア美術館蔵］

図版7-6
ギブソン『視覚ワールドの知覚』より
「人工のきめの勾配と連続する距離の印象」

動くということを暗示する——ことによって、視点は飛翔を意味する、つまり見ることはもともと浮かぶことに近いということを教えているのです。クリムトの視線は魂のように飛翔していると言っていい。これは、ギブソンとの関係においてだけでも、さらに深く研究されるべきことだと思います。

ちなみに、クリムトのこのような絵を好んだのが小説家の丸谷《まるや》才一《さいいち》です。本人の希望で全集の函表紙画に使っているほどです。書斎にも飾っていました。きわめて興味深いことなのですが、このクリムトの空間が、じつは丸谷の傑作短篇「樹影譚」が醸し出す雰囲気にそっくりなのです。

私は『出生の秘密』（二〇〇五）冒頭で丸谷のこの短篇をかなり詳しく論じていますが、クリムトのことまで言及していません。が、それに先立って「アート・ギャラリー 現代世界の美術」7の『クリムト』（一九八五）にエッセイ「這う眼」を寄稿しています。丸谷の「樹影譚」が『群像』に発表されたのは一九八七年ですが、強い印象を受けたので直後の文芸時評で取り上げました。その時評集は後に『死の視線』（一九八八）として刊行されています。これまでまったく気づいていませんでしたが、丸谷とクリムトは、私のなかではその段階ですでに潜在的に結びついていたわけです。

私は自分の過去の文章に自信も執着もなく、ただちには刊行年を確認できないほどなのですが、ギブソンの地平線についての考え方を知った現在、その暗合にはやはり驚かざるをえません。丸谷は「樹影譚」でクリムト後期の風景画と同じ試みをしていた——丸谷自身は自分がそんなことをしているとは思ってもいなかったと思います——、それは人間の生死にかかわる地平線――壁なり障子なりに映った樹の影は地平線を暗示します――の問題だったということを、じかに伝えることができたらよかったと思います。が、いまここに書いているのですから同じことです。文学者は生きているに等しいのですから。

むろん、ここで展開することはできませんが、丸谷とクリムトの関係を、ギブソンを手がかりに改めて論じる必要があることは確かです。地平線を軸に、自己と宇宙が大きく回転するその仕組みということでは、リルケやトラークルといった詩人たちと同じです。私自身、宮崎駿と丸谷才一がこういうかたちで出会うとは想像もしていませんでした。

クリムトの地平線――花咲く野原はまるで「空飛ぶ絨毯」

地平線というキーワードを置いてみるだけで、クリムトとギブソン、ひいては宮崎駿が非常に近い関係にあることが分かります。丸谷の「樹影譚」――読後感はほとんど詩に近いものです――もまた、地平線が浮遊感とともに消え失せるという展開をとります。地平線と浮遊感が何らかのかたちで結びつくのは、宮崎のアニメにおいてだけではないのです。それは見ることの本質にかかわっている。見ることは浮くことであり、飛ぶことであり、走ることなのです。可能性としてそれらのすべてを引き連れている。

クリムトにおいては、手前から遠くまで敷き詰められた花々が息苦しいまでに見るものに迫ってきますが――「千と千尋の神隠し」で画面いっぱいの花々から千尋とハクが顔を出す場面でクリムトを思い出したほどです――、端的にいってそれはフリードリヒやベックリン、セガンティーニたちの正反対に見えます。官能的なのです。草花の匂いが鼻腔を刺激してむせかえるような気分になります。恐怖と快感がいっしょに襲ってくる。クリムトの世界では、かなり上方に描かれた地平線が、死を感じさせるほどの激しさで迫ってきて、しかしあくまでも生きることを促しているのだと思います。

地平線と飛翔への憧れは、直立二足歩行へと踏み出した現生人類の最大の発明なのだと、私は思っています。直立二足歩行は眼を浮遊させること——地平線を発明すること——への、つまり飛翔への第一歩だったのであり、言語は飛翔への憧れときつく結びついています。魂の最大の特徴は、洋の東西を問わず、飛翔することなのですから。

要点は、直立二足歩行に移ることによって人は通常の二倍の高さから外界を見るようになったということです。「眼を浮遊させる」とはそういうことですが、その不安と恐怖にも似た快感——飛翔の快感——は、誰かの肩の上に立ったまま乗って——眼の高さを二倍にして——そのまま歩いてもらうことを想像してみればすぐに分かります。

直立二足歩行によって人は手を自由に使えるようになったとよくいいますが、手が最初にしなければならなかったことはむしろ、この浮遊の不安に耐えることだったと私は思います。手を合わせること、手を組むこと、手を叩くこと、つまり自分で自分を勇気づけることこそ最初に必要なことだっただろうと思う。それがそのまま宗教的な行為——挙げた順に仏教、キリスト教、神道——に結びついているのは興味深いというほかありませんが、この手を叩くことすなわち自分の身体を対象化して、始原の楽器にしたのが音楽のはじまりなのだと、たとえば音楽民族学者のアンドレ・シェフネルが示唆しています。それから石や木を叩くことを覚えたのだ、と。

言語は歌と踊り、手拍子から始まったというのです。私もそう思います。そうして、音を出すためにつかんだ石を、こんどは投げることにした。齧歯類《げっし》でさえ石をつかみますが、放ることはあっても投げることはしない。投げて獲物に命中させることはしない。現生人類だけが命中させることに執着した背景にインセンティヴすなわち動機があったことは確かですが、動機は命中した後にその行為の意味を理解するというかたちで初めて訪れたのだろうと私は思います。それは発見というよりは発明として訪れたのである。投げつけた結果の獲物を眼にしてそれこそ投擲の意味つまり目的であったことを理解した。こうして人は意識的に、つまり芸術的に投擲するようになったのだと私は思います。

まさにここにおいて、眼と手の密接な、ある意味では死に物狂いの連携がはじまります。命中させるには練習が必要です。猛烈な練習によって、眼で狙ったものに礫《つぶて》を命中させたとき、人間は距離が武器になることを知ったのだ、と私は思います。人間は飛距離を測り、石を命中させることを知った。この始原の飛躍に比べれば、ミサイルの発明など些細なことにすぎません。石を礫に変えることによって、人は、危害を加えられることなく獲物を仕留めることができるようになったわけです。その延長上に、罠もまた発明された。礫が距離を武器に変えたように、罠は時間を武器に変えたのです。

人は待つことを知った。

こうして地平線がきわめて具体的なものとしてあったということが分かります。旧約聖書のダヴィデとゴリアテの話が意味深長なのはここにおいてです。眼と手が投擲の的を発明したとき、つまり獲物との距離が測られるものであることを理解したとき、その距離の最大遠点としての地平線が発明されたのです。この地平線の発明から、世界の発明は一歩です。地平線に囲まれてあるこの現在こそが、自分に与えられた世界なのだということなのですから。この発明は、眼と手の関係の確立――身体の対象化――の必然的帰結、というより同一事態の表裏のようなものです。地平線の意味づけがはじまり、世界の解釈がはじまる。

クリムトの地平線はそういうことを考えさせずにおきません。

舞踊も音楽も美術も何よりもまず眼と手の練習なのであって、それは地平線と世界の発明にとってまさに不可欠であったことが、こうして分かってきます。手はいまや、たとえば優美な指の動きによって、あるいは絵を描くことによって、あるいはまたヴァイオリンやピアノを弾くことによって、内面の信じられないほどの深みを現出させるわけですが、手の技の起源は、この、始原の眼と手の連携にあったのだ。シェフネルは、近世初期に未開を訪ねて探検記を書いた多くの宗教家や軍人が、尋ね当てた原住民の多くが朝から晩まで歌い踊っていると報告していることに触れて、この遊びこそが人間の技術の端緒だったことを忘れてはならないと仄めかしています。それこそ必死の遊びなのです。

こうして、宮崎の地平線、クリムトの地平線の背後に、膨大な人間の記憶が潜んでいることが明らかになってきます。芸術作品はすべて人類史の始原の深みを体現しているのです。

クリムトはしばしば装飾的とされ、その背後に当時ヨーロッパを席巻していたジャポニスムすなわち日本の影響がある――十九世紀末のパリ万博やウィーン万博などがジャポニスム流行に拍車をかけました――ことなども広く論じられていますが、日本の浮世絵、たとえば北斎《ほくさい》や広重《ひろしげ》における地平線、水平線、さらにその淵源ともいうべき日本のみならず中国の山水画の伝統を考えると、クリムト、ギブソンを結ぶ線上には、さらに膨大な人々の仕事が浮かび上がってきます。およそ地平線とは無関係に思える装飾美術の問題にしても、そのあいだにクリムトを置いてみると、密接な繋がりがあることが分かってくる。クリムトの風景画が装飾的に見えるのは花が密集しているからではない、むしろ焦点の移動によって足許が浮遊しているように感じられるからなのです。

クリムトは世紀転換期ウィーンの寵児でしたが、同じとき装飾美術論を展開していたのが、ウィーン大学教授で、美術史におけるウィーン学派の創始者のひとりであるアロイス・リーグルでした。リーグルの装飾美術論は私がいまここで論じていることとは無縁のようですが、そうではありません。装飾の根本には粗密、濃淡があるのです。装飾とは、織物が典型ですが、粗密、濃淡を規則的に作ることなのだと言っていいほどです。さらに文様の中心に潜むのは、私の直感では、眼であり視線なのです。リーグルが四十七歳の若さで亡くなったのが惜しまれますが、彼の仕事は発端であって結論などではまったくありません。装飾の深部には飛翔への憧れが潜んでいるのですから。

バシュラール風にいえば、想像力の世界においては、「空飛ぶ絨毯」には「魔法のランプ」と同じほどの必然性があったのです。絨毯の図柄には飛翔が織り込まれているといっていいほどなのですから。要するに、絨毯は伊達に空を飛ぶわけではないのです。

このように見てゆくと、ゴンブリッチがギブソンに惹かれた理由が分かってきます。『芸術と幻影』のあとに『装飾芸術論』が書かれたことの意味も分かってくる。

近代的内面性とは何か

遠近法も地平線も、現生人類が発明したものだと私は考えています。いずれも精神の事象、「精神としての身体」（市川浩《いちかわひろし》）の事象であって、生理の自然なのではない。したがって、遠近法の歴史も、地平線の歴史も、書くことができる。

こうして並べるとすぐに分かりますが、遠近法というか線遠近法すなわち透視図法の歴史よりは地平線の歴史のほうがはるかに古い。おそらく、現生人類が現生人類になった瞬間から、人間は地平線という観念を持つようになった。というより、地平線の発明、距離の発明すなわち「憧れ」の「発明」によって、現生人類は現生人類になったのです。地平線がひとつの概念として働くようになったことは、彼我を問わず、地平すなわちホライズンが自分たちの属す空間の広がりを示す語として用いられていることからも分かります。

地図の辺縁は地平線であり、それは世界を囲む円として示されます。

ルネサンスに確立された線遠近法も、ルネサンスの地平を形成するもののひとつだ、ということが以上のことから分かります。

線遠近法の発明が、消失点すなわち焦点の発明、すなわち中心の発明として、絶対王政の理念と一致することは指摘するまでもありません。近代絶対王政の宮殿が、たとえばヴェルサイユ宮殿のように、以前とはまったく違ってシンメトリカルになったのは必然です。しかし同時に、その焦点は、実際にはどこにでも置ける、つまり誰にでも置けるという技法であることによって、誰もが自分自身の「王」である、すなわち「主体」であることをも含意しているのです。こうして遠近法は、いわゆる近代的個人誕生の象徴となりました。これはじつに見やすい図式です。

線遠近法とは透視図法すなわち座標の操作なのですから、デカルトの座標幾何学、デザルグの射影幾何学などと密接にかかわることはいうまでもありません。そしてその座標幾何学が、たとえば劇場の座席表などに端的に示されるように——人は誰でも匿名でありうるように——、人間の平等という観念と密接にかかわることもいうまでもありません。主体の自由と平等、これすなわち近代市民社会のイデオロギーということになります。

ただし、主体はあくまでも「主」すなわち「王」をモデルにして考えられているのであって、「召使い」をモデルにして考えられているのではないことに注意してください。それぞれ癖を持った個別の王ではなく、あるべき理想の王をモデルにしている。

人権すなわち人間の権利とは、「誰もが自分自身の王である」ということであって、だからこそ個人の尊厳が唱われもするのです。「党に仕える人民」の権利などではなく、「王」の権利なのです。間違えてはいけません。召使いが個人の尊厳をもたないのは、それが職掌だからです。手や指がそれぞれの尊厳を持ったのでは人間が成り立たないのと同じです。けれど、召使いという職掌を離れた人間は、ただちに自分自身の王なのです。召使いはその職掌を離れた瞬間、王と対等な存在になる。この感覚なしに近代は成立しえない。とりわけ近代芸術、現代芸術は成立しえない。

これこそ、近代において主体的な芸術家が誕生したその機微にほかなりません。近代においては、いわば、人間みんな芸術家なのだ。いや、近代においてのみならず、人間はつねに誰もが芸術家なのだといっていいようなものです。

私の個人的な感想では、ヘーゲルとマルクスにはしかし、この機微を曲解して――おそらく当時の後進国ドイツのコンプレクスのせいで――歴史を主人と奴隷の弁証法に帰してしまったようなところがあります。召使いが王に承認を迫り、奴隷が主人と入れ替わろうとする闘争、いわゆる階級闘争にしてしまった。そしてそれが歴史の法則にまで格上げされてしまった。論ずべきことが山ほどありますが、いまは控えます。

ここでもっとも重要なことは、遠近法の発明に先立つことはるか遠く、人間は一個の身体であることにおいてすでに、王であり召使いであったということです。極論すれば、人はひとりでも王国なのです。それは直立歩行するようになったその足で大地に立ち、地平線に囲まれた世界の真っ只中に位置する自分を認識したときの、眼と手の関係を考えてみればすぐに分かることです。

人間が人間になるためには、最初は養育者に躾けられこそすれ、最後には自分で自分自身を躾けなければなりません。それは王にして同時に召使いでもあるという仕組を自分自身の内側に作り上げることにほかなりません。自己意識とはそういうものです。それはたとえば、眼にしたがって手が、的確かつ優美に無駄なく動くというようなことで、歌い踊ることを習い、日常の身体所作を学ぶというようなことです。

ここで重要なのは、人間は自分自身のなかに主人と奴隷の関係を内包しているというようなことではない。そんなことより、王であることのほうがはるかに大切なのです。問題は、王には王の規範があって、何よりもまず自尊心が要求されるということです。王は毅然としていて、恥ずかしいことをしてはならない。会話においても振る舞いにおいても、人に尊敬され憧憬されるようでなければならない。

自分で自分を躾けるときに必要なのは、王として王子として、王妃として王女として、恥ずかしくない精神と身体を実現すべく務めようとする意志です。この場合、自分が社会において現実にどのような存在であるかというようなことはたいした問題ではない。また、問題にしてもならない。現実には召使いであり労働者であることなど、問題ではないのです。ただひたすら、そういう自己の内面を点検する眼は、自分自身の主人であるものとしての自分の眼、すなわち王の眼でなければならないということが重要なのです。

主人と奴隷の弁証法を展開したヘーゲルに盾突くようですが、これは、人一倍強い克己心が要求され、励まなければならないのは、ヘーゲルのいう召使いのほう、奴隷のほうではない。逆に、主人のほう、王のほうなのだ、ということです。

先に「ハウルの動く城」のソフィーの自尊心——内面空間に必須のもの——に触れましたが、ソフィーがそのとても良い例です。ソフィーは王室付き魔法使い——言動を見ると実際にはそれよりはるかに位が高い枢密院顧問官のようなものですが——であるサリマン先生の前に立っても少しも怯みません。毅然としているどころではない、サリマン先生に対して堂々と批判を展開し、そのうえ自分自身の意見も述べるのです。これはほとんど王女の振る舞いというべきでしょう。

ソフィーに王女のような振る舞いができたのは、ハウルへの愛によってです。それは、アニメ冒頭、暗い部屋でお針子をしていた場面と比べてみれば分かります。毅然としているとはいえ、枢密院顧問官の面前で堂々と意見を開陳する存在になるなどとはおよそ考えられません。この違いの背後にあるのがハウルへの愛であることは疑いない。

興味深いのは、ソフィーがここでも他者に自分の本心を解釈されるということです。反復です。最初は荒地の魔女が行為で示したわけですが、二度目はサリマン先生が言葉で示します。「お母さま……ハウルに恋をしているのね」と。指摘されてはっとはしても、ソフィーは強い。すでにそのことは明瞭に自覚しているからです。

その後にハウルが登場し、サリマン先生が、二人を逃すまじと、強力な魔法で王宮の地平線そのものを揺り動かしますが、ソフィーはもうハウルの愛を確信している。理由は、驚くまいことか、自分がすでにハウルを愛しているからだけなのです。以後の展開でソフィーが強いのは、愛しているからであって、愛されているからではない。人間は一方的に愛するだけで十分なのだという思想です。その仕組みをソフィーは、母の代役になってくれとハウルに頼まれたことから会得したのかもしれません。けれど、そんなことはきっかけにすぎない。ソフィーはもう、愛するだけで十分なのです。それがソフィーの思想なのだ。「ハウルの動く城」が観客を感動させる理由です。

ソフィーは掃除婦です。召使いにすぎない。けれど、それを脱ぎされば王女なのです。王女でなければ、このような愛の劇など敢行できません。「私、きれいでもないし」というソフィーの一言に象徴される内面の劇を十二分に展開させるためには、人間はみな王であり芸術家であるという思想を自明の基盤とする必要があったのです。

感嘆するのは、宮崎駿は、ソフィーのような存在を描くにじつに優れているということです。ソフィーの前身ともいうべき「天空の城ラピュタ」のシータはじつはラピュタの末裔で、世が世であれば文字通り王女さまなのです。「もののけ姫」のサンもエボシ御前も、「風の谷のナウシカ」のナウシカはもちろん、クシャナにしてもそうです。みな気品をそなえていて、野卑ではありません。ということは、宮崎自身のなかにそういう価値基準が存在するということでしょう。王女のように気品があって、卑しくなく、しかも毅然として、人には分けへだてなく優しい。近代的個人、近代的内面性とは原則的にはそういうものです。そうでなければ芸術が成立しないのです。

これは熟考に値することだと私は思います。

洗練という次元がありうるということ

舞踊を熱心に見始めるようになって四十年近くになりますが、気づいた興味深い事実のひとつに、舞踊はもちろんのこと、芸術は一般に、本質的に宮廷を必要とするということがあります。人類の歴史はここ数百年、君主制を打破することに力を注いできましたし、そのことには十分に意味も価値もあったと私は考えていますが、しかし、それとは別に、洗練という次元が存在すること、それにまつわる優雅、優美、気品というような一連の評価基準もまた否定しがたく存在するという事実にも気づいてしまいました。

宮廷は、民族舞踊を集めて洗練させ、宮廷舞踊なるものを仕上げます。東南アジアに残る伝統舞踊を見てゆくと、宮廷文化のあるなしで舞踊のありようが大きく違うことが分かります。ここで簡単に論じることはできませんが、問題として提示しておくとすれば、宮廷を否定するにやぶさかではないが、それが培ってきた洗練という価値体系については、それとはまったく別に考えられなければならないということです。

第五章冒頭で触れたアフリカ旅行の折、ガーナの首都アクラで詩人や小説家の小さな集まりに出たのですが、そこにトーキング・ドラムの名手がひとり座っていました。三十代半ばではなかったかと思うのですが、じつに気品ある顔立ちで、挙措《きょそ》も会話も優美このうえない。もちろん肌は漆黒《しっこく》でつややか、映画俳優のシドニー・ポワチエを繊細にしたような顔立ちで、たいへん美しい。客をもてなすために冷房が効いていて寒いくらいだったのですが、彼は正装で薄着だったにもかかわらず、こちらが何度か聞いても、そのつど大丈夫だ、と断言するのです。私には彼が寒さに耐えているようにしか見えませんでしたが、おそらくそれが彼の礼儀だったのでしょう。王族の末裔だろうと想像しましたが、事実そうだったようです。ナイジェリアは豪放磊落《ごうほうらいらく》だけど、ガーナは優美かつ礼儀正しいとつくづく思いました。

この世に洗練という価値があることは疑いありません。彼を見ていて、人類は、舞踊と音楽を洗練させてゆくなかで、洗練のその価値をさらに高めるためにこそ、宮廷という場所を創ったのではないか、王と王族もそのために創られたのではないか、と思いました。通常考えられているのとは正反対です。とすれば、優雅、優美、気品といった、まさに洗練の対象となる美徳が、宮廷の否定によってともに捨てられるのは、本末転倒、何とももったいない話だということになるでしょう。

王も妃も、王子も王女も、古今東西、キャラクターとして神話伝説に不可欠なのは、じつはそれらが、古代、中世、近世などといった時代や生産様式などとは、つまり要するに権力などとは、およそ関係のない概念だったからだと、私は思います。それはむしろ、つねにいっそう高貴な存在であろうとする人々の克己心が生んだ理想像にほかならないのです。これが重要なのは、それがいわゆる近代的内面性の内的規範にかかわるからです。

実際のところ、現生人類はその発生の当初から、誰もが王族であるような内的規範を持っていたに違いないと私は思っています。それは直立二足歩行から芸術が生み出されるにいたった過程に明らかです。みずから発明した地平線と向き合うとはそういうことです。イタリア・ルネサンスにおける遠近法の発見はそれをたんに反復したにすぎない。数万回の反復の後のいわば駄目押しのようなもので、近代的内面性という呼称にしてもその駄目押しのひとつにすぎないのだと私は思います。

いまでは気安く使われているようですが、人権とはほんとうは誰もが王として扱われなければならないことをいうのです。このことは、とりわけ社会主義を標榜する途上国において看過されていると私は思います。途上国において人権が無視されやすいのは、それが召使いの人権、いわゆる人民大衆の人権であって、王の人権ではないからです。しかし、最低賃金の問題も重要だが、人間として、つまり王として扱われることのほうがさらに重要なのです。

貧しくとも毅然としているものこそ王なのだ。

富んでいて卑しいものなど掃くほどいる。いや、富んでいるものほど卑しいのは、ウォール街ひとつ、中国共産党ひとつに明らかではないでしょうか。はじめウォール街は揉み手しながら中国共産党を受け入れていたのです。富と権力は決まって人品を卑しくさせます。中国共産党幹部の家族はみなアメリカに暮らし、スイスに膨大な預金を持っているということが事実ならば、そんな国に芸術など存在するはずがないと、私は思います。芸術は卑しさをもっとも嫌う。

革命によって王も労働者になったのではない、労働者も王になったのです。このことを忘れてはならないと私は思います。そうでなければ芸術家など存在しえません。芸術家は世界の中心に立って世界と人間を意味づけようとしているのですから。

これこそ、シータやソフィーの内面空間を理解するに忘れてはならない事実です。なぜならシータやソフィーのキャラクターはまさにそのように造形されているからです。シータやソフィーの内面的苦悩、けなげな苦悩は、精神において高貴であろうとしたから生じたのであって、並の存在、どこにでもいるような存在であろうとしたからではない。それこそ彼女たちの魅力の核心ではないか、と、私は思います。

音楽が近代的内面性を一般化した

芸術家こそ王である。

ゴンブリッチが、美術の世界においてそれが明瞭なかたちで起きたのは、レオナルドの後のミケランジェロの段階であったことを、じつに印象的な手際で『美術の歩み』のなかに書きしるしています。ミケランジェロが実際に芸術の王になったに等しいことは、その振る舞いからよく分かります。

音楽の領域で同じように振る舞ったのがベートーヴェンであることは指摘するまでもありません。ベートーヴェンは晩年には悲惨なほど貧しかったけれど——レコードやCDやテレビといった収入源がないのですから当然です——気位は高かったのです。人々もそういうベートーヴェンを受け入れていました。

十六世紀のミケランジェロから十九世紀のベートーヴェンまでにはほぼ三百年の開きがあります。イタリアとドイツの差というべきか、美術と音楽の差というべきか、いずれにせよ、ロマン・ロランの小説や評論を参照するまでもなく、この二人が似通った芸術家神話とともにあったことだけは疑いありません。

文学も美術も音楽も、近代ヨーロッパにおいては同じような展開を遂げています。近代的内面空間の形成と発展そして凋落《ちょうらく》です。私はじつは凋落したとは思っていませんが、文学史、美術史、音楽史のすべてにおいて、二十世紀中葉、表現形式の破綻が問題にされたのです。文学においてはヌーヴォー・ロマン、美術においては抽象表現主義あるいはアンフォルメル、音楽においては十二音音楽、無調音楽以後の展開、具体音楽、偶然性の音楽などなど、いずれも表現を革新することによって享受者の範囲を狭めた。文学、美術、音楽などを、専門的愛好者のためのサブ・カルチャーの位置にまで押し下げてしまった。先細りです。

とはいえ、それはあくまでも表現の先端においての話で、現実には、録音録画技術、通信放送技術の発展が、それぞれの芸術領域の凋落をはるかに上回る繁栄をもたらしたといっていい。いわゆるポップスがそれで、文学、美術、音楽すべての面で、いまやポップス全盛という趣を呈しています。注意すべきは、このポップスという領域は、ポップスすなわち一般庶民の芸術という段階を越えていまや十分に先鋭化しているということです。あえていえば、一般庶民がみな王侯貴族になったようなもので、前世代および同時代の諸芸術の成果、とりわけその内面空間のありようをすべて取り入れて豊かになっているのです。

これは未曾有《みぞう》のことです。

その筆頭がアニメすなわちアニメーションであるといっていい。たとえば、宮崎の「風の谷のナウシカ」から「風立ちぬ」までの展開など、一世紀前にはほとんど想像もできなかったことで、その水準は、往年の文学、美術、音楽の最高水準に少しも引けを取るものではない、と、私は思います。そのことは、「天空の城ラピュタ」から「ハウルの動く城」への発展からだけでも明らかです。

ここではしかし、たとえば「ハウルの動く城」における内面空間の形成が、美術以上に、音楽において起った動きに関連していることには触れておく必要があります。何度か述べましたが、私は「ハウルの動く城」の主題曲『人生のメリーゴーランド』は、久石譲の作品のなかでも名曲中の名曲だと思いますが——その理由については別の機会に徹底的に考えます——、それが登場することになったその遠い背景——音楽はじつは距離の芸術であるということの背景——だけでもざっと見ておきたいと思います。

美術における遠近法の発明に対応するのは、音楽においてはおそらく対位法の発明ということになるでしょう。和声すなわちハーモニーと和音すなわちコードの発明です。たとえば見事なフーガを書くためには和声、和音の研究が不可欠で、そのためには協和音、不協和音の研究が不可欠、かくして不協和音という問題提起に対して協和音という解決を提示するというソナタ形式が登場し、西洋近代音楽の基礎が築かれることになったのだと、一般にはいわれています。こうして十八世紀後半には交響曲が成立する。

ただし、線遠近法が人間の生理的現実とは厳密にはまったく一致しないように、たとえば協和音、不協和音にしても人間の生理的現実に厳密に関連づけられるものではありません。人間の耳は変化します。不安な音もいつしか快感になる。実際には、協和音と不協和音のあいだを縫うように西洋音楽は発展してきたといっていいと思います。

それはともかく、その後、頻繁に用いられるようになった和声、和音の響きがどれほどの迫力でヨーロッパを席巻したか、いまどきのポップスの比ではないと私は思います。教会や宮廷をも巻き込んだこの渦のなかで、誰も彼もがハーモニーとコードに痺れたのであり、それが思想と感情のすべてを注ぎ込んでなお余りある豊かな器であることに驚嘆したのです。

この新しい音楽が、教会を中心とする宗教空間としてあった内面空間を、一挙に諸個人の内面空間すなわち人それぞれの人生を表象するものに変えました。西洋史ではルターやカルヴァンの宗教改革が信仰を個人のもとにもたらしたということになっているわけですが、その信仰の内面空間が身体的つまり感覚的に納得されるようになったのは、この和声と和音を伴った音楽によってなのです。

和声と和音はヨーロッパに特有のものだと誇らかに述べたのはジャン＝ジャック・ルソー

ですが、良くも悪くもその通りです。この三百年の歴史は、ヨーロッパの和声と和音が全世界を席巻する過程であって、それはヨーロッパの帝国主義、植民地主義が全世界を覆ったのと軌を一にする。ちょうど、地中海の文字表記システムのひとつにすぎなかったアルファベットが全世界を席巻したのと同じです。

それにしても音楽の力はすさまじかった。

交響曲という形式自体が最近流行のポップスのひとつのスタイルのようなものだったと思ったほうが良いくらいのものなのですが、投入された音楽家の精神的エネルギーの量、つまり真剣さの度合いが、とりわけヨーロッパの後進国ドイツにおいて、それまでとはまるで違っていました。音楽ひとつでドイツは先進国になってしまったといっていい。音楽によって豊かな内面世界が形成されるという潮流ができてしまったからです。芸術に人生を賭けるという語が一般的になるのはこの頃からです。モーツァルトもベートーヴェンもシューベルトもいまなお人々を――私などをも含めて――感動させますが、それは人々が、それぞれの芸術の世界において、それぞれが王として――内面空間をもつものとして――振る舞いはじめたからにほかなりません。

ドイツ古典音楽は、ドイツ古典哲学と同じように、多くの人々の思索と人生を信じられないほど多量に含み込んでいて、すべてを完備した一個の銀河のようなものになってしまった。これに反発したのがその周辺国、フランス、イギリス、ロシア、また東欧の作曲家たちですが、ヨーロッパやアジアの民謡を大量に取り入れて対抗したものの、それさえも結果的に西洋音楽の豊かさを支えることになったのです。

勃興しはじめた市民階級すなわちブルジョワジーのエネルギーによって活性化したのがオーストリー・ドイツのいわゆる古典派音楽であって、それはカント、フィヒテ、ヘーゲルのドイツ古典哲学に対応している。ヘーゲル哲学はドイツ・ブルジョワジーのイデオロギーにすぎないと喝破したのがマルクスだとすれば、ベートーヴェンの音楽もまた同じものを体現しているのだと音楽学的に論証したのがアドルノだった、と思えば分かりやすいでしょう。そしてそれがわずか一世紀もしないうちに階級構造の急激な変化すなわち大衆の勃興によって破綻するというのが、アドルノが『新音楽の哲学』や『マーラー——音楽観相学』そのほかで説いていることなのです。ちなみにアドルノはドイツの哲学者ですが、シェーンベルクの弟子ベルクに音楽を教わるべくウィーンに留学した音楽家でもあって、若い頃ですが作曲もしています。その音楽は簡単に聴くことができます。

事態はしかし、アドルノが述べたのとは正反対に動いたといったほうがいい。その後、隆盛をきわめるのは、アドルノが忌み嫌ったポップスだったからです。ポップスは貪婪《どんらん》です。ドイツ古典音楽から現代前衛音楽さらには民族音楽まで、あらゆる手法を取り入れ、すべてを飲み込んで成長したといっていい。それが可能になったのは、大会場大群衆で大騒ぎしながら聴くこともできるけれど、それこそヘッドフォンでひとり楽しむこともできるようになったからです。しかし、このひとり楽しむ音楽ファンがあっというまに数億人という規模になったのです。技術革新によって人類の内面空間は驚異的に拡大しました。

人類は何か違う段階に突入しているのではないか、とさえ思えます。

とはいえ、このような内面空間、全世界に広まった音楽享受空間を用意したのは、ほかならぬドイツ古典派音楽であったことは記憶しておくべきでしょう。真面目なドイツにおいてこそ、音楽は第一に内省的に聴くべきものへと変容したといっていい。象徴的にいえばベートーヴェンにおいて音楽は楽しんで聴くものから謹んで聴くものへと変わったのです。ベートーヴェンはそれを交響曲、弦楽四重奏曲などで行なったわけですが、ヴァグナーはその流儀をオペラにまで拡大しました。そしてオペラという呼び名をムズィークドラーマすなわち楽劇へと変え、それによってオペラの鑑賞の仕方そのものを変えたのです。

もともとのオペラ・ファンというのは、やがて登場する映画ファンとはまったく違います。歌舞伎と同じで、これと思った良い場面で、良い歌手に掛け声を掛けるのがオペラ・ファンの生きがいなのであり、オペラ・ハウスはまず第一に社交場なのです。

暗闇の中で画面に感情移入して感極まって一人涙を流すような映画ファンとは対極にあります。

ヴァグナーの楽劇が要求するのはオペラの観客ではなく、むしろ映画の観客だったのだということが、ルートヴィヒ二世の援助の下、彼の希望通りに作られたとされるバイロイト祝祭劇場を見ると分かります。掛け声なんかもってのほか、拍手でさえもってのほか、オーケストラだって見えないほうがいい。音楽は舞台の底から聞こえるほうが良いのだ。これがバイロイト祝祭劇場の建設理念ですが、要するにこれは、ヴァグナーは映画音楽を作曲しようとしていたということにほかなりません。いや、ヴァグナーは、作曲家である以上に映画監督であったといったほうがいい。

ヴァグナーの後に、チャイコフスキーが登場し、マーラーが登場しますが、劇場についての注文はともかく、観客あるいは聴衆が、敬意をもって音楽に耳傾けるという音楽享受の姿勢はもはや変わりません。音楽の内面化がこうして完成したのです。音楽はいまや物語るもの、解釈されるべきものに転じたのです。標題音楽が登場するのは当然です。

私の考えでは、この段階ですでに、映画音楽がはじまっていたのです。

映画鑑賞の基本もすでに決まっていた。

無声映画が音楽伴奏付きになり、トーキーが会話だけではなくきわめて自然に映画音楽を取り入れ、主題曲を設定し、主題歌を歌わせ、時代はやがて大型スクリーン、総天然色へと向かいますが、これらの映画鑑賞が、音楽鑑賞の流儀を引き継いでいたことは、私には疑いなく思われます。

映画が基本的に内面探求の道を歩むのもほとんど必然だったと思います。

内面探求としての映画が、地平線の重要性にただちに気づくのもまた、必然だったと思います。

宮崎アニメの底を流れる地平線をめぐる劇は、まさにこういう背景のもとに成立したといっていいのだと、私は思います。

第八章

地平線の比較文学——フォード・黒澤・宮崎駿

カメラの本質はもともと飛翔にある――詩と映画の深い関係

地平線というものが人間にとって必要不可欠なものとしてある以上、それは人間の表現行為のあらゆる領域に浸透しているはずです。

萩原朔太郎《はぎわらさくたろう》の詩集『月に吠える』に、「殺人事件」があります。

とほい空でぴすとるが鳴る。
またぴすとるが鳴る。
ああ私の探偵は玻璃《はり》の衣装をきて、
こひびとの窓からしのびこむ、
床は晶玉、
ゆびとゆびとのあひだから、
まつさをの血がながれてゐる、
かなしい女の屍體のうへで、
つめたいきりぎりすが鳴いてゐる。

しもつき上旬《はじめ》のある朝、
探偵は玻璃の衣装をきて、
街の十字巷路《よつつじ》を曲つた。
十字巷路に秋のふんすゐ。
はやひとり探偵はうれひをかんず。

みよ、遠いさびしい大理石の歩道を、
曲者《くせもの》はいつさんにすべつてゆく。

私は萩原朔太郎を近代日本の感性に根底的な影響を与えた天才的な詩人であると考えていますが、ここではそのことを縷々語っている余裕はありません。ただ、その詩人の天才的な直観力が、映画というものがじつは地平線に深くかかわっている、いや、地平線こそ映画を成立させる決定的な要件なのだということを、映画に接すると同時に見抜いていたことには、まったく驚きを禁じ得ません。

朔太郎の詩については、那珂太郎《なかたろう》が『萩原朔太郎詩私解』をはじめ多くの優れた論考を書いています。この詩についても、たとえば同書において那珂は、そこに描かれている情景が、「当時浅草で楽隊の囃しと共に封切られた全三十巻の連続大活劇から借りたイメェジ」であり、「憂ひを帯びた好男子の探偵は、同時に犯人」だという、河上徹太郎《かわかみてつたろう》の証言を引いたうえで、しかし、映画の画面がどの程度まで素材を提供したかどうかはあくまでも二の次であって、「それと関係なしに、この作品のイメェジは、言葉で構築された世界としてはっきり自立し得てゐるのだ」と強調しています。

私も那珂の意見に全面的に賛成ですが、しかし同時に、この「朔太郎の書いた最初の口語詩」、一九一四年に発表された詩が、映画という語、当時の言葉を用いれば活動写真という語をいっさい含まないにもかかわらず、疑いなく映画空間を思わせるだけではなく、一個の映画論、それも犀利な映画論になっていることは、指摘しておかないわけにはいきません。ここには、映画が当時どのような魅惑としてあったか見事に示されているのみならず、その魅惑が「みよ、遠いさびしい大理石の歩道を、／曲者はいっさんにすべってゆく。」という最終連の二行によって、スクリーンの上にくっきりと浮かび上がる地平線のイメージに象徴されるものであることが、はっきりと語られているのです。曲者がいっさんに滑ってゆく大理石の歩道がただちに地平線を思わせるのは、滑るにはそれだけの長さが必要だからなのです。まったく、巧いとしかいいようがない。

この映画論はいまも新鮮かつ秀逸です。

むろん、映画というよりは映像、映像というよりはイメージそのものにとって地平線は重大なのだ、ということが語られているのだというべきかもしれません。けれどその発見が映画によってもたらされたものであることは、私には疑いえないと思います。

朔太郎はこの九ヵ月後に詩「蛙の死」を発表しています。

蛙が殺された、

子供がまるくなつて手をあげた、
みんないつしよに、
かはゆらしい、
血だらけの手をあげた、
月が出た、
丘の上に人が立つてゐる。
帽子の下に顔がある。

これも私には映画論に思われます。言語作品として自立しているからこそいっそう見事な映画論になっていると思われる。映画の手法をそのまま詩に移すことによって、それが映画の本質を衝いた作品として通用するものになっているからです。

蛙のクローズ・アップから始まり、子供たちを、そしてその小さな手の平を映し出し、次には大きく引いて月を映し出し、地平線というよりは丘の稜線を横に移動してひとつの人影を捉え、再びクローズ・アップして帽子を映し、さらに帽子の影になってよく見えない謎の顔を映し出す。見事なカメラ・ワークですが、その魅惑を支えているのが丘の稜線として提示された黒々とした地平線にあることは疑いないと、私には思われます。

朔太郎は、カメラの本質は飛翔にあるということを鮮やかに捉えているのです。

人間が直立二足歩行に移ったのは見るため、眺め渡すためであると私は思っています。その直接的な延長上にあるのがカメラですが、カメラは視点をつねに自在に変えることができることを示していることによって、人間にとって見るとはいったいどういうことであるのか、端的に物語っています。飛翔することです。朔太郎にしてみれば、それはしかしむしろ詩の本質なのだ、ということでしょう。そしてこれらの全体が地平線によって支えられている。

朔太郎の詩には、たっぷりと感情に浸されたイメージが塗りたくられているにもかかわらず、つねにうっすらと地平線が描かれています。私は連続アニメ「赤毛のアン」のオープニング、二輪馬車で大空を駆けるアンの姿に強い衝撃を受けましたが、映像を見ながら朔太郎の詩「天景」、「しづかにきしれ四輪馬車、／ほのかに海はあかるみて、／麦は遠きにながれたり、／しづかにきしれ四輪馬車。／光る魚鳥の天景を、／また窓青き建築を、／しづかにきしれ四輪馬車。」を思い出さずにはいられませんでした。馬車と季節と地平線という三つの組み合わせのうえに、詩のもたらす快適な速度感がそういう連想をもたらしたのです。また、「陽春」を思い出さずにいられなかった。

ああ、春は遠くからけぶつて来る、
ぽつくりふくらんだ柳の芽のしたに、
やさしいくちびるをさしよせ、
をとめのくちづけを吸ひこみたさに、
春は遠くからごむ輪のくるまにのつて来る。
ぼんやりした景色のなかで、

白いくるまやさんの足はいそげども、
ゆくゆく車輪がさかさにまはり、
しだいに梶棒が地面をはなれ出し、
おまけにお客さまの腰がへんにふらふらとして、
これではとてもあぶなさうなと、
とんでもない時に春がまつしろの欠伸《あくび》をする。

歌われているのは人力車であって馬車ではありませんが、しかし車輪が大地を離れて浮遊するという流れは、「赤毛のアン」オープニングと同じです。「春は遠くからごむ輪のくるまにのつて」という一行が、遠い地平線を感じさせてしまうのですが、その後に車輪も客も空中に浮かび上がってしまう。「陽春」と「赤毛のアン」の映像に似通ったものを感じるのは、私だけではないと思います。

以上の詩はすべて『月に吠える』からですが、地平線が朔太郎の脳裏から離れることは以後も一度もない。実質的に最後の詩集である『氷島』まで変わらないのです。地平線は見ることの必然ですから当然でしょうが、その映像はすべてきわめて映画的です。「『青猫』以後」から「大砲を撃つ」を引きます。一九二三年の作。

わたしはびらびらした外套《がいとう》をきて
草むらの中から大砲をひきだしてゐる。

なにを撃たうといふでもない
わたしのはらわたのなかに火薬をつめ
ひきがへるのやうにむつくりとふくれてゐよう。
さうしてほら貝みたいな瞳《め》だまをひらき
まつ青な顔をして
かうばうたる海や陸地をながめてゐるのさ。
この辺のやつらにつきあひもなく
どうせろくでもない貝肉のばけものぐらゐに見えるだらうよ。
のらくら息子のわたしの部屋には
春さきののどかな光もささず
陰鬱な寝床のなかにごろごろとねころんでゐる。
わたしをののしりわらふ世間のこゑごゑ
だれひとりきてなぐさめてくれるものもなく
やさしい婦人のうたごゑもきこえはしない。
それゆゑわたしの瞳《め》だまはますますひらいて
へんにとうめいなる硝子《ガラス》玉になつてしまつた。
なにを喰べようといふでもない
妄想のはらわたに火薬をつめこみ
さびしい野原に古ぼけた大砲をひきずりだして

どおぼん　どおぼんとうつてゐようよ。

この詩が空想の地平線を感じさせるのは、「草むらの中から大砲をひきだしてゐる」からでも「かうばうたる海や陸地をながめてゐる」からでもなく、あげて「さびしい野原に古ぼけた大砲をひきずりだして／どおぼん　どおぼんとうつてゐようよ」という最後の二行にかかっていることは疑いありません。大砲を撃つには射程が必要であり、その射程には必然的に地平線が目じるしとして入ってきます。のみならず、「どおぼん　どおぼん」という擬音の響きが遠さをじかに感じさせてしまうのです。そしてその遠さは、地平線によって支えられていると感じさせる。その地平線はあくまでも空想なのですが、最後の二行の段階で逆転し、空想のほうが現実で、現実のほうが空想に思われてきます。

詩の中間部では詩人すなわち「のらくら息子」の内面がかなり現実的に語られているようですが、そんなことはしたがってそれほど重要ではない。広く寂しい野原の真っ只中で、「びらびらした外套」を着て、ただひとり古い大砲を撃っている詩人の姿が圧倒的で、これが私にはまるで映画の一場面として迫ってきます。

もちろん、宮崎のアニメではありません。フォードの西部劇でも黒澤の時代劇でもない。むしろフォードや黒澤の影響を全面的に受けたセルジオ・レオーネの「荒野の用心棒」以後のマカロニ・ウエスタンの一場面のように見えます。いずれにせよ、映画の一場面のように見えるのは、そこに見ることの本質が露呈しているからでしょう。地平線が、見ることそのものの基盤をなしていることは、私には疑いないと思われます。

朔太郎は天才としかいいようがありません。彼が見たのは日本に映画が入ってきたまさにその当時の無声映画――朔太郎はバスター・キートンに似ているといわれることを喜んでいました――であり、それがやがてトーキーになってゆくわけですが、その段階ですでに、映画には地平線が決定的に重要であり、その地平線にとっては、走ること、飛ぶこと、俯瞰することが不可欠であることを見抜いています。なぜ見抜いていたかといえば、それが詩にとってもまさに本質的なことだったからです。朔太郎にとって詩とは物を見る手段にほかならなかった。映画も同じであると直観したのでしょう。

朔太郎のその指摘をあたかも的確に受け取りでもしたように、まさに地平線を軸に、ジョン・フォードが西部劇を、黒澤明が時代劇を、そして宮崎駿がアニメーションを確立していくことになる。むろん、「風立ちぬ」を作った宮崎、そして黒澤はともかく、フォードは朔太郎のことなどほとんど何も知らなかったでしょうから、そんなことはありえないわけですが、私にはそう思われるほどなのです。

朔太郎はその後の二十世紀映画の流れを予見していたようにさえ私には思われます。

フォード・黒澤・宮崎駿

これまで何度も繰り返しましたが、私は、アニメはもちろん、映画に関してもまったくの門外漢です。粗っぽい議論を展開してゆくことをお許しいただくほかありませんが、機会があって宮崎駿のアニメに接するようになり、魅了され、その中心に地平線と飛翔の問題が潜むことに気づき、それがいったいどこから来たのか探究しはじめて——もちろん人間そのもののありようからというのが第一ですが映画としては——、結局、ジョン・フォードと黒澤明にまでたどり着くことになってしまったのです。

たとえば「風の谷のナウシカ」の冒頭は、レオーネの「荒野の用心棒」を思わせ、それがさらに、当然のことながら黒澤の「用心棒」を、またフォードの「荒野の決闘」を、少なくとも私には思わせました。というより明確な繋がりを感じてしまった。あるいは、「もののけ姫」のサンの登場は、黒澤の「隠し砦の三悪人」の雪姫を思わせ、その隠し砦の岩場は、これもまた必然的に、フォードの「駅馬車」や「荒野の決闘」に映し出された、かのモニュメント・ヴァレーのことを思わせずにおきませんでした。

黒澤の「野良犬」は、逃げる男を追う刑事の場面から始まります。刑事を演じるのは三船《みふね》敏郎《としろう》。「醜聞《スキャンダル》」は、やはり三船演じる画家がオートバイを疾駆させる場面から始まります。そういう意味では、「隠し砦の三悪人」の最大の見せ場は、三船演じる真壁六郎太《まかべろくろうた》が正体を知られ、自陣へ通報しようと逃げる二人の騎馬武者を馬で追って、次々に斬り捨ててゆく場面ですが、まさにカーチェイスの戦国時代版で、黒澤が役者を走らせるのがとにかく好きなことがよく分かります。が、重要なことは、それら走ることのすべてが、結局は、地平線の重要性を暗示していると思えることです。

「隠し砦の三悪人」の騎馬武者を追って走る場面は、規模こそ違え、「駅馬車」のアパッチ族に襲われる場面を思い出させずにはおきませんし、走る馬の上で演じられるジョン・ウェインの荒業を思い出させずにはおきません。そしてそれらは、「風の谷のナウシカ」冒頭の、巨大な蟲、王蟲に追われてひた走る騎士ユパと、メーヴェに乗って飛行しながらその王蟲を必死になだめようとするナウシカを思わせずにおかない【図版8－1】。これらの追跡劇においても地平線がきわめて重要な意味を持つことは指摘するまでもありません。

走ること、走りながら戦うことが宮崎にとっても重要な意味を持つのは、たとえば「もののけ姫」冒頭のアシタカの登場ひとつに明らかですし、アシタカとサンとの、いわば複雑微妙な闘いにおいてもそれが繰り返されることからも明らかです。「もののけ姫」では、見晴らしの良さは深い山並みに覆われてむしろ遮られるのですが、しかし疾走しながら戦う場面においてはやはり地平線を感じさせずにはおきません【図版8－2】。

地平線の重要性という視点から見直してみると、「用心棒」の、そしてまた「椿三十郎」の最後の決闘の場面は、極論すると、あたかも地平線の美学の実践とでもいうほかないことに気づきます。「椿三十郎」で三十郎を慕う若侍たち九人のシルエットが、「用心棒」で三十郎を撃とうとする卯之助《うのすけ》率いる丑寅《うしとら》勢十人のシルエットをそのまま引き継いでいることは疑いを入れません。

それはまさに舞台です。

私はこの四十年近く、文芸批評のかたわら、まさにその文芸批評に不可欠なものとして舞踊を見、また舞踊批評をも執筆していますが、地平線の美学は、小説や演劇には少ない。詩、音楽、舞踊においてこそ鮮烈です。興味深いことは、この場合、映画、そしてまたアニメは、詩や音楽や舞踊の側に入るということです。これらの表現領域においては、演じるものと見るものとがじかに対峙することによって、見ることの本質が露呈するからだと、私は思います。

「用心棒」の最後の場面など、見事な背景幕の前で演じられる舞踊そのものであるといっていい。「隠し砦の三悪人」の火祭りの踊りも、「用心棒」の娼婦たちの踊りも、ほとんど舞踊の体《てい》をなしていませんが——詳しく話すとここには興味深いことがこれまた山ほどあるので

図版8-1 「風の谷のナウシカ」の冒頭、王蟲に追われるユパと、メーヴェに乗って王蟲をなだめようとするナウシカ。

図版8-2 「もののけ姫」の冒頭、走りながらタタリ神と闘うアシタカ。

すがいまはその余裕がありません——最後の決闘の場面は舞踊以外の何ものでもない、と私は思います。

「用心棒」や「椿三十郎」が実践しているのは地平線の美学である、そういう視点に立ってみると、それがやはり、「駅馬車」のジョン・ウェイン演じるリンゴ・キッドが、家族殺しの宿敵プラマー兄弟と闘う最後の場面に通じていることに気づかざるをえません。さらにまた、「荒野の決闘」のヘンリー・フォンダ演じるワイアット・アープが、ヴィクター・マチュア演じるドク・ホリデイらとともに、弟殺しの下手人クラントン一家の待つOK牧場へと向かい、そこで行う最後の決闘もまた、実際には、地平線の美学とでもいうべき側面を濃厚に持つことに気づかないわけにはいかないのです。

しかも、「駅馬車」も「荒野の決闘」も、そのことを明言するかのように、冒頭、結末ともに見事な地平線、つまりモニュメント・ヴァレーの眺望を見せているのです。雲がまた美しい。

これはまだ十代の頃にフォードのこれらの映画を見たときの記憶ですが、何よりもまず、雲が、それもとりわけ夜の雲の眺めが、見とれるほどに綺麗であることに驚きました。雲は地平線の美学に入ります。「未来少年コナン」「天空の城ラピュタ」「ハウルの動く城」という系譜は、地平線と雲の戯れというか、雲の背後に、真実の地平線を獲得しよう、発明しようとするものたちの物語ですが、そういう眼で見返してみると、「駅馬車」も「荒野の決闘」も、雲がひそかに、しかししっかりと、主人公たちとその地平線の物語を見守っていることに気づきます。

宮崎の先行者として、ジョン・フォード、黒澤明の二人を挙げることは、したがって、私にはまさに必然であるとしか思えません。

とはいえ、空を飛ぶということでは、たとえばディズニーの「ピーター・パン」がそうだし、手塚治虫の「鉄腕アトム」がそうではないか、宮崎のアニメを考えるとき、それらアニメの先駆者をまず考えるべきではないか、と批判されそうです。ところが、私にはそこに影響関係があるとはまったく思えなかったのです。

なぜか。

地平線がまったく感じられないからです。

ということは、ギブソンを引くまでもなく、ほんとうには飛んでいないということです。身体的な次元においては飛翔が体験されていない。飛ぶことが概念として描かれていても、体験としては描かれていない。クリムトの絵や朔太郎の詩では、飛ぶという概念が出て来る来ないにかかわらず、その絵や詩において、飛翔に等しい体験が描かれ語られている。同じことが、フォードや黒澤や宮崎にも言えます。映し出された地平線が飛翔を感じさせるのです。

これは簡単に論じ切れる問題ではありませんが、私の強い印象として、ジョン・フォードは地平線の発見によって——象徴的にはモニュメント・ヴァレーの発見によって——西部劇を確立したのではないかということがあります。同じように、黒澤明は地平線の発見によって映画としての時代劇を確立したのではないか、ということがある。

「駅馬車」が一九三九年で、「荒野の決闘」が一九四六年の封切りです。地平線という主題に限っても、その前にもその後にも触れるべきフォードの作品はたくさんあるでしょうが、とりあえずは有名な作品ということで、この二つがある。

とくに「駅馬車」はモニュメント・ヴァレーが初めて登場したということで象徴的な意味まで持つわけですが、私の印象では、この映画で、西部劇の主役はほんとうは地平線であるという暗黙の了解が成立したのではないかと思います。たとえば「シェーン、カムバック！」という少年の叫びで有名な「シェーン」が一九五三年に封切られます。冒頭と最後の二つの場面からだけでも、これが地平線の映画であることが分かります。フォードの地平線の発見が反復されているわけです。

「シェーン」の監督はジョージ・スティーヴンスですが、彼はその三年後にジェームス・ディーンの名演で有名な「ジャイアンツ」を作る。これを見ると、「シェーン」はまぐれでできたのではないかと思えるほど、地平線に魅力がない。テキサスの牧場が石油の油田に変わってゆく話ですからしょうがないのですが、基本は家族劇で、地平線は愛着の対象ではない。むしろその後の展開としては、一九五八年のウィリアム・ワイラーの「大いなる西部」のほうが、フォードの定石をきっちり守った秀作だと私は思います。私は日本封切りとほぼ同時に、小学校六年生のときに見ているので、いっそう強く記憶に残っているのかもしれません。

「大いなる西部」の主題が地平線であることはオープニングに明らかです。遠景で映し出された地平線を走る馬車の車輪の映像です。これが「赤毛のアン」オープニングの車輪の映像に影響を与えた可能性は大きいと、私は思っています。ワイラーはフォードの七歳年下ですが、いわば西部劇の定石を守っているわけです。「ローマの休日」が「シェーン」と同じ一九五三年、「ベン・ハー」が「大いなる西部」封切り翌年の五九年です。

歴史劇映画という領域があって、何を隠そう、ルネサンス絵画は動かないハリウッド歴史劇映画であり、ハリウッド歴史劇映画は動くルネサンス絵画のようなものなのです――そう考えて初めてルネサンス絵画の本質が分かるところがあるのです――が、少なくとも私の見るところでは、ほとんどの歴史劇映画は地平線の魅力に乏しい。絵画において線遠近法が現実味を感じさせたのと同じことが、歴史劇映画の場合はエキストラの大量動員によって行われているような印象がありますが、それが地平線を覆い隠してしまっていると思います。「ベン・ハー」もそうです。

管見ではデヴィド・リーンの「アラビアのロレンス」(一九六二)が例外的に素晴らしい地平線を見せます――主人公ロレンスの内面と深部で重ねられています――が、これはむしろ戦争映画で、戦争映画には地平線の争奪という別個の次元が関与してくるようです。しかも種類が多様で一括りに論じるのが難しい。リーンの「戦場にかける橋」は私の記憶では名作ですが、橋をめぐる戦争映画――戦争は人間的創造行為そのものの破壊であり否定だという思想――ではあっても、地平線をめぐる戦争映画ではない。おそらく西部劇と時代劇とアニメには、ある種の神話性が潜んでいるのではないかと思われもしますが、これについては機会を改めて論じるほかありません。

歴史劇映画の問題は、シネマスコープすなわちワイドスクリーン問題ともかかわりますが、これは疑いなくワイドスクリーン問題のほうが大きい。見ることに直接的にかかわるからです。

フォードが確立した西部劇も、ワイラーがかかわった歴史劇映画も、一九六〇年代には衰退する方向にあったと思いますが、この衰退のなかでひとり気を吐いたのがレオーネの「荒野の用心棒」（一九六四）以下のマカロニ・ウエスタンだったということになっています。ここで仔細に論じる余裕はありませんが、マカロニ・ウエスタンがジャンルとして独り立ちできたのは、フォードが確立した地平線という潜在的主題の重要性を、それこそワイドスクリーンできっちり守ったからだと、私は思っています。それには黒澤の影響が大きかったのは当然で、黒澤自身がフォードの原則をフォード以上に貫徹していたのです。

これもさらに検証しなければならない問題ですが、地平線にかんして「七人の侍」「蜘蛛《くもの》巣城《すじょう》」以上に「隠し砦の三悪人」「用心棒」「椿三十郎」のほうが鮮烈な印象を与えるのは、「隠し砦の三悪人」以後はワイドスクリーンで撮影されたという事情がかかわっていると私は思っています。

地平線を描くにワイドスクリーンのほうが有利であることはいうまでもありません。逆にいえば、映画技術の発達によって、人間は、見るという行為を支える地平線というものに、さらにいっそう接近できることになったわけです。

映画がワイドスクリーンになったことによって、観客は地平線を見るために首をめぐらすようになりました。首をめぐらすことによって、人はその地平線のなかに入り込むことになる。地平線は人をそのなかに誘い込むのです。そのうえで、さらに逃げ去る。

舞踊の地平線

「用心棒」の最後の決闘場面は舞踊だと先ほど言いました。

この最後の場面では、三船演じる桑畑三十郎《くわばたけさんじゅうろう》がひとり懐手《ふところで》で広場のような街道の一方の端から現われると――この登場も舞踊になっています――、その報を受けた仲代達矢《なかだいたつや》演じる卯之助ら丑寅勢十人――ぴったり十人です――が、一家の溜り場からばらばらと飛び出し、他方の端から立ち向かってくるという構図になります。

もちろん、その後の立ち回りの殺陣《たて》も見事なのですが、それ以上に、丑寅勢十人が三十郎に向かって歩いてくるさまを真正面から映し出す、その映像が素晴らしい。全員、息を詰めているのが痛いように伝わってきます。現場に立ち会っている感じです。神社の鳥居を背に十人横並びというのが、街道広場の向こうの端を地平線に変え、地平線そのものが迫ってくるかのような印象を見るものに与えます。凪に舞う砂ぼこりも決まっている。

これこそまさに舞踊です。

私は機会があって、「ベジャール、テラヤマ、ピナ・バウシュ」という主題で数年前に小さな講演をしたことがありますが、この三人はそれぞれ一九六〇年代、七〇年代、八〇年代の、世界の舞踊シーンに決定的な影響を与えたコリオグラファーたちです。寺山修司《てらやましゅうじ》は演劇の演出家であり映画監督ですが、世界に与えたその影響を考えるとむしろ舞踊の演出家と考えたほうがいい。そしてこの三人が行ったことというのが、じつは、黒澤が「用心棒」で見せたこの「神社の鳥居を背に十人横並び」の迫力を舞台上で実現することにほかならなかったのです。そう考えると事態の本質が見えてきます。

ここで縷々説明する余裕がないのがほんとに残念ですが――本書と前後して文庫化された拙著『考える身体』の「文庫版あとがきに代えて／人間、この地平線的存在――ベジャール、テラヤマ、ピナ・バウシュ」を参照していただければ嬉しいです――、ベジャール以下のこの三人は、核心を一言でいえば、十人横並びというこの場面の迫力を糸にして、衝撃的なダンス・エピソードを次々に数珠《じゅず》繋ぎにして見せたと思えばいい。並べられるエピソードはそれぞれまったく違いますから、誰もこの三人に共通点があるなどとは思わないでしょうが、実際にはその構図は驚くほど似ています。もちろん、三人ともに黒澤の影響を受けたわけではありません。要するに手法が基本的に通じ合っているということです。

十人横並びというのは、音楽でいえば斉唱して不協和音を出す行為に近い。たとえば先年ラグビーのワールドカップが日本で行われた際、マオリ・オールブラックスが見せた戦闘舞踊ハカを思い浮かべるといい。その姿を真正面から捉えた映像の迫力は、「用心棒」最後の決闘に匹敵します。その場面を要所要所に配置して客席に迫ったのが、ベジャール、テラヤマ、ピナ・バウシュにほかならない、というのが私の見方です。だいたい客席を真正面から睨むという構図は、彼ら以前まではほとんど存在しなかった。

彼らがそういった流儀を具体的にどこから学んだかはおいて――私は潜在的にであれ上から下へと順に影響を受けたと考えていますが――その淵源に無意識にであれ戦闘舞踊が潜むことは疑いないと思っています。戦闘舞踊の多くが地平線を形づくろうとするのは、地平線こそ生きることの恐怖と歓喜の源だからでしょう。中国陝西省《せんせい》にいまも広く行われている腰《よう》鼓舞《こぶ》は戦闘舞踊の一方の典型ですが、腰鼓——腰に着けた鼓——を叩きながら踊り狂う大群衆、数百人、数千人が、それこそ地平線が動くかのように迫ってくれば、たいていの敵は恐れ慄《おのの》くでしょう。

私は「風立ちぬ」で宮崎が見せた関東大震災の描写に驚嘆しましたが、あの、地平線が崩れてゆくとでも形容するほかない情景の背後には、人類の恐怖の記憶が詰まっているのだと思います。「風の谷のナウシカ」最後の、王蟲の大群が、地平線が動くかのように迫ってくる場面もそうです【図版8-3、8-4】。

「用心棒」最後の決闘の十人横並びの場面もまた、遠い谺《こだま》のように戦闘舞踊の記憶を響かせているのだといっていい。そういう要素がないと、舞踊は屹立しないのです。能が典型ですが、舞踊の芯には死が潜む。この原則はバレエをも貫徹していて、古典中の古典である『ジゼル』はもちろん、『白鳥の湖』も『眠れる森の美女』も『くるみ割り人形』も、生と死を往還する話になっています。

地平線が重要なのは生と死のボーダー、幽明の境になっているからです。直立二足歩行した人間が地平線を発明したということは、死をも発明した、意味づけたということです。舞踊が根源的なのは、それがその境界線から生まれたからです。死を含まない舞踊など無意味に等しい。そして、その核心に死を含むということでは、西部劇も時代劇もアニメも、舞踊に近く、詩に近いということになります。

ここでも黒澤と宮崎が深く呼応していることには驚くほかありません。

映画が演劇よりも詩に近いのはなぜか——その根源性

宮崎が提示した地平線という問題の広がりを探るべく、美術、音楽、映画、舞踊と見てき

図版8-3 「風立ちぬ」より。地平線が大きく崩れる関東大震災の描写。

図版8-4 「風の谷のナウシカ」のラスト、地平線が動くかのような王蟲の大群。

ましたが、それでは文学においてはどうなのだろうか。

先ほど朔太郎の例を引きましたが、単刀直入にいえば、朔太郎は映画に舞踊を見出したのです。これは要するに、朔太郎は映画に詩と同じものを見出したということです。現われ方は非常に違いますが、詩と舞踊は同じ場所、すなわち生と死を結ぶ場所から生まれました。同じことが映画にも言えることを、朔太郎は直観的に見出した。

この事実から、詩や舞踊や映画においては鮮明に登場する地平線が、なぜ小説や演劇においては登場しないのか、その理由が推測できます。詩や舞踊や映画に較べて、小説や演劇は新しいのです。小説や演劇は近現代に属している。詩や舞踊や映画は、近現代に属すと同時に、古代、というより神話に属している。

現生人類は二十万年前の東アフリカに誕生し、おそらくは八万年前から五万年前にかけてのある時期に、紅海、ペルシャ湾を越えてユーラシアへと進み、南アジア、東南アジア、東アジア、中央アジア、ヨーロッパへと適応拡散していったと、いまでは一般にいわれていますが、かりにその段階の現生人類がタイムスリップして現代に現われたとしても、それが子供であればむろんのこと、大人でさえもこの現代にさほどの抵抗なく適応できることは疑いありません。

たとえば私たちは、ヘロドトスやトゥキディデスの書いた歴史を読んで、古代人の知性や感性が私たちのそれとほとんど変わらないことに驚きます。司馬遷《しばせん》の『史記』を読んでも、そうです。ところが、『詩経』や『万葉集』、『古事記』を読むと、逆に、異質なところが少なくないことに驚くのです。

これはどういうことか。いわば、現生人類というか人間なるものはつねに、古代と現代、未開と文明、神話と歴史の両面を併せ持っているという可能性を意味します。極論すれば、人間はさまざまな時代相をすべて併せ持っている。それはいわば、人類の全個体が人類史のすべてを体現しているということです。

たとえば、演劇とはいっても、能においては地平線の問題を鋭く感じます。

柳田國男《やなぎたくにお》が自伝『故郷七十年』に、幼い頃、庭の祠を密かに覗いて不思議な石が置いてあるのに気づいた瞬間、ふっと目眩のようなものを感じて気が遠くなったが、そのとき鵯《ひよどり》がピーッと鋭く鳴いてこの世に引き戻された、つまり、わが身に返った、そういう体験をしたと書いています。もし鵯が鳴かなければ、自分は気が変になっていたんじゃないか、と。柳田は感受性の鋭い子供だったのです。「千と千尋の神隠し」の千尋も同じです。

私はそれを読んだとき、ああ、これが、お能で一声鋭く吹かれる能管《のうかん》の意味なんだと咄嗟《とっさ》に思い、そして一気に腑に落ちました。能では、この世からあの世、あの世からこの世へ移るときに、必ず能管の鋭い響きがするのです。それによってその移行が身体的に納得できる。鳥が幽明を往来するには理由があるのです。

能、とりわけいわゆる複式夢幻能は、彼岸と此岸を結ぶことにおいて、ほとんど神話の世界に接しています。そういうかたちで、能は地平線の問題に深くかかわっている。地平線が此岸と彼岸を結ぶのは、実体でないにもかかわらず実在するというそのありように深くかかわっている。死が、体験できないにもかかわらず、必ず訪れるというのと似ています。つまり能のあり方は人間の存在様式と深くかかわっていて、その部分については時代を超えて通用するといわなければなりません。

これを象徴するのが能舞台のあの橋懸かりという装置です。あれこそまさに地平線の具現としか思えないのは、能舞台に直角に交わってはいないところに端的に示されています。あの角度は私にはまさに驚異ですが、端的に遠さを表わしています。能管の響きの後にこれも鋭い幕上げの音とともに幕が上がり、シテが姿を現わしゆっくりと歩み始めるその遠さは、かなりなまでにあの角度に負っているのではないか。とすれば、能舞台とはそれそのものが地平線の現象学とでもいうべきものではないのか、というのが私の感想です。

狂言ではそういうことはありません。狂言は、能と違って、近代劇あるいは現代劇だからです。歌舞伎も同じです。その当時の現代劇であって、だからこそ現代ものに翻案できる。能の橋懸かりは、近づくもの遠ざかるものを示してまさに地平線の本質、距離の本質を具現していますが、歌舞伎の花道は、逆です。それはむしろ役者を見物に近づけるのです。距離を無化し、見物を現場に引き入れる。地平線が見えなくなるのは当然です。

能がいまなお残っているのは、それが人間の存在様式そのものの表現だからにほかなりません。詩、短歌、俳句が、小説より古い形式であるにもかかわらず、いまなお残っているのと同じことです。さらにいえば、それは、詩、短歌、俳句のほうが、小説よりもはるかに、死に近い場所にあるということを意味します。朔太郎の詩も同じです。朔太郎が映画の本質を直観的に見抜いた理由です。

こうして、西部劇、時代劇、アニメ、要するに映像芸術はみな、意外や意外、本質的には小説や現代演劇よりはるかに古い形式らしいという可能性が浮上してきます。私は、もちろんです、と答えたいと思います。西部劇や時代劇だけではない、たとえばＳＦやファンタジーもそうです。『ゲド戦記』のいたるところに影が、地平線が、そして水平線が姿を現わすのはしたがって必然であり、その世界が宮崎を誘惑するのも必然なのです。

ＳＦという表現領域は近現代の小説よりはるかに神話の世界に近い。だからこそハリウッドにおいてＳＦ映画が西部劇の後を担えたのです。けれど、そのＳＦの神話的世界は、少なくとも人類史の現在においては、西洋現代文学体験のひとつの結果として、西洋文明、人類文明への痛烈な批判として登場したことを忘れてはならない。そうでなければたんなる古代文学になってしまいます。

このことから、現代中国文学がＳＦにおいて活性化しているのは、現代中国が十八世紀、十九世紀の西洋体験、西洋現代文学体験を経ることなく、いわば古代中国文学の伝統がそのまま二十一世紀に接続してしまったからだということが分かります。中国文学、中国芸術には近代が欠落している。中国現代ＳＦの世界に人権意識が欠如しているのも同じ理由によります。強制収容所と臓器移植がなぜ問題になるのか、中国現代ＳＦの作者や読者にはまったく分からないでしょう。強制収容所も臓器移植も合理的、科学的だと思っているわけですから、腑に落ちるようには理解できないに違いありません。『水滸伝《すいこでん》』や『西遊記《さいゆうき》』の作者や読者に理解できないのと同じです。私の考えでは、中国現代文学あるいは中国現代芸術のその惨状は、象徴的にいえば、たとえば十八世紀文学としての『紅楼夢《こうろうむ》』を完璧には咀嚼《そしやく》しないままで来てしまった、というようなところから惹き起こされたのです。

事実、『紅楼夢』が描こうとして苦心したものこそ近代的内面性にほかならないと、私は思っています。もちろん少年少女の内面にすぎない。けれど曹雪芹《そうせっきん》はそこに、宋代に発する中国の近代性とその展開の可能性を見出していたのです。舞台は清朝北京ですが、実際には宋代江南といっていい。曹雪芹の試みが成功したかどうかについては、読むもの論じるものによって違ってくるでしょうが、このような試みがあったという事実は否定できません。近代的内面性とは、前章で触れましたが、人間は一人ひとりみな自分自身の王、それぞれの世界の王であるということに尽きます。この原則が貫徹されていなければ、内面性などたんなる卑小な隠し事にすぎない。曹雪芹はその事実を描いているのです。

王であるとは、確固とした価値の規範を持ち威厳と気品を持つということです。階級のことではない。人間のことです。紙幅も時間もないのでこれ以上は触れませんが、いずれにせよ王という次元は、俯瞰する眼、第三の眼の必然的な帰結としてあったことは疑いありません。見るという語がそのまま支配を含意することは、古今東西、変わりません。神の視線は王の視線を引き継ぎますが、その神の視線は畢竟《ひっきょう》、自己の視線、養育者のもとで自分が自分で発明した視線なのです。それがなければ苦悩など存在しえない、まったく意味を持たないのです。ドストエフスキーだろうがトルストイだろうが、主人公が王の内面性を持っていなければ、そんな小説はたんなる三面記事にすぎない。

逆にいえば、三面記事であってもひとたび王の内面性を付与されればそれは神話の輝きを帯びるということです。それを証明したのがベルクの『ヴォツェック』や『ルル』、ショスタコーヴィチの『ムツェンスク郡のマクベス夫人』といったオペラにほかなりません。

現代中国にこの内面性という次元が欠けていることは舞台芸術に露骨に出ています。たとえばバレエと雑技団のいわゆる雑技に本質的な違いがないのです。身体技術としては驚嘆すべき水準に達しているにもかかわらず、どちらにも内面性が決定的に欠落している。表現に内的世界がない。いわば無表情なのです。

私は中国の現代文学や現代芸術におけるこの欠落が残念でたまりません。

中国現代SFがいまなぜかもてはやされているようですが、ほぼ同じ位置にかつてはラテン・アメリカ文学がありました。たとえば、カルペンティエールの『この世の王国』や『失われた世界』がそうです。あるいはガルシア＝マルケスの『百年の孤独』がそうです。けれど、カルペンティエールやガルシア＝マルケスは、地平線の問題を明確に出しています。彼らにそれができたのは、西洋の十八世紀、十九世紀を徹底的に吸収したうえで意識的にそれを跳び越えたからです。そしてむしろ積極的に神話性を帯びることにしたからです。いわゆる魔術的リアリズムがそうですが、これがラテン・アメリカ文学に限られる手法でないことは、サルマン・ラシュディの『真夜中の子供たち』ひとつに明らかです。

中国現代文学はこの問題を意識していないように、少なくとも私には見えます。文学においては政治問題を括弧でくくることはできないのです。そしてその政治問題は体制、反体制などという次元の問題ではない。

地平線の比較文学のほうへ——芭蕉、蕪村、そして定家

文学における地平線の問題に戻ります。朔太郎が映画に地平線の美学を見出したのは、も

ともと自分のなかに地平線なるものを持っていたからです。先人の文学のなかにも地平線のイメージを強く感じていたに違いありません。

日本文学で地平線といえば、私はすぐに芭蕉《ばしょう》の次の二句を思い出します。

荒海や佐渡によこたふ天河

暑き日を海にいれたり最上川

世界文学の傑作と言っていい作品です。現実的かつ神話的です。雄大な自然を前にして、いよいよ「私という現象」の生と死に思いいたる、という感じです。『おくのほそ道』の二句ですが、ともに水平線、地平線を扱っていて、見事なのは、それらによって自分の視覚も、身体も、支えられているという思いが漲《みなぎ》っていることです。それが驚異的な宇宙性を感じさせる理由であり、おそらく同じほどスケールの大きい句を作るのは現代人にもまず不可能だろうとさえ思わせます。

最上川の句は、ランボーの『地獄の季節』の詩「錯乱Ⅱ」の次の三行を思い出させずにはおきません。小林秀雄訳で引きます。

また見つかつた、

――何が、――永遠が、

海と溶け合ふ太陽が。

私には両者がほとんど同じ思想、同じ感情を歌っているとしか思えません。ジャン＝リュック・ゴダールが「気狂いピエロ」（一九六五）のラストシーンに使ったこと、それも水平線に重ね合わせるかたちでこの詩を映し出したことは有名ですが、ゴダールは芭蕉の句にも同じように惹かれるだろうと思います。ランボーということでは、スコットの映画「ブレードランナー」でレプリカントのロイを演じた俳優ハウアーがロイの死の間際、ランボーの詩「酔いどれ船」を思わせる名台詞を吐く場面について言及しましたが、私には「酔いどれ船」そのものが地平線を主題にしているという印象があります。

もちろん、芭蕉は十七世紀日本人、ランボーは十九世紀フランス人、照応関係などはありえないという反論があるかもしれない。けれど、芭蕉の暮らした元禄《げんろく》江戸などは近世というよりはほとんど現代に近かったと思います。芭蕉の二句はともにきわめて現代的です。ランボーの詩が現代的であるのと同じです。

時期的に芭蕉とランボーのちょうど中間に位置するのが十八世紀日本の蕪村《ぶそん》です。蕪村は画家としても有名でしたから、その念頭につねに地平線があったことは間違いないと思います。有名な句を二つ。

菜の花や月は東に日は西に

さみだれや大河を前に家二軒

同じように天と地を眺めながらも、よくこれほど個性の違った句を詠めるものだと感心するほど、芭蕉と蕪村の句は違います。蕪村のほうが色彩細やかですが、芭蕉に較べるとさすがに柄が小さい。綺麗だけどミニチュアを見ているような気分がします。小さい分、地平線の存在感がやや希薄な感じもします。

芭蕉が写真家だとすれば、蕪村にはアニメ作家のようなところがある。必ず動きがあるからです。佐渡の句でも最上川の句でも、動きがないわけではありませんが、むしろ不動の一瞬として捉えられている。対するに蕪村の句は、菜の花にしても風のそよぎが感じられ、ましてや五月雨も大河の流れも動きを感じさせずにおきません。感じさせるからこそ、家二軒の不動が際立つ。むろんかりそめの不動にすぎないわけですが、背後に描き出された地平線はさすがに美しい。光景の全体が内面化されているというか、作者の気持ちが分かる。

春風や堤長うして家遠し

『夜半楽《やはんらく》』所収の「春風馬堤曲《しゅんぷうばていきょく》」十八首の第二句。第一句は「やぶ入や浪花を出て長柄川」で、蕪村の専門家は「蕪村が俳諧形式の主体性を尊重して、多くの発句とわずか三編の俳詩に、新鮮にして自在の創作をなしとげた」(清水孝之)ことを高く評価しています。実際、「春風馬堤曲」は同じ『夜半楽』収載の「澱河歌《でんがか》」三首と並んで、明治以降のいわゆる新体詩の先蹤《せんしょう》として近代詩人たちに注目されたことがあります。ここで詳しく紹介する余裕はありませんが、「春風馬堤曲」はたんなる発句の連なりではなく、大坂で奉公する若い女性が里帰りするときの風景と心情のさまを発句や漢詩で描いたものだったからで、いわば長詩であり、新体詩さらには近代詩に連なるものとして受け入れられていいということになったわけです。

このような試みの延長上に国木田独歩《くにきだどっぽ》の『武蔵野』に収められた田園詩があって、さらにその先に宮沢賢治の『春と修羅』などもあると、かなり強引ですが、いえなくもない。事実、『武蔵野』や『春と修羅』は地平線という視点から読み直すことができます。『郷愁の詩人・与謝蕪村』を書いたのは朔太郎ですが、詩の形式に対する蕪村の強い関心は、その作品に盛られた感興の近代的な新しさ、とりわけノスタルジアと無関係ではないと考えることもできます。そこに地平線が決定的に関与していることは疑いありません。

けれど、ここではそれとはまったく違う視点から地平線に接近してみます。藤原定家《ふじわらのさだいえ》に次の三首があります。

見わたせば花も紅葉《もみぢ》もなかりけり浦のとまやの秋の夕暮《ゆふぐれ》

駒とめて袖うちはらふ蔭もなし佐野のわたりの雪の夕暮

過ぎ行けど人の声する宿もなし入江の波に月のみぞ澄む

定家の歌は達磨歌《だるまうた》すなわち禅味がかった歌ということで有名ですが、私はこの三首、とりわけ最初の「見わたせば」はとても優れていると思っています。花と紅葉というたいへん華やかなものを見せて、一瞬のうちに消してしまい、何もない寂しい海辺だけを見せる。花と紅葉の実物はなくとも、その映像だけは残っているので、華やかさとうら寂しさが背中合わせになって、さらにいっそう無を強調することになります。その無のうえに水平線が鋭く引かれるわけですが、読み終えると逆に、水平線のうえに一字、無という語が浮かび上がる仕掛けになっているようです。

「駒とめて」「過ぎ行けど」も同工異曲ですが、華やかさというか、香りの点で「見わたせば」に一歩譲ると思います。いずれにせよ、花、駒、声といった明瞭なイメージを提示しながらも、それを否定することでかえって水平線、地平線を鮮明に浮き立たせるという手腕は、凡庸ではありません。

ところが折口信夫が全否定しているのです。『新勅撰集』に収録された「あまのはらおもへばかはるいろもなし秋こそ月のひかりなりけれ」を引いて、それを批判し否定するために、『新古今集』に名高い「見わたせば」の歌をわざわざ引き合いに出して、何か思想的内容があるように見せかけている、ある程度まで誰にも分かり、それ以上は誰にも分からない、おそらく定家にも分からない、誰かが説明すれば作者自身どちらになびいてもいいといった程度の自覚しかなかっただろう、と、痛烈に批判しているのです。

折口の講義「新古今前後」（一九三六〜三七）の一節ですが、じつは、ここでの批判は日本文学の大きな変化にかかわっていて、それは武士階級の勃興です。定家はある段階から『新古今集』の華美な歌風を捨てて老巧でくすんだ歌を作り出したと一般に見られていますが、それは新興武士階級に教えはじめるようになったのと軌を一にしていたのだと折口は述べています。実朝《さねとも》との関係もそのひとつで、そのため定家のみならず公家の歌風そのものが「無教養で良しとする風に徐々になってきた」のであり、それは端的に公家と武士のあいだで連歌が流行するようになったことに示されている、というのです。定家も知識のない連中に合わせて俗化したというわけです。確かに、定家の歌は『新古今集』収録と『新勅撰集』収録ではその優劣が雲泥の差で、面食らうほどです。

私は折口の説は基本的に正しいと常々思っていますが、とはいえしかし、「見わたせば」の歌は折口がいうほど否定されなくてもいいのではないかと思います。これはこれで十分に美しいと思えるからです。また、三首ともに、無を歌った美しさ、地平線を歌った美しさで、凡百の禅問答よりもはるかに素晴らしいと思います。

ここでこの三首にこだわるのは、「無を浮かべる地平線」という美学が、後世に少なからざる影響を与えたように思えるからです。それも、折口の指摘した武士階級の文化を通してです。

「千と千尋の神隠し」と「一つのメルヘン」

中原中也《なかはらちゅうや》の『在りし日の歌』（一九三八）から「一つのメルヘン」を引きます。

秋の夜は、はるかの彼方に、
小石ばかりの、河原があつて、
それに陽は、さらさらと
さらさらと射してゐるのでありました。

陽といつても、まるで硅石か何かのやうで、
非常な個体の粉末のやうで、
さればこそ、さらさらと
かすかな音を立ててもゐるのでした。

さて小石の上に、今しも一つの蝶がとまり、
淡い、それでゐてくつきりとした
影を落としてゐるのでした。

やがてその蝶がみえなくなると、いつのまにか、
今迄流れてもゐなかつた川床に、水は
さらさらと、さらさらと流れてゐるのでありました……

折口の批判を押し切ってまで、定家の「見わたせば」の歌を推賞したのは、じつは千年近くの年月を隔てながら、そこにこの「一つのメルヘン」と響き合うものが感じられたからにほかなりません。定家の三首を、「花」「駒」「声」の華やかな不在であると述べましたが、そこにもうひとつ「蝶」の華やかな、しかしどこか密やかな悲哀に満ちた不在が付け加えられることになるのだと、私は思います。この対比が必ずしも荒唐無稽といえないのは、そのあいだに、世阿弥のいわゆる「複式夢幻能」を置くことができるからです。

「一つのメルヘン」は現代日本を代表する詩のひとつですが、じつは何を隠そう、完璧に能舞台のありようをそのまま反復しているのだ、と私は主張しているわけです。むろん、さらさらと射す陽も、淡い影を落とす蝶も、何をいうわけでもない。シテともいえる蝶は無言のうちにすっと現われすっと消えるだけなのですが、その呼吸の全体は紛れもなく能の上演そのものに、私には思えるのです。

まるで見事な舞いの一差しを見ているようです。

しかも興味深いのは、中也の詩を傍らに置いてみると、定家の三首もまた別様に生き返ってくると思えることです。地平線なるものは、そこに一瞬、花、紅葉、駒、声などの幻を誘い出す舞台にほかならない、と囁いているように思えてくるからです。いや、端的に、定家の三首は能舞台の出現をすでに予告していたのだということになる。

世阿弥はほぼ正確に定家の二百年後に生まれ、同じようにほぼ八十年を生きた後に亡くなっています。無を浮かべる地平線とは能舞台のことだったのかと、思わずため息をついてしまうほどです。時代としては、定家と世阿弥のあいだに五山文学のほとんどが入るのです。

つまり文化としての禅のほとんどが入る。

もちろん、芭蕉、蕪村の後に、定家から世阿弥を経て中世へといたるこのお話は、これまでのお話と無関係というわけではありません。「千と千尋の神隠し」もまた基本的にまったく同じ構造、いわば能舞台の構造を持っているからです。

千尋は父母と異空間に足を踏み入れますが、千尋にとっての数日間が父母にとっては一瞬、いやほとんど無であったことが結末で明らかになります。父母には千尋が神隠しに遭って消えた時間が存在しない、前後が切れ目なく接続して、何の変化も感じられないという設定です。自家用車のうえに落葉が散乱していますが、父母にしてみれば強い風の一吹きがあったという程度のことにすぎません。いわば、無、です。

とすれば、千尋にとってはハクとの出会い、油屋での出来事、「海原電鉄」、銭婆の行為はすべて夢のようなもので、彼女にとってしか存在しないまさに内面空間の出来事にほかなりません。もちろん、千尋のもとには銭婆が編んでくれた髪留めが残されていて、それが千尋の体験が現実であったことを証してくれるようですが、父母にとっては車の上に吹き寄せた枯葉ほどのことにすぎないでしょう。

古今東西、同種の物語はいくらでもある。桃源郷しかり、浦島伝説しかり。

ですが、千尋にとっての体験の現実性は、じつは、ブタに変えられた父母を元に戻そうと死に物狂いで格闘したというその生々しさにあるといわなければなりません。父母にとっては存在しないけれど、千尋にとって存在するのは、そのことです。これこそ内面性の実質というべきものです。そしてこの機微が、「天空の城ラピュタ」から「ハウルの動く城」への飛躍を準備したものなのだ、と私には思えます。

「ハウルの動く城」のソフィーは自身が老婆に変えられている。けれどソフィーは、自分がハウルを愛していることに気づくだけでなく、密かにその愛を貫徹することに決めた後は、どのようなかたちかでハウルの役に立ちたいと思います。それが結果的にハウルとカルシファーの契約を破棄させるという、思えば大胆極まりない行動を起こさせるのです。

ここには内面の葛藤があります。自分にできるだろうか、できるとして、そんなことをしていいだろうか、という葛藤です。その葛藤の後に決断したことによって、ソフィーはハウルとカルシファーの契約の現場を幻視し、契約解消を実行します。

これはハウルが意識を失っているあいだのことですから、実質的に千尋が、父母がブタに変えられているあいだに行なったことと何ら変わりがありません。「千と千尋の神隠し」が能舞台に等しい構造を持っているとすれば、ソフィーの劇も同じ構造を持っているということになります。

ハウルは千尋の父母と違ってソフィーが行なったことのすべてを推測できます。なぜなら、そのことによって自分が変わったからです。けれど、自分はいわば手術を受けているようなものですから、手出しはいっさいできなかったわけです。要するにハウルは、夢のなかでソフィーの舞いを見ていたようなものだったのです。

内面と外面のこの複雑な入り組み方がソフィーとハウルの恋愛の実質を表わしています。それは「天空の城ラピュタ」のパズーとシータの恋愛とは比べものにならないほど複雑です。そんな複雑な恋愛劇をいわば一種の息もつかせぬ活劇にしてしまった宮崎の手腕には驚嘆するほかありませんが、そのうえでなお、舞台には地平線が必要であり、しかも懐かしさという感情、懐くという感情がすべての鍵になっているということまで告知しているのです。よくもまあ、と、嘆息してしまいます。

中原中也の「一つのメルヘン」の能舞台は、戦後詩のなかでも有名な二つの詩に引き継がれています。詩を書いた当人も意識していなかったでしょうが、血脈の歴然としていることは否定すべくもありません。

はじめに鮎川信夫《あゆかわのぶお》の「死んだ男」を引きます。

たとえば霧や
あらゆる階段の跫音のなかから、
遺言執行人が、ぼんやりと姿を現す。
――これがすべての始まりである。

遠い昨日……
ぼくらは暗い酒場の椅子のうえで、
ゆがんだ顔をもてあましたり
手紙の封筒を裏返すようなことがあった。
「実際は、影も、形もない?」
――死にそこなってみれば、たしかにそのとおりであった。

Mよ、昨日のひややかな青空が
剃刀の刃にいつまでも残っているね。
だがぼくは、何時何処で
きみを見失ったのか忘れてしまったよ。
短かかった黄金時代——
活字の置き換えや神様ごっこ——
「それがぼくたちの古い処方箋だった」と呟いて……

いつも季節は秋だった、昨日も今日も、
「淋しさの中に落葉がふる」
その声は人影へ、そして街へ、
黒い鉛の道を歩みつづけてきたのだった。

埋葬の日は、言葉もなく
立会う者もなかった
憤激も、悲哀も、不平の柔弱な椅子もなかった。
空にむかって眼をあげ
きみはただ重たい靴のなかに足をつっこんで静かに横たわったのだ。

「さよなら、太陽も海も信ずるに足りない」
Mよ、地下に眠るMよ、
きみの胸の傷口は今でもまだ痛むか。

解説は不要でしょう。戦後詩のどのような文脈で論じられてきたか、説明する気も起りません。が、もっとも重要なことは、これはほとんど論じられたことのない主題だと思いますが、鮎川のこの有名な詩が、じつはいわゆる複式夢幻能という日本古来の様式を見事に引き継いでいるということです。場を設定し、そこに何ものかが現われる。基本的な構図は「一つのメルヘン」と違いません。
平林敏彦《ひらばやしとしひこ》の「廃墟」を引きます。

蝶がとんでいる
なにごとも起らぬときのまの
たそがれの原を
きな臭い焼跡の風のなかを
痩せた過去の頭蓋をかすめ
フィルムのように
あわあわと蝶の白さが

ぼくの夢幻のなかをながれる

かすかな光が
死のすきまにすべりこみ
ぼくの四囲は
濡れそぼった羽ばたきでみたされる

むらがる影をくぐり
湿った夕闇の底をすれすれにとぶ
曇天に泌《ママ》みる
ぼろのようにちぎれた記憶
ひよわな羽がいの疲れ
汚れた涙のしみあと
蝶の紋様にこびりつく
ぼくの虚しい苛立たしさ

フィルムは映す
とりつくしまもないこの世の廃墟
ひとけない焦土のどこからか

きこえてくる銃声
蒸れかえる傷ぐちの腐臭
ひびわれる火器の匂い

蝶はあけがた
ひからびた汚物の上を
錆び朽ちた鉄材の上を
もう手の届かぬ明るみのむこうへ
さむざむと吹きながされていく

鮎川はおそらく考えもしなかったでしょうが、平林の場合は最初から中也の「一つのメルヘン」を脳裏に置いていた可能性が高いといえるでしょう。鮎川の場合は、まさに能と同じように、死者それも戦死者の幻が登場するわけですが、平林の場合は、舞台が「小石ばかりの、河原」から「きな臭い焼跡」へと変わったとはいえ、シテというべきかツレというべきか、ほかならぬ「蝶」が現われ、やがて「さむざむと吹きながされていく」わけですから。かりに無意識であったにせよ、中也の詩が参照されていたことは確実に思われます。むろん、確実であればこそ、幻想の河原を現実の廃墟に転じるというその手法が前世代への痛烈な批判になっているとも評されえたわけです。

中也の詩は『在りし日の歌』(一九三八)の一篇、鮎川の詩は一九四七年、平林の詩は『廃墟』(一九五二)の一篇。いまは正確な執筆年を確認する余裕がありませんが、おおよそ鮎川の詩は中也の詩の九年後、平林の詩は十三年後の作といっていいでしょう。まさに同時代ですが、一九六〇年代の感覚では、中也と鮎川や平林のあいだには江戸と明治に相当する断絶があると思われていました。むろん第二次大戦を挟むからです。戦前の詩は無思想だが、戦後の詩には思想がある、その変化が決定的だということになっていたのです。思想とはこの場合、主体的に社会にかかわってゆこうとする政治的思想を意味します。

しかし、半世紀をはるかに超える現在から見直すと、鮎川の詩の美質も、平林の詩の美質も、むしろ中也の詩に似ているところにこそ、すなわち、能舞台を思わせるところにこそあるという気がしてきます。その伝統の力は圧倒的で、そこにこそ日本の詩の特質があるとさえ思われるほどです。

事実、私の印象では、「一つのメルヘン」も「死んだ男」も「廃墟」も、地平線を感じさせることにおいて卓越しているのです。それらは、無の地平線であり、死の地平線であることにおいて、人間の地平線なのだ、と思わせます。注意すべきは、鮎川も平林も、中也と同じように、場を設定しそこに何ものかが現われるということの手法を、要所要所で用いているということです。詩とは本来そういうものではないかとさえ思わせます。

「千と千尋の神隠し」に描かれた地平線もまた同じ要素をもっているわけですが、けれどそれだけではありません。シータも千尋もソフィーも、無や死を引き込みはするものの、さらにいっそう強く、だからこそ人を生かそうとする意志に満ちているからです。むしろそこにこそ宮崎の特徴があるといっていいほどです。

大岡信と宮崎駿

地平線の比較文学が構想されなければならないわけですが、現在の私にはそれを現実化するだけの余力がありません。ワーズワースやヘルダーリンの名が思い浮かびますし、ランボーはもちろん、リルケやトラークルの名も浮かびます。ラテン・アメリカ文学は小説でさえも詩に近く、地平線の誘惑に満ちているように思われます。それだけの語学力も時間的余裕もないのが悔やまれますが、これまで述べてきたことからだけでも、地平線という人間的現象の奥行きの深さ、領域の広さがお分かりいただけたのではないかと思います。

最後に、もうひとり、一貫して地平線の主題から離れようとしなかった詩人の作品を紹介して終わりたいと思います。第二章で、幸田露伴の小説『観画談』をめぐる大岡信のエッセイを紹介しましたが、その大岡の詩です。エッセイの趣旨は、『観画談』に出てくる「美はしい大江に臨んだ富麗の都の一部を描いた」絵は張択端の画巻『清明上河図』のことではないかという推理です。それを第二章で紹介したのはこの図巻が飛翔するものの眼で描かれていることを示すためですが、面白いのは、大岡自身が、じつは飛翔を好む詩人だったということです。飛翔を好むだけではない。飛翔しながら霧や雲に包まれること――かなり官能的です――も嫌いではない詩人なのです。

私は四十年前の第一評論集『私という現象』で大岡のそういう特質に少し触れています。「大岡信、あるいは祝祭のための劇場」という批評です。あまりに拙い文章なので読み返す勇気がないのですが、劇場の背後に地平線を見抜く、能舞台を見抜くまでには達していなかったと思います。劇場という語を用いているだけでも良しとすべきかもしれません。
大岡が一九五二年に学内新聞に発表した詩「海と果実」を引きます。詩集『記憶と現在』に収録されたときに「春のために」と改題された詩です。

砂浜にまどろむ春を掘りおこし
おまえはそれで髪を飾る　おまえは笑う
波紋のように空に散る笑いの泡立ち
海は静かに草色の陽を温めている

おまえの手をぼくの手に
おまえのつぶてをぼくの空に　ああ
今日の空の底を流れる花びらの影

ぼくらの腕に萌え出る新芽
ぼくらの視野の中心に
しぶきをあげて廻転する金の太陽
ぼくら　湖であり樹木であり
芝生の上の木洩れ日であり

木洩れ日のおどるおまえの髪の段丘である
ぼくら

新らしい風の中でドアが開かれ
緑の影とぼくらとを呼ぶ夥しい手
道は柔らかい地の肌の上になまなましく
泉の中でおまえの腕は輝いている
そしてぼくらの睫毛の下には陽を浴びて
静かに成熟しはじめる
海と果実

平林の詩集『廃墟』が刊行された翌年であることを考えると、いかにも新しい戦後世代が登場したように思えます。この年、大岡二十一歳、平林二十八歳。鮎川は三十二歳ですが、「死んだ男」を発表したときは二十七歳です。

眩しいほど明るい詩ですが、地平線も水平線もくっきりと見えます。砂浜を走る恋人たちの姿もはっきりと見えます。語の用い方はシュルレアリスムの影響を受けてでしょう、当時としてはかなり奇抜奔放だったと思いますが、いま読み返して、きわめて的確です。率直に述べて、海岸線を飛ぶように走る二人はまるで宮崎アニメの登場人物のようです。パズーとシータ、ハウルとソフィーといったところ。高畑でいえば、「かぐや姫の物語」のラストシーン、捨丸とかぐや姫の大空の滑走というところでしょう。

この印象は大岡の詩が生命に対して全面的に肯定的であるところから来ています。与えられた地平線を全力で肯定している。むろん、大岡の詩に暗いものがないわけではありません。後になって徐々に発表されることになったこれ以前の詩篇にはかなり暗いものもあります。けれど基本的に生命は肯定されているという印象は変わりません。

私の見るところでは、宮崎駿にもっとも近い詩人は大岡信です。

はじめて「パンダコパンダ　雨ふりサーカスの巻」を見たとき、そのあまりの奇想天外にアニメのシュルレアリスムではないかと思いました。サーカス列車が水中を走るといったことが、絵として、アニメとして成立すること自体、ほとんど信じられない思いでした。けれどやがて、たとえば第二章で紹介した「赤毛のアン」のオープニング・シーンの奇想天外は、大岡の詩のシュルレアリスム風な展開とそれほどかけ離れたものではないことに気づいて愕然としたのです。

「海と果実」の二連から四連までを文章にして続けてみます。

「おまえの手をぼくの手に／おまえのつぶてをぼくの空に　ああ／今日の空の底を流れる花びらの影／／ぼくらの腕に萌え出る新芽／ぼくらの視野の中心に／しぶきをあげて廻転する金の太陽／／ぼくら　湖であり樹木であり／芝生の上の木洩れ日であり／木洩れ日のおどるおまえの髪の段丘である／ぼくら」。

いかがでしょうか。少なくとも私には、アンが二輪馬車で空に駆け上がり春夏秋冬を駆け抜けるオープニング・シーン、あるいは「歓びの白い路」のシーンの映像と、少しも背馳《はいち》しないと思われます。いや、ほとんど同じ情景を歌っているとしか思えません。速度が似ている。そして、イメージからイメージへと移るその飛躍が似ているのです。イメージの連鎖そのものが似ている。

大岡の初期詩篇のこれらのイメージの渦巻きはその後も一貫しています。むろんここで論じきることはできませんが、螺旋を描くように上昇して一回転した真上に、詩集『春　少女に』（一九七八）が達します。初期詩篇との反復効果とでもいうべきものが見事なのです。芯にあるのは青春の愛の反復ですが、地平線が宇宙へと広がってゆくとでもいうべきイメージもまた全面的に展開されます。詩「銀河とかたつむり」を引きます。

世界がいかに危険な深みに満ちてゐようと
死者たちの側から見れば
この世はもう
はてのはてまで終つてしまつた宴にすぎない

だが星空を嗅ぎ
こころはけふも稲妻の寝床に焦がれる
この世のはて　前代未聞の一撃を慕ひ
首さしのべる

ウィンチが鳴る
銀河と相識るかたつむりのため
けふもまた
けたたましくベルが鳴る　空に鳴る

かたつむりの内に湧く闇
生きるかぎり
内に湧く闇　冴えかへり
外に湧く風　湧きかへる　空

「天空の城ラピュタ」を何度目かに見たそのラストシーンで、不意にこの詩を思い出しました。パズーとシータによる滅びの言葉で地球の磁場を解かれ、いまや宇宙空間へと旅だってゆくラピュタが、ほとんどブロッコリーのように見えるその傍を小さな土星がかすってゆく、あのクレジットが流れ続ける場面です。その背後に、この詩を感じた。

人類の全体がいまや宇宙空間に直面しているのだという気分がしてくる詩です。人類というよりはその人類を代表してかたつむりになってしまった詩人が、前代未聞の一撃を慕って首をさしのべる。詩的か科学的か分からないけれど、何らかの知に違いありません。その危険な知を、それでも体験したいというのです。

自分をかたつむりになぞらえるところが、私には、このアニメ作家とこの詩人に共通しているところではないかと思えます。宇宙の地平線をさすらうかたつむり、です。
感動します。

感動はしかし、「天空の城ラピュタ」と「銀河とかたつむり」の呼応関係からのみ湧いてくるわけではありません。地平線というキーワードによって結びついたアニメと詩という二つの作品が、地平線の比較文学ということで先に引いた芭蕉の句「荒海や佐渡によこたふ天河」とも響き合うことによって、さらにいっそう深みを増すという事実からも湧いてくるのです。大岡は古典の現代詩訳——他者になりきること——が得意でしたが、よく読むと「銀河とかたつむり」は芭蕉の句の現代詩訳、少なくともその見事というほかない解釈になっていることが分かります。

スタジオジブリの想像力の射程、その地平線はまさに広大であるというほかありません。

あとがき

二〇一九年夏、鈴木敏夫さんの意向ということで、『熱風』編集長の額田久徳さんから、スタジオジブリの仕事について感想を話してもらえないだろうかとの依頼がありました。高畑勲さん宮崎駿さんの仕事を広く知っているわけではありませんが、関心は強く持っていましたから、喜んでお引き受けしました。とくに哲学者のバシュラールや美術史家のゴンブリッチ、心理学者のギブソンの仕事との関連で、これまでどんなふうに論じられてきているのか、知りたかったということもあって、むしろ額田さんにこちらのほうからお聞きしたいと思ったほどです。ですが、お話ししているうちにインタヴューが長くなってしまったうえ、まとめてくださった原稿を拝見して、見なおさなければならないこと、読みなおさなければならないことがたくさんあることに気づきました。そんなわけで、その談話をもとに書きなおして雑誌連載にさせていただくことになったわけです。文体が、書き言葉ではなく、話し言葉、ですます調になった理由です。

額田さんには資料をたくさんお借りするなど、とてもお世話になりました。そんなわけで第一回から第七回、最終回、補論と、都合九回にわたって連載することになったわけですが、お断りしておかなければならないのは、最終回「久石譲が登場したことの意味」（『熱風』二〇二一年二月号）が割愛されていることです。補論「地平線の比較文学――フォード・黒澤・宮崎駿」は、ソーントン不破直子さんのお勧めで行なわれた二〇二〇年日本比較文学会での小講演（リモート形式）に手を入れたものですが、こちらのほうは本書の第七章、第八章にかなりの部分が生かされています。というか膨らんでいます。これに対して、スタジオジブリ作品における音楽の意味を論じた最終回のほうは、映画音楽をどう考えるかということについての概略が本書にも短いかたちで生かされてはいますが、高畑勲「セロ弾きのゴーシュ」をベートーヴェンの『田園』論、ひいては映画音楽論として論じた主要部分をはじめ、ほぼすべてがカットされています。

じつは、本書出版に応じてくださった講談社の担当編集者・横山建城さんに連載原稿をお渡しする段階では、この部分は書き足し手直しなどで膨らみに膨らんでまるまる二章分になっていたのです。「セロ弾きのゴーシュ」のほかに、竹山道雄の『ビルマの竪琴』――これは一種の日本近代音楽論です――と市川崑によるその二度の映画化をも論じるもので、エンニオ・モリコーネの映画音楽などを引きながらアドルノの音楽論を批判的に検討するというかたちのものでした。ですが、いざ初校ゲラが出た段階で読み直してみると、この部分は切り離して論じられなければならない、ということが明らかであるように思えてきたのです。映画音楽――その意識的な創始者はヴァグナーにほかなりません――はじつは現代西洋精神史のようなもので、原稿に数倍する紙数が必要とされることが歴然としていました。

こうしてすっぽり二章分が取り去られたわけですから、横山さんにはたいへん申し訳ないことをしたわけですが、映画音楽論はスタジオジブリにとってもきわめて重要な部分ですから――アニメですから声優論をも含みます――機会を改めるほかなかったのです。遠くない機会に一書をものすことができればと願っています。

この経緯からも明らかなように、書き進むにつれて、考えなければならないこと、読まなければならないこと、いや、それ以上に、読みなおさなければならないことが、どんどん増えてくるのです。本書でいえば、宮崎駿の飛翔の夢が地平線の問題に繋がることはある程度予測がついていましたが、地平線という主題が映画や美術の世界に広がるのみならず、とりわけ現代詩、現代小説の問題——地平線のあるなしという問題——としてきわめて魅惑的であることにまでは気づいていませんでした。丸谷才一の『樹影譚』の主題が、じつはかなりな程度、池澤夏樹に引き継がれていること——『マシアス・ギリの失脚』の背後に初期詩篇『海辺まで海辺から』があること——などにも、まったく気づいていませんでした。いずれ書く機会が訪れることを願いますが、そういうことがたくさんあります。

最近刊行された三浦篤の『移り棲む美術』（名古屋大学出版会）は美術におけるジャポニスムを論じた名著ですが、ギブソンの描く地平線の構図がクリムトのみならず、マネにもモネにもあること、日本の版画はこれらの画家たちに、線遠近法に代わる、地平線遠近法とでもいうべきものを教えたのだということが示唆されています。ここで興味深いことは、地平線遠近法とでもいうべき手法が、つねに足許の深淵を思わせずにおかないということで、これはむろん同時代の思想家ニーチェに深くかかわっています。人間の視覚が深淵を発明したのです。これも宮崎駿という作家を考えるためには必要不可欠な視点だと思います。

連想は広がり、謎は深まる。考えなければならないことはひたすら増えてゆく一方。本書に先立って、『考える身体』の文庫本が河出書房新社から渡辺真実子さんの担当で刊行されたのですが、そこに「あとがきに代えて」という名目で「人間、この地平線的存在——ベジャール、テラヤマ、ピナ・バウシュ」というかなり長いエッセイが書き下ろされています。主に舞踊の地平線を論じるものですが、論じている本人の思惑などおかまいなしに問題がどんどん広がっていく様子がおかしい。とはいえ、お読みいただければ嬉しいです。

連載のあいだ額田久徳さんにいろいろお世話になったことは先に述べましたが、とても嬉しかったことは、額田さんが、スタジオジブリの作品、とくに宮崎駿の作品の一コマ一コマを、文章が必要としている個所に的確に挿入してくださったことで、そのつど宮崎駿の魅力を感じなおすことができました。有り難うございました。

その額田さんの後を引き継いで単行本化してくださったのが横山建城さんですが、ここでも図版が生きるようにさまざまな配慮工夫をしていただきました。ゲラの段階の手入れでたいへんだったと思いますが、『身体の零度』以来のご縁もあってまことに寛容に力を尽くしてくださいました。心から感謝申し上げます。図版のネームは、お二方のご尽力です。

お読みいただければすぐに分かりますが、本書はすべて端緒、要するに考え始めで、私にはとても魅惑的に思える問題の、そのとっかかりを示しているにすぎません。解決などではまったくないのです。さらに広く深く考えてくださる方が問題を引き継いでくださることを心から願っています。

宮崎駿という作家に真正面から向き合う機会を作ってくださった鈴木敏夫さんに深く感謝いたします。

二〇二一年　八月一日

三浦雅士

【初出】
「スタジオジブリの想像力」
＊『熱風』二〇二〇年三月号～二〇二一年三月号の間に九回にわたり不定期連載
（二〇二〇年五月号、八月号、十月号、十一月号を除く）。
単行本化にあたり大幅に改稿しています（あとがき参照）。

日本音楽著作権協会（出）許諾第二一一〇六八五〇－一〇一号

三浦雅士（みうら・まさし）
1946年生まれ。1970年代、「ユリイカ」「現代思想」編集長として活動。1980年代に評論家に転じ、文学、芸術を中心に執筆活動を展開。その間、舞踊への関心を深め、1990年代には「ダンスマガジン」編集長となり、94年からは別冊として思想誌「大航海」を創刊。2010年、紫綬褒章を受章。12年、恩賜賞・日本芸術院賞を受賞。著書に、『私という現象』、『主体の変容』、『メランコリーの水脈』（サントリー学芸賞受賞）、『寺山修司　鏡のなかの言葉』、『小説という植民地』（藤村記念歴程賞受賞）、『身体の零度』（読売文学賞受賞）、『バレエの現代』、『考える身体』、『批評という鬱』、『青春の終焉』（伊藤整文学賞、芸術選奨文部科学大臣賞受賞）、『村上春樹と柴田元幸のもうひとつのアメリカ』、『出生の秘密』、『漱石　母に愛されなかった子』、『人生という作品』、『孤独の発明　または言語の政治学』『石坂洋次郎の逆襲』など多数。

スタジオジブリの想像力《そうぞうりょく》
地平線《ちへいせん》とは何《なに》か

二〇二一年八月三〇日　第一刷発行

著者　三浦雅士《みうらまさし》
発行者　鈴木章一
発行所　株式会社講談社
東京都文京区音羽二―一二―二一
郵便番号　一一二―八〇〇一
電話　出版（〇三）五三九五―三五〇四
販売（〇三）五三九五―五八一七
業務（〇三）五三九五―三六一五
印刷所　株式会社新藤慶昌堂
製本所　株式会社若林製本工場

定価はカバーに表示してあります。
落丁本・乱丁本は購入書店名を明記のうえ、小社業務宛にお送りください。送料小社負担にてお取り替えいたします。なお、この本についてのお問い合わせは、文芸第一出版部宛にお願いいたします。

ISBN 978-4-06-524132-5

鬼子の歌

偏愛音楽的日本近現代史

片山杜秀　著

「クラシック音楽」で読む日本の近現代百年。

鬼才の本気に刮目せよ！

山田耕筰、伊福部昭、黛敏郎、三善晃……。怒濤の近現代を生きた音楽家の作品をたどりながら、この国の歩みに迫り、暴き、吠える。あるときは西洋列強に文明国と認められるため。あるときは戦時中の国民を奮闘させるため。きわめて政治的で社会的で実用的な面がある「音楽」。政治思想史家にして音楽評論家である著者が、十四の名曲から近現代史を解説する。

定価：本体三五二〇円（税込）

※定価は変更することがあります